저탄소경제학

저탄소경제학

지 은 이 | 김해창

초판1쇄 인쇄 | 2013년 2월 20일
초판1쇄 발행 | 2013년 2월 28일

펴 낸 이 | 송수건
펴 낸 곳 | 경성대학교출판부
출판등록 | 1985년 1월 28일 제331-1985-000001호
주 소 | 부산광역시 남구 대연동 110-1
전 화 | (051) 663-4195
팩 스 | (051) 663-4199
홈페이지 | press.ks.ac.kr

ISBN 978-89-7314-252-1 (93530)

저탄소
경제학

| 김해창 지음 |

들어가는 말

경제학이 오늘날 우리 지구가 갖고 있는 문제의 해결에 도움이 되지 못하고 있다는 회의론이 일고 있다. 그것은 이론의 문제가 아니라 실천의 문제이며, 예측의 문제가 아니라 선택의 문제라는 사실을 잊고 있기 때문에는 나오는 이야기가 아닐까하는 생각이 든다.

국가 차원에서 저탄소 녹색성장 얘기가 나온 지 4~5년이 됐지만 아직도 우리사회는 녹색보다는 성장에 방점이 찍혀있는 게 사실이다. 더욱이 2011년 3월 11일 일본 후쿠시마원전 대참사로 인해 원전에 절대 의존하는 현행 에너지체제에서 탈피하지 않으면 안 된다는 시민들의 절대절명의 목소리가 높으나 일본이나 우리나라나 아직은 이에 대한 깊은 성찰이 부족하다고 본다. 이러한데서 이제야 말로 지구의 지속가능성을 담보할 수 있는 새로운 사회, 특히 저탄소사회를 위한 경제학의 필요성이 강하게 대두된다. 이러한 면에서 이 책은 우선 기후변화 문제에 대해 경제학적으로 어떻게 대처할 지에 대해 이론 및 실천적 고민을 담고자 노력했다. 그리하여 '저탄소경제학'으로 이름을 붙였다.

이 책은 크게 2부로 구성돼 있다. 제1부 '기후변화와 경제학' 그리고 제2부 '지속가능성과 경제학'이 그것이다.

제1부 기후변화와 경제학은 21세기 인류 최대의 위기인 기후변화를 보는 관점에서부터 시작한다. IPCC(기후변화에 관한 정부간 협의체) 제4차 평가보고서(AR4)를 통해 보는 기후변화의 가능성과 지구온난

화 현상의 원인을 둘러싼 온실가스 찬반론을 다룬다. 이어서 기후변화에 대한 국내외 대응의 흐름을 알아본다. 특히 이명박 정부의 저탄소녹색성장정책의 허실을 되짚어본다. 이러한 기후변화문제를 다루는데 있어 시장의 역할이 중요한데 시장메커니즘의 실패에 대해 알아보고 나아가 지구온난화 억제를 위한 경제적 수단에 대해 검토해본다. 그리고 2007년 12월 일본 교토에서 열렸던 지구온난화방지 교토회의(COP3)에서 정해진 교토의정서와 교토메커니즘의 핵심 내용을 알아보고 2013년 이후 온실가스 감축의무국이 될 가능성이 높은 우리나라를 중심으로 '포스트 교토의정서'에 대해 살펴본다. 그리고는 저탄소사회 만들기를 위한 저탄소경제학의 필요성과 과제를 정리해 본다.

제2부 지속가능성과 경제학에서는 환경과 경제를 보는 다양한 견해를 정리한다. 개발과 보전의 관계를 경제성장론과 반성장론 차원에서 정리해보고 지속가능한 발전의 필요성을 이끌어낸다. 그리고 지속가능성에 대한 이해로 환경에 대한 경제학적 관점의 변화와 경제학적 관점에서 본 지속가능성을 두루 훑어본다. 경제체제와 환경과의 관계로 자본주의체제, 사회주의체제와 환경, 그리고 탈성장주의와 환경에 대해 알아본다. 그리고 저탄소사회를 위한 경제적 정책 수단으로 배출부과금, 환경세와 탄소세, 토빈세, 탄소배출권거래제와 탄소금융, 각종 친환경 인센티브로 보조금, 탄소포인트제 등을 다룬다. 그리고 저탄소도시를 조성하기 위한 경제학이 되기 위해서 도시어메니티의 가치와 효용에 대한 이해와 실제 사례로 한일 저탄소 모델도시를 구체적으로 비교 분석한다. 그리고 지구온난화 방지비용에 대한 스턴과 노드하우스의 할인율 논쟁과 저탄소혁명을 비롯한 기업의 그린산업과 저탄소경

제에 대해 소개한다.

저탄소경제학은 환경경제학 가운데서도 특히 기후변화분야를 바탕으로 저탄소사회 만들기를 위한 응용경제학으로 방대한 분야이다. 부족한 지식으로 정리한다고 마음만 앞섰다. 그러나 이제 경제학이 달라져야 한다는 사실, 이론만이 아니라 실천을, 우리의 현실을 놓쳐서는 안 된다는 데서 절박함이 더해졌다. 여러 면에서 모자람이 많은 책이지만 이 책을 통해 대안 모색의 필요성을 공감하고 집단지혜를 모으는 계기가 됐으면 싶다. 한편 '저탄소경제학'에서 다 다루지 못한 '탈자동차탈원전론', '공공사업개혁론', '지역에너지자립론', '착한비즈니스론' 등 대안론은 후속연구를 통해 '저탄소 대안경제론'으로 별도로 출판할 계획이다.

이 책이 나오기까지 많은 분들의 도움이 있었다. 경성대 환경공학과 및 기후변화특성화대학원에서 넓은 의미의 '기후변화 정책학'을 가르치면서 학생들과 수업을 하는 과정에서 이 책을 기획했기에 우선 열심히 수업에 임해준 학생들에게 고마운 마음을 전한다. 그리고 언론사 환경기자 시절 지구온난화방지 교토회의 취재중 만난 이래 환경경제학의 매력에 빠져들게 해주신 우리나라 환경경제학의 거두 이정전 서울대 명예교수님과 대학원에서 학문적 소양을 길러주신 강상목 부산대 경제학과 교수님께 지면을 빌려 고마운 마음을 드린다. 출판에 정성을 쏟아주신 경성대출판부 관계자에게 감사드린다. 이 책이 대학 교재뿐만 아니라 환경 실천을 위한 뜻있는 시민들에게 수준 있는 환경교양서가 되었으면 하는 바람도 있다. 끝으로 '저탄소경제학' 출판의 필요성에 공감하면서 최초의 독자이자 감수자를 자처해온 아내에게 고

마음을 전하고, 대학생활과 군복무에 매진하고 있는 두 아들에게도 사랑한다는 말을 전한다.

2013년 1월 경성대 연구실에서

김해창

저탄소경제학 · **차 례**

제2부 지속가능성과 경제학

제1부 기후변화와 경제학

1. 기후변화-21세기 인류 최대의 위기

1.1. 기후변화와 지구온난화

1.1.1. 기후변화

쓸데없는 걱정을 할 때 그걸 '기우(杞憂)'라고 한다. 기국(杞國)의 어떤 사람이 하늘이 무너질까 보아 두려워하였다는 말로 쓸데없는 근심을 말한다. <열자 천서편(列子 天瑞編)>에 나오는 말이다.

'본래 하늘은 대기가 겹쳐진 것이므로 무너질 리가 없다. 땅은 거대한 흙덩어리여서 그 흙은 주변에 가득 차서 넘치므로 무너지는 일 따위 있을 수 없다. 남자는 이 설명에 납득하고 하늘과 땅이 무너진다는 걱정을 더 이상할 필요가 없음을 기뻐하였다.'

그런데 이 이야기를 들은 장로자(長蘆子)라는 학자는 다음과 같이 반론했다. '분명 겹쳐진 대기나 거대한 땅덩어리가 붕괴할 가능성은 적을 것이다. 그러나 대기와 땅은 형태가 있는 것이다. 형태가 있는 것이 영원히 스러지지 않는다는 것은 있을 수 없는 일이다. 그러므로 하늘

과 땅이라도 결코 붕괴하지 않는다고는 단정할 수 없지 않는가?'

이에 열자는 이렇게 말했다. '애초부터 하늘과 땅이 무너질 가능성이 있을지 없을지는 사람으로서는 도저히 알 수 없는 일이다. 알 수 없는 일을 가지고 이렇다 저렇다 논의하는 것 자체가 쓸데없는 짓 아닌가?'

'고사성어로 배우는 경제학'(가지이 아쓰시, 2008)에서는 기우의 유래와 함께 이를 기대효용이론으로 풀고 있다. '리스크를 평가하기 위해서는 효용뿐만 아니라 확률도 확실하게 파악해야 한다. 기우는 작은 확률을 과대평가하는 데서 생기는 것이다.'라고 말이다.

그런데 오늘날 지구온난화로 대표되는 기후 논쟁을 보면서 고사성어의 '기우 논쟁'을 새롭게 보게 된다. 적어도 IPCC의 일련의 보고서가 나오기 전까지 기우였던 기후문제가 이제는 정말 기우가 아닌 인류 최대의 위기의 과제가 되고 있다. 과연 우리는 기후변화문제를 어떻게 보아야 할까?

지구온난화로 대표되는 기후변화 문제로 전 지구촌이 심한 몸살을 앓고 있다. 최근 우리나라의 경우만 보더라도 신문, TV, 잡지 등에서 기상이변과 재해 등 기후변화 관련 뉴스가 줄을 잇고 있다. 10~20년 전부터 지구촌의 기후변화 문제와 관련하여 그 원인, 대응방향 등을 놓고 각 나라들이 자국의 입장에 따른 국익 우선의 정책으로 인해 지구온난화 문제의 심각성은 인식하고 있으면서도 상대적으로 미온적인 태도를 취해왔다. 그 결과 전 지구촌이 이 문제에 대해 뚜렷한 해결책을 갖지 못하는 사상 초유의 사태를 경험하고 있다.

우선 기후변화의 개념에 대해 알아보자. 기후변화라는 말은 지구 기후의 변화에 대해 사용되는 말이다. 가장 일반적인 감각으로 기온 외에 강수량이나 구름 등을 포함한 모든 요소의 모든 시간 경과의 기후변화에 관해 사용된다. 그렇지만 근래에는 특히 환경문제와 관련해서는 현재의 지구 표면의 평균적인 온도 상승이라는 지구온난화에 관한 연구에 특정되고 있다. 기후변화에 관한 연구나 제언의 국제적인 노력은 유엔기후변화협약(UNFCCC: United Nations Framework Convention on Climate Change)에서 주로 이뤄지고 있다. 기후변화협약에서는 인위적인 변화를 Climate Change(기후변화)로, 비인위적인 변화를 Climate Variability(기후변동)로 나눠 사용하고 있다.[1] 기후변화협약에서 뜻하는 기후변화는 지구 대기의 조성을 변화시키는 인간활동에 직간접 원인이 있고 그에 더해 상당한 기간 동안 자연적 기후변동이 관측된 것을 말한다. IPCC(Intergovernmental Panel on Climate Change: 기후변화에 관한 정부간 협의체)[2]에서 말하는 기후변화는 기후 특성의 평균이나 변동성의 변화를 통계분석 등을 통해 확인 가능하고 수십 년 혹은 그 이상 오래 지속되는 기후상태의 변화를 뜻한다. 즉 '직접적 또는 간접적으로 전체 대기의 성분을 바꾸는 인간활동에 의한, 그리고 비교할 수 있는 시간동안 관찰된 자연적 기후변

1) http://ja.wikipedia.org 참조.
2) IPCC는 1988년 세계기상기구(WMO)와 유엔환경계획(UNEP)에 의해 설립된 국제조직으로 지구온난화에 관한 세계의 조사보고를 수집 평가 정리해오고 있다. 1990년에 발표된 제1차 평가보고서(AR1)는 기후변화협약의 채택에 영향을 주었고, 1995년에 발표된 제2차 평가보고서(AR2)는 1997년의 교토의정서 채택에 영향을 미쳤으며, 2001년의 제3차 평가보고서(AR3)는 교토의정서의 운영의 룰을 확립한 말라케쉬합의를 이끌어냈다. 제4차 평가보고서 최종보고서에는 130여개국 450여명의 대표 집필자, 2500여명의 연구자가 참여했다고 한다.

동을 포함한 기후의 변화'로 정의하고 있다. 자연적 변동성 때문이든 인간활동에 따른 결과이든 시간 경과에 따른 모든 기후변화를 일컫는다(기상청, 2008).

이 처럼 기후변화란 현재의 기후계가 자연적인 요인과 인위적인 요인에 의하여 점차 변화하는 것을 말하는데 지구의 세계적 규모의 기후 또는 지역적 기후의 시간에 따른 변화를 말한다. 기후변화의 요인은 크게 자연적 요인과 인위적 요인으로 나뉜다. 자연적 요인에 의해 야기되는 기후변화는 기후시스템을 이루는 기후요소 자체 또는 요소간의 상호작용이 기후변화의 외부 영향 또는 내부 변동의 결과로써 발생한다. 자연적 요인의 대표적인 예로는 화산 분출에 의한 에어로졸 증가, 태양활동의 변화에 의한 태양에너지의 변화, 태양과 지구의 천문학적인 상대 위치의 변동, 지구 판구조의 움직임에 따른 해륙의 변화 등을 들 수 있다. 인위적 요인은 산업 혁명 이후 인간의 산업활동이 활발해진 18세기 중엽부터 현재까지의 지구 온실가스 배출량이 70%나 증가한 것과 공장이나 가정에서의 화석연료 연소와 생물체의 연소로 인한 온실가스 및 에어로졸 생산, 도시화, 토지개발, 산림 채취 등 토지이용 변화로 인한 대기의 온실가스 증가 등을 들 수 있다(최재천·최상용, 2011).

IPCC가 2007년 11월에 공표한 '제4차 평가보고서 최종보고서(AR4)'는 IPCC의 평가를 담은 종합보고서이다. IPCC 제27차 총회(스페인 발렌시아, 2007년 11월 12일~17일)에서 채택된 이 보고서는 실무그룹의 제4차 평가보고서에 대한 기여를 토대로 주요 발견과 불확실성에 관해 IPCC가 공식 동의한 최종보고서이다.[3)]

종합보고서는 IPCC의 제1 실무그룹[4)]이 수행한 평가에 기초하고 있는데 IPCC 제4차 평가보고서(AR4)의 최종분인 이 보고서는 기후변화에 대한 총체적 시각을 제공하고 있다. 이 보고서는 주제 1~6을 포함하고 있는데 주제 1은 관측된 기후변화와 원인을 불문하고 그런 변화가 자연계와 인간계에 끼치는 영향을 간추려 설명하고 있다. 주제 2는 관측된 변화를 평가하고, 주제 3은 서로 다른 시나리오에 따른 미래의 기후변화 전망과 그에 관련된 영향을 제시하고 있다. 주제 4는 다음 몇 십 년 동안의 적응(adaptation)과 완화(mitigation)에 대한 의견, 그것들과 지속가능한 발전과의 상호작용을 고찰하고 있다. 주제 5에서는 적응과 완화의 관계를 좀 더 개념적으로 평가하고 좀 더 장기적으로 조망하고 있다. 주제 6에서는 이 4차 평가의 주요 확실한 발견과 남아있는 주요 불확실성을 간추려 설명하고 있다.

이 가운데 기후변화과 관련해 전체적인 이해를 위해 주목할 것은 인위적 동인(driver)을 나타낸 구조적 프레임워크, 기후변화의 영향, 기후변화에 대한 반응, 그것들의 관계이다. 이를 그림으로 나타낸 것이 <그림 1-1>이다.

---

3) 원제는 'Climate Change 2007: Synthesis Report(IPCC, 2007)'인데 우리나라에선 기상청 기상국 기후정책과가 이를 번역한 '기후변화 2007 종합보고서(기상청, 2008)'가 나와 있다.

4) IPCC엔 3개의 실무그룹이 있는데 제1 실무그룹은 기후변화의 과학적 근거에 관한 평가작업을, 제2 실무그룹은 지구온난화의 영향 분석 및 이에 대한 적응대책 마련 작업을, 제3 실무그룹은 지구온난화의 완화방지대책 정리 작업을 주로 하고 있다.

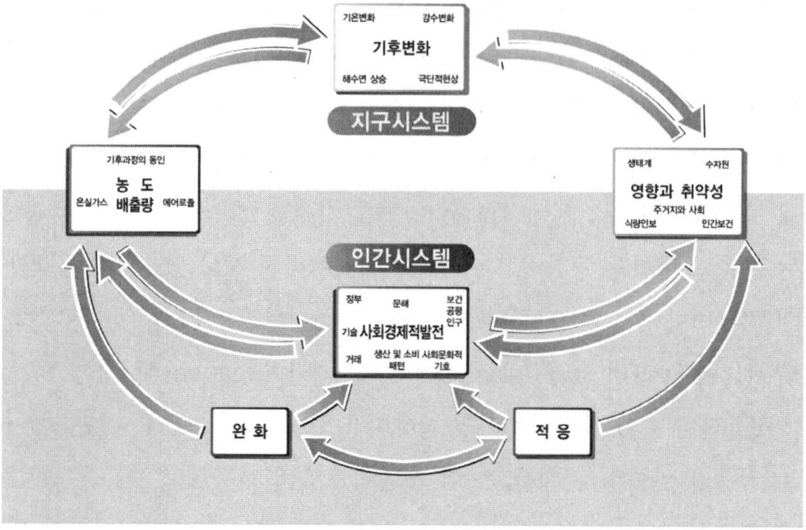

<그림 1-1> 인위적 기후변화 동인과 영향, 대응체계도

출처: 'Cilmate Change 2007: Synthesis Report', IPCC. 기상청 기후국 기후정책과, 2008, '기후변화 2007: 종합보고서', 기상청. p.28 그림 수정보완.

<그림 1-1>을 보면 맨 아래쪽 상자는 선진국 개도국 혹은 대기업 중소기업을 불문하고 인간시스템의 경제활동으로 온실가스와 에어로졸이 발생한다는 사실을 보여주고 있다. 그리고 시계방향을 따라 왼쪽 상자로 가면 이러한 온실가스의 농도와 배출량이 기후변화의 동인이 돼 기후변화를 일으킴을 보여주고 있다. 맨 위쪽 상자는 기후변화의 현상을 보여주고 오른쪽 상자는 기후변화가 생태계와 수자원, 식량안보, 주거와 사회, 보건에 영향을 미치는 것을 보여주고 있다. 이러한 영향과 취약성이 다시 맨 아래 상자인 사회경제적 발전에 다시 영향을

미친다는 사실을 보여주고 있다. 2001년에 제3차 평가보고서(AR3)가 발표될 당시의 정보로는 주로 시계방향의 관계만 설명할 수 있었다. 즉, 사회경제적 정보와 배출량으로부터 기후의 변화와 영향을 도출하는 것만 가능했다. 이 관계에 대한 이해가 높아진 현재는 반시계방향으로도 평가할 수 있다는 것이다. 즉, 피해가야 할 미래 영향 위험을 줄일 개발 경로와 지구적 배출량 제약을 평가하는 것이 가능하다는 것이다(John Houghton, 2009). 앞으로 기후변화를 이해하고 해답을 찾는데 이 그림이 가장 기본적인 틀이 될 수 있을 것이다.

1.1.2. 지구온난화

지구온난화란 지구 표면의 대기나 해양의 평균온도가 장기적으로 보아 상승하는 현상이다. 줄여서 온난화라고 하는 경우도 있다. 또 근래에는 온난화가 비교적 친근한 이미지가 있다는 점에서 재해임을 부각시키기 위해 '난재(暖災)' 또는 '지구고온화(高溫化)'라는 용어를 쓰는 경우도 있다.[5)]

지구 역사상 기온이 온난해지거나 한랭해지거나 하는 것이 수도 없이 반복돼온 것으로 밝혀지고 있으며 온난화는 단지 지구 전체의 기후가 온난하게 변하는 현상을 가리키는 경우도 있다. 그러나 보통은 근

---

5) 김형국 전 녹색성장위원회 위원장은 우리나라 국민들이 지구온난화에 대한 문제의식이 부족한 이유는 영어의 전문용어 'global warming'을 그대로 직역한 데서도 그 까닭을 찾을 수 있다며 '난재(暖災)'라고 하는 말이 온난화로 인한 재앙이라는 뜻을 분명히 할 것이라고 주장하였다. 일본 사이타마현 가와구치시(川口市)는 2009년 4월부터 지구온난화 대신 '지구고온화'라는 말을 공식적으로 사용하고 있다.

래 관측되고 있고 앞으로도 계속 이어질 것으로 예상되는 '20세기 후반부터의 온난화'를 가리키는 경우가 많다. '과거의 기후에 있어서 온난화'라는 것을 특별히 밝히지 않는 한 온난화라는 말은 후자를 가리킨다.

대기나 해양의 평균온도의 상승뿐만이 아니라 생물권내의 생태계의 변화나 해수면 상승에 의한 해안선의 침식이라고 하는 기온상승에 따른 2차적인 여러 문제를 포함하여 '지구온난화 문제'라고 부르는 경우도 있다. 즉 지구온난화란 '인위적인 것에 기인하는 기후의 변화'라는 의미에서 '기후변화'와 같은 뜻으로 쓰이기도 한다.

지구온난화는 미국 컬럼비아대학의 브뢰커(Wallace Broeker)교수가 미국 과학전문잡지인 사이언스 1975년 8월 8일에 기고한 논문 '기후변화: 명백한 지구온난화에 대한 신호인가?(Climate Change: are we on the blink of a pronounced global warming?)에 처음 등장한 말이다. 이후 그는 '기후학의 아버지'로 일컬어진다(김형국, 2011).

지구 표면의 대기나 해양의 평균온도는 '지구 평균기온'으로 불리며 지구 전체의 기후변화를 가리키는 지표로 사용되고 있고 19세기부터 시작된 과학적 기온관측을 바탕으로 통계가 잡혀있다.

IPCC의 제4차 평가보고서 최종보고서에 따르면 인간활동으로 인한 전 지구 온실가스 배출량은 산업화 이후로 증가해 1970년부터 2004년 사이에 70% 증가했다. 지구 전체의 인위적 온실가스 배출량은 <그림 1-2>와 같다.

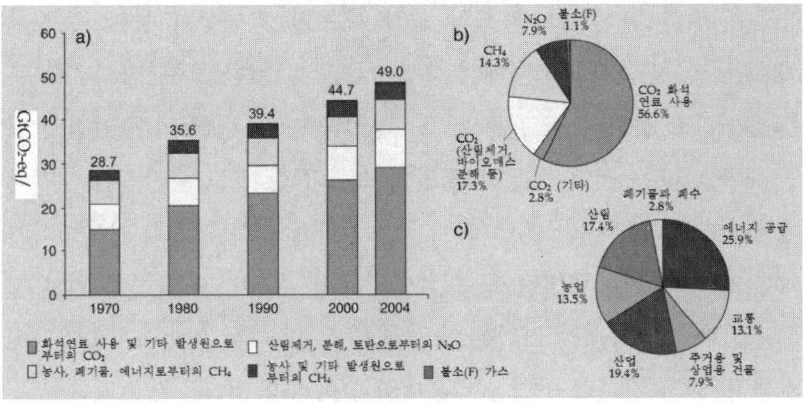

<그림 1-2> 지구 전체의 인위적인 온실가스 배출량

a)1970년부터 2004년 지구 전체 인위적 온실가스 연간 배출량. b)2004년 인위적 온실가스 총배출량 중 가스별 배출량(CO_2-상당). c)2004년 인위적 온실가스 총배출량 중 부문별 배출량(CO_2-상당). 산림에서는 산림 제거 포함. 출처: '기후변화 2007: 종합보고서(기상청, 2008)'. p.28에서 재인용.

CO_2의 전 지구 대기농도는 산업화 이전의 약 280ppm에서 2005년에 약 375ppm으로 증가했다. CO_2농도의 증가율은 연간 변동성은 있지만 연속 직접 대기측정이 시작된 이래 1960년부터 2005년까지의 평균 연 1.4ppm보다 1995년부터 2005년까지 최근 10년간의 평균이 연 1.9ppm로 더 높았다.

메탄의 전 지구 대기농도는 산업화 이전 시대의 약 715ppb에서 1990년대 초기에 1732ppb로 증가했고, 2005년에는 1774ppb로 증가했다. 또한 전 지구 대기 N_2O농도는 산업화 이전의 약 270ppb에서 2005년에 319ppb로 증가했다는 것이다(기상청, 2008).

그동안 관측된 20세기 중반 이후 지구평균 기온상승의 대부분은 관측된 인위적 온실가스 농도의 증가 때문일 가능성이 높다. 이것은 2001년 제3차 평가보고서에서 '지난 50년간 관측된 온난화의 대부분은 온실가스 농도 증가 때문일 가능성이 높다'는 결론 이후 진전된 것들 중 하나라는 것이다. 얼음 질량의 소실과 함께 그간 관측된 대기와 해양에서 널리 일어난 온난화는 지난 50년간의 전 지구적 기후변화가 외부 강제력 없이 설명될 가능성은 극히 낮고 알려진 자연적 원인 때문만은 아닐 가능성이 크다는 결론을 뒷받침한다는 것이다. 이 기간의 태양 및 화산 강제력의 합계는 온난화가 아니라 냉각을 일으켰을 가능성이 있다는 것이다. 기후계의 온난화는 지표 및 대기의 온도 변화, 해양의 상층 수백m의 해수온도 변화에서 탐지됐다. 이는 인위적 온난화와 성층권 오존 고갈의 복합적 영향력 때문일 가능성이 높다. 온실가스 농도 증가만으로도 그간 관측된 것보다 더 심한 온난화를 야기했을 가능성이 있다. 왜냐하면 화산성 에어로졸과 인위적 에어로졸이 그렇지 않으면 일어났을 온난화를 일부 상쇄했기 때문이라는 것이다(기상청, 2008).

이렇게 볼 때 급속하게 증가하고 있는 온실가스 배출을 막는 것이 매우 중요하다. 그것도 앞으로 20~30년이 온난화의 악영향을 막는데 가장 중요한 시기라고 할 수 있다. 이제 지구의 미래를 생각할 때, 기후변화, 특히 지구온난화 문제에 대한 대책과 실천 없이는 인류의 미래도 없다는 것이다.

1.2. 기후변화의 영향

1.2.1. 환경적 영향

산업발전 이후 인간의 활동이 점차 증가함에 따라 화석연료의 사용이 늘어나고 그에 따라 산업 및 생활구조, 산림파괴 등으로 인한 환경적, 사회적, 경제적 영향이 늘어나고 있다. 우선 환경적 영향을 보면 지구온난화로 인한 이상기후로 극지방을 비롯한 전 지구적 기온상승, 빙하가 녹음으로써 해수면이 상승하고, 생태계 파괴 등의 피해가 속출하고 있다.

(1) 온도상승

IPCC 제4차 평가보고서 종합보고서에 따르면 온실효과로 인하여 지구온난화의 지표인 지구 평균기온은 1906년부터 2005년까지 100년간 0.74℃(오차는 ±0.18 ℃)나 상승하였고, 장기적으로 상승경향이라는 사실은 '의심할 여지가 없다'고 평가되고 있다. 이러한 기온 상승은 우리나라가 속해 있는 북반구 고위도로 갈수록 더 크게 나타나고 있으며 해양보다 육지가 더 빠른 온도 상승을 나타내고 있다. 이와 같은 지구온도 상승유형은 관측결과 지난 1000년간 유래가 없이 높은 상승으로 나타났다. 지난 20년간은 20세기 동안 가장 더웠던 시기로 나타났으며 지난 100년간 가장 더웠던 12개의 해는 모두 1983년 이후에 나타나고 있다.

이 보고서에 따르면 지난 12년(1995~2006년) 중 11번이 1850년 이래 전 지구 표면기온의 측정 기록에서 가장 더웠던 해에 속한다. 1906년부터 2005년까지 100년간의 지구 표면기온 0.74℃(0.56~0.92℃)는 2001년도 제3차 평가보고서의 1901년부터 2000년까지 100년간의 0.6℃(0.4~0.8℃)보다 높았다. 특히 1956년부터 2005년까지 50년 동안의 온난화 경향(0.13℃)은 1906년부터 2005년에 비해 거의 두 배였다.

기온상승은 전 지구적으로 널리 일어나고 있고, 북반구 고위도일수록 뚜렷하다. 북극 평균기온은 지난 100년 동안 지구 평균의 거의 두 배 속도로 상승했다. 또한 육지지역이 해양보다 빠르게 온난화됐다. 1961년 이후의 관측치를 보면, 지구 해양은 최소한 3,000m 수심까지 평균 수온의 상승이 나타났고, 기후계에 가해지는 열의 80% 이상 기여한 것으로 나타났다.

(2) **빙하 감소와 해수면 상승**

해수면 상승은 지구온난화와 일치한다. 지구 평균 해수면은 1961년부터 2003년 사이에는 연 평균 1.8㎜(1.3~2.3㎜) 속도로 상승했고, 1993년부터 2003년에는 3.1㎜(2.4~3.8㎜) 속도로 상승했다. 1993년 이래, 해양의 열팽창은 해수면 상승에 대한 추정 기여도 합계의 약 57%를 차지했고, 빙하 및 만년설 감소는 약 28%를, 극지 빙상의 소실이 그 나머지를 차지했다.

우리나라의 경우 제주도 주변 해수면이 세계 평균치보다 약 3배 높게 상승한 것으로 나타났다. 국립해양조사원이 1969년부터 2011년말까지 관측한 우리나라 해수면 높이를 분석한 결과 1978년 관측을 시작한 제주항의 해수면이 연평균 5.97㎜ 상승해 세계 평균인 1.8㎜보다 3

배나 높게 나타났다. 제주도를 포함한 남해안, 동해안, 서해안 등 우리나라 전체 해역의 해수면 상승폭도 연평균 2.48㎜로 역시 세계 평균보다 높았다. 현재 전 세계 인구의 약 절반이 해안 100㎞ 안에 살고 있다고 한다. IPCC는 지구의 해수면이 지금과 같은 정도로 상승하면 21세기 말까지 최대 79㎝나 상승할 것으로 예측하고 있다.

관측된 눈과 얼음 범위의 감소 역시 온난화와 일치한다. 1978년 이후의 위성 데이터를 보면, 연평균 북극 해양빙 범위는 10년 마다 2.7(2.1~3.3)%씩 감소했고, 여름에는 더 심하게 10년 마다 7.4(5.0~9.8)%씩 감소했다. 산악 빙하와 적설 평균은 남반구와 북반구 모두에서 감소했다. 계절적 동토의 최대 면적이 1900년 이후 북반구에서 약 7% 감소했고, 봄에는 최대 15% 감소했다. 영구 동토층의 표층온도는 1980년대 이후 북극에서 최대 3℃ 상승했다. 지구온난화의 영향으로 해수면이 40㎝ 상승할 경우 바다 가까이 살고 있는 약 7500만명에서 2억명이 영향을 받을 것으로 예상하고 있다. 태평양이나 인도양에는 바다로 가라앉는 섬이 생겨 환경난민이 생길 우려가 높다. 또한 해수면 상승으로 평균해수면이 높아지면 강력한 태풍과 폭풍해일을 불러올 수 있기 때문에 위험성이 크고 피해도 내륙으로 확산될 수 있다는 것이다(IPCC, 2007).

그 중 북극과 남극은 지구온난화에 가장 민감한 지역이라 할 수 있다. IPCC 제4차 평가보고서 이후 남극의 빙상이 예상보다 급속도로 녹아내리고 있다는 보고서가 속속 나타나고 있다. 2006년까지 10년간 서남극 빙상[6]이 넓은 범위로 녹는 속도가 59% 빨라지고 있는 것이나

---

6) 주변 영토를 50,000㎢ 이상 덮은 빙하 얼음 덩어리를 말한다.

바다로 얼음이 흘러내리는 속도가 2003년까지 10년간 12% 더 빨라지고 있는 사실이 드러나고 있다는 것이다. 특히 서남극 빙상은 바닷물이 아래로 스며들기 쉽기에 종래 예측보다도 단기간에 녹아내려 최대

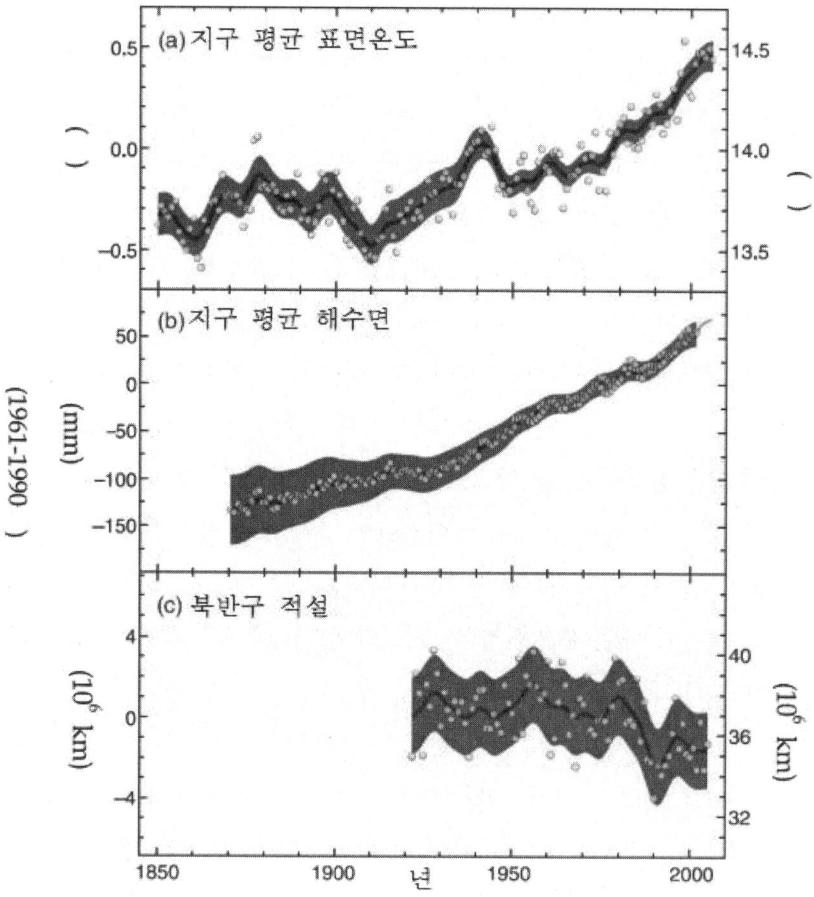

<그림 1-3> 기온, 해수면 및 북반구 적설의 변화

출처: '기후변화 2007: 종합보고서(기상청, 2008)'. p.33.

6m의 해수면 상승을 불러일으킬 가능성도 있다는 지적이 나오고 있다. 남극의 만년설의 두께는 평균 3,000m이지만, 북극의 얼음은 3m밖에 되지 않아서 급격히 상승하는 기온에 취약할 수밖에 없는데 북극의 유빙과 북극권 대륙의 영구동토는 근년에 빠르게 얼음이 녹아 2002년에는 북극에서 가장 큰 위드헌트 빙붕[7]이 처음으로 반으로 갈라졌다고 한다. 남극 대륙에서는 길이 240㎞, 너비 50㎞인 라르센-B 빙붕이 2002년 1월 31일부터 35일 동안에 걸쳐 완전히 부서져 내렸다. 라르센-B 빙붕은 여러 과학자들이 지구온난화가 진행되어도 최소한 100년 동안은 안전할 것이라고 말해왔는데 이 빙붕이 붕괴된 것은 정말 충격적이라는 것이다.

지난 100여년 간 지구 평균 표면온도와 지구 평균 해수면, 그리고 북반구 적설의 상태 변화를 나타낸 것이 <그림 1-3>이다.

(3) 생태계 파괴

1900년부터 2005년 사이에 북미와 남미의 동부, 북유럽, 북부 및 중앙아시아에서는 강수량이 상당히 증가했고, 사헬, 지중해, 남아프리카, 일부 남아시아에서는 감소했다. 지구 전체로 가뭄이 든 면적이 1970년대 이래 증가했을 가능성이 있다는 것이다.

한편 남극에서는 얼음이 점점 녹아서 펭귄들이 위협을 받고 있다. 이들이 먹는 크릴의 번식이 얼음의 두께가 얼마나 되느냐에 따라 영향을 받기 때문이다. 남극 서부반도는 과거 50년 사이에 6℃의 온도 상승을 보였는데 한 지역에서는 크릴의 감소로 지난 30년 사이에 아델리

7) 해상에 떠 있는 대규모의 얼음덩어리를 말한다.

펭귄 집단의 거의 70%가 줄어버린 적이 있다고 한다. 최근 미국항공우주국(NASA)은 남극 대륙의 육지 얼음이 매년 310억t씩 녹는다고 발표했는데 이는 해빙 위에서 알을 낳고 번식하는 남극 황제펭귄들의 개체수를 지난 50년 동안 70% 이상 감소시키는 결과로 나타났다는 것이다. 펭귄은 세계적으로 17종이 있는데 그 중에 10종이 남반구산이지만 세계자연보전연맹(IUCN)이 2006년에 발간한 적색 위기동물종 리스트에 올라 있어 지구온난화가 지속될 경우 모두 사라질 위험에 놓여 있다고 한다.

이대로 지구온난화가 계속되면 조류의 경우도 지역의 환경이 파괴되면 21세기 끝날 때 즈음에는 전체 조류의 30%가 멸종할 것이라고 미국 대학의 연구자가 2008년 2월 발표한 적이 있다.

지구의 산림은 세계 육지면적의 3분의 1을 차지하고 있고 지구온난화의 주범이라고 할 수 있는 이산화탄소를 광합성 작용을 통해 줄기와 토양 등에 저장할 수 있고, 벌채된 지역은 다시 나무를 심어 탄소를 흡수할 수 있는 중요한 자원이라 할 수 있다. 그런데 남아프리카나 동남아시아, 아프리카 중서부 등 개발도상국의 열대림을 중심으로 매년 1500만ha 정도의 열대림이 감소하고 있다고 한다. 1500만ha라고 하면 우리나라의 국토면적이 약 1000만ha이니 대한민국 땅 크기의 1.5배 정도의 열대림이 매년 사라지고 있다는 말이다.

우리나라는 산지가 국토면적의 약 65%를 차지하고, 평균 해발고도는 500m에 가까운데 한반도의 4,500여종에 이르는 유관속식물[8] 가운데 극지·고산식물 및 고산식물은 340여 종이라고 한다. 고산대와 아고

---

8) 조직 속에 관다발을 지닌 식물을 통틀어 이르는 말로 양치식물, 겉씨식물, 속씨식물이 이에 해당한다.

산대의 환경은 기온이 낮고 생육일수가 짧으며 강한 바람과 자외선, 많은 눈, 얕은 토양층, 그리고 자주 얼었다 녹는 토양이어서 식물이 살아가기에는 척박하고 혹독하다. 이들 극지·고산식물 및 고산식물도 지구온난화로 인해 생리적 스트레스에 시달리거나 기온이 따뜻해짐에 따라 낮은 고도에 자라던 온대성 식물이 산 위로 이동하면서 이들과의 경쟁에서 밀려 사라질 위기를 맞고 있다는 것이다(최재천·최상용, 2011).

1.2.2. 사회적 영향

(1) **건강과 질병**

기후변화의 영향은 환경뿐만 아니라 사회적으로도 미치고 있다. 1990년대 이후 기온상승으로 인해 여름철 고온발생 빈도가 증가 추세이고, 1991-2000년간 서울시의 7~8월 평균 최고기온과 평균 사망자 수 추이가 대체로 비례한 것으로 나타나고 있다.

기상청에 따르면 우리나라의 경우도 폭염과 열대야 현상이 매년 늘어나 2010년 폭염 발생일수가 12.1일로 2001년부터 2010년까지 최근 10년간의 평균 발생일수인 8.9일보다 높았다는 것이다. 폭염은 심장이나 뇌 그리고 호흡기질환 등으로 사망률이 증가할 정도로 건강은 물론 농축산업, 어업 등 모든 경제활동에 직·간접적인 영향을 미치는 것으로 알려져 있다. 우리나라에서 폭염이 발생한 1994년과 전후 연도의 사망자 수를 비교해보니 폭염기간에 사망자가 약 73%나 늘어났다고 한다.

지구온난화는 인간의 몸에도 직접 영향을 미치고 있다. 우리나라의 경우 기온이 35℃ 이상이 되면 더위로 인해 어지러움이나 두통과 같은 증세가 나는 일사병에 걸리는 사람이 늘어난다. 2010년 한 해 동안 이웃 일본에서는 102년만의 폭염이 발생해 열사병으로 1718명이 숨졌다고 하고 전 세계로 보면 매년 3만5천 명 이상이 열사병으로 숨진다고 한다.

기후변화로 인한 간접적인 건강영향으로는 기온상승과 비례하여 대기 내 광화학적 반응을 촉진하여 오존농도가 증가하는 등 대기오염을 심화시켜 건강에 영향을 미치고 있고 말라리아, 세균성이질 등 매개체를 통한 질병이 증가 추세에 있는 것으로 파악되고 있다. 특히 법정전염병 중, 쯔쯔가무시병, 말라리아, 세균성이질, 렙토스피라증, 비브리오 폐혈증 등 기후변화와 관련이 깊은 질병들은 1990년대 이후 꾸준한 증가추세를 나타내고 있다.

모기에 물려 감염되는 말라리아나 뎅기열은 주로 아프리카를 중심으로 전 세계 100여 개 나라에서 발생하는 풍토병으로 매년 수억 명이 감염되고 그중 100만~200만 명이 목숨을 잃는다고 한다. 말라리아가 고위도 지역으로 퍼져가는 것을 도시화와 기후온난화에서 찾는 사람이 많다.

우리나라의 경우 1970년대 후반에 자취를 감추었던 말라리아가 1990년대 중반부터 다시 확산되기 시작했다고 한다. 한국환경정책·평가연구원에 따르면 1994년 5명이던 말라리아 환자가 2006년에는 2천여 명으로 무려 4백배 이상 급증했고 그 뒤에도 매년 5% 이상 늘어나고 있다고 한다. 2012년 들어 우리나라 질병관리본부가 조사한 결과

말라리아와 뎅기열 등을 옮기는 매개 모기도 지난해에 비해 45%나 늘어났다고 한다.

(2) **물 부족과 환경난민의 급증**

전 세계가 극심한 가뭄에 시달리고 있다. 세계적으로 가뭄으로 인해 비상사태를 선포하는 나라도 있고, 물 부족으로 농업에 차질을 빚어 식량생산 문제 또한 심각하다. 중국의 경우 2011년 4월 6일 사상 처음으로 1급 가뭄경보를 내렸는데 모두 660ha의 경지가 피해를 입었으며 가뭄이 계속될 경우 중국의 주요 밀 생산지인 중북부에서 수확하는 밀의 양이 예년보다 2.5% 줄어들 것이라는 분석이 나왔다. 이는 지난 50년간 기록된 최악의 가뭄으로 약 437만 명의 중국인들과 210만 여 마리의 가축들이 물 부족에 허덕이고 있다고 한다.

지구온난화로 대기, 지표, 해수 온도가 상승하면서, 대기중의 수증기가 증가하고, 결과적으로 불안정한 대기를 형성하게 된다. 이 때문에 예전에 볼 수 없었던 초대형 폭풍과 잦아진 토네이도, 폭우, 폭설, 극심한 가뭄 등의 기상이변이 발생하고 있는데 이러한 기상이변으로 인해서 우리가 사용할 수 있는 물, 즉 '생활용수' 구하기가 점점 어려워진다는 것이 문제다. 홍수 피해를 입은 지역에서 가장 시급한 문제가 오히려 먹는 물 부족이라는 것이다.

물 부족의 원인의 하나는 인구 증가와 바이오연료기술의 발달 등으로 인해 곡물의 수요가 늘어난데 있다고 볼 수 있다. 세계에서 사용되는 물의 약 70%는 농업용수인데 인공적으로 지하수를 끌어올리는 기술의 발달로 곡물 생산량이 늘어났지만 대량의 물을 퍼올린 결과 물

부족 현상이 생겼다는 것이다.

2011년 2월 아이티 강진, 유럽의 폭설과 홍수, 중국의 가뭄 등 전 세계가 이상기후로 농산물 수확이 급격히 줄어들면서 식량난에 처하기도 했다. 강진이 휩쓸고 간 아이티에는 굶주린 시민들이 폭도로 변해 약탈을 일삼기도 했다. 또한 만성적인 식량난을 겪고 있는 북한도 가뭄과 홍수로 농작물 수확이 아주 낮아 굶어죽는 사람이 많이 생기고 있다고 한다.

기후변화는 폭력과 전쟁을 부른다. 반기문 유엔사무총장은 취임 직후인 2007년 수단 다르푸르 내전을 '세계 최초의 기후변화 분쟁'이라고 불렀다. 기후변화가 초래한 홍수, 가뭄, 토양 침식, 기근, 식수 부족 등이 가난과 갈등을 악화시켜 내전, 테러, 불법이민, 국경분쟁으로 이어진다는 것이다. 독일의 사회심리학자 하랄트 벨처는 '미래의 전쟁은 기후전쟁'이라고 단언했다(한겨레, 2010.12.24).

방글라데시의 최대 섬 볼라는 2005년 섬 전체의 절반이 물에 잠겨 50여만 명이 섬을 떠나야 했다. 세계에서 인구밀도가 가장 높은 이 나라에서는 수십 년간 홍수 피해로 1200만~1700만 명의 난민이 발생했는데 해마다 수십만 명의 난민들이 먹고살려고 수도 다카와 인도 서부 대도시 콜카타 등으로 몰리면서 도시 빈민가가 크게 늘어 고질적인 사회 문제가 되고 있다고 한다.

또한 지구온난화의 영향으로 인한 대표적인 환경 파괴 가운데 하나가 사막화이다. 세계 곳곳에 사막이 늘어나고 있는데 현재 지구상의 약 4분의 1이 사막이 되기 쉬운 지역으로 분류돼 있을 정도이다.

이처럼 환경이 파괴됨으로써 살고 있던 토지를 떠나지 않으면 안 되는 사람들을 '환경난민'이라 부르는데 앞으로 지구온난화로 인한 해수면의 상승이나 대기오염 등의 원인으로 인한 환경난민 또는 기후난민은 점점 더 늘어날 것으로 예상되고 있다. 지구촌에서 지구온난화로 인한 '기후난민'이 급증하고 있다고 워싱턴 포스트(WP)가 최근 보도했다. 노먼 마이어스 옥스퍼드대 환경생태학 교수는 "최근 10년간 2500만 명의 기후난민이 발생했다"고 밝혔다. IPCC는 상황이 더욱 악화돼 2050년까지 기후 난민이 지금까지의 6배 수준인 1억5000만 명에 이를 것으로 추정하고 있다.

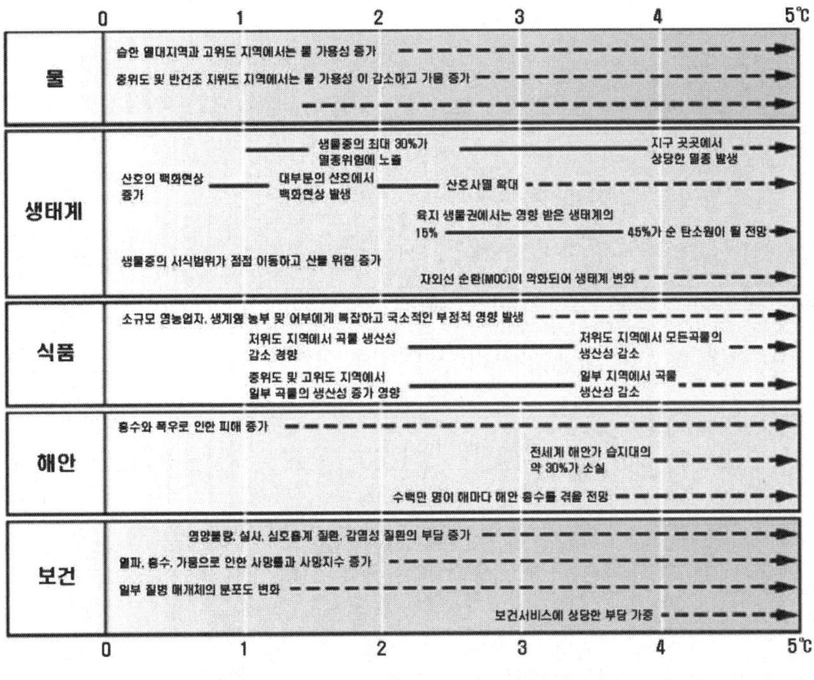

<그림 1-4> 향후 100년간의 전 지구 평균 연간 기온변화량(℃)에 따른 부문별 주요 영향

출처: '기후변화 2007: 종합보고서(기상청, 2008)'. p.54.

우리나라의 경우 기상재해로 인한 사망자수를 살펴보면 1980년부터 2006년까지 26년 동안 총 4,596명이 숨져 연평균 177명이 사망했다고 한다. 그 중 호우로 인한 사망자가 2,005명으로 전체 사망자의 43.6%를 차지하며, 그 다음이 태풍으로 인한 사망자가 1,738명으로 전체 사망자의 37.8%를 차지하고 있는데 기상재해는 계속 늘어나는 추세를 보이고 있다.

IPCC 제4차 평가보고서에 따른 1980년~1999년 대비 2090년~2099년의 온난화 평균 연간 기온변화량(℃)과 이에 따른 온난화의 영향을 나타낸 것이 <그림 1-4>이다.

1.2.3. 경제적 영향

(1) 농작물 수확의 감소

미국의 비정부기구(NGO)인 세계생태기금(FEU)의 '기후변화가 식량 생산에 미치는 영향'이라는 제목의 보고서에 따르면 아프리카는 극심한 사막화로 2025년까지 경작지의 3분의 2가 소실될 것으로 전망되는데 이렇게 되면 아프리카인들의 주식인 옥수수 생산이 일부 지역에서는 완전히 끊기게 된다는 것이다. 또한 지구온난화로 인해 세계에 밀·쌀 생산국 2위인 인도는 30% 가량의 생산량 감소를 겪게 되는 반면에 세계 최대의 쌀·밀 생산국인 중국은 20% 가까이 수확량이 늘어날 것으로 보고 있다.

우리나라의 경우 농지면적은 2000년 이후 2007년까지 연평균 1만 4668ha가 줄어 들었는데 이렇게 줄어든 전체 농지면적 중 논이 70%

를 차지하고 있다고 한다. 지구온난화로 작물기간은 길어지고 벼 재배 북방한계선은 현재보다 북쪽으로 올라갈 것이며 벼의 수확량은 현재의 벼 품종을 재배할 경우 이산화탄소 농도가 증가되는 것은 일단 생산성에 좋은 영향을 미치지만 고온은 생육기간을 단축시켜 수확량이 줄어드는 원인이 될 수 있다는 것이다. 농업학자들은 지구온난화에 따른 벼의 수확량은 약 11% 감소할 것이라고 보고하고 있다.

미국의 가뭄피해경감본부(NDMC)에 따르면 2009년 2월 미국 최대 농업지역인 캘리포니아 주의 89%에 이르는 지역이 물 부족을 겪고 있으며 그 중 54%는 작물이나 초목이 자라지 못할 정도이며 대규모 가뭄으로 한 해 동안 우리나라 여의도의 405배에 이르는 약 34억여㎡의 농지가 휴경지가 될 것이라고 전망했다. 경제적 손실로는 약 20억 달러에 이르고 8만 명이 직업을 잃을 것으로 전문가들은 내다봤다.

(2) 경제성장률 둔화

2011년 7월 19일에는 지속되는 폭염으로 우리나라 여름철 전력사용량이 연일 사상최대치(7095만Kw)를 넘겨, 일부 지역에서는 전력 공급이 중단되는 사태도 발생했다. 한국전력공사가 지난 2006년 여름철(6월~8월)과 5월의 전력소비금액을 비교 조사한 결과, 에어컨 사용으로 2108억 원이 추가로 발생했다고 한다. 평균기온이 1℃ 높아지면 전력소비금액은 1893억 원씩 증가하는 것으로 밝혀졌다. 2006년 농림부의 조사에 따르면 최고기온이 30℃ 이상 10일 동안 계속될 경우 돼지와 닭이 죽는 숫자가 늘어나고 닭이 계란을 낳는 양도 20~30% 감소해 약 14억원의 손실이 발생한다고 한다. 또한 폭염은 과도한 일조량으로 바다에 적조현상을 일으켜 어업분야의 경제적 손실을 발생시키는데 해양수산부가 1995년~2007년 동안의 적조발생 건수와 피해규모를 조사한 결과, 1995년에는 최대 피해규모인 약 764억 원이 발생하였으며 한해 평균 약 96억 원의 손실이 발생한 것으로 집계됐다. 이러한 폭염 피해를 종합하면 연간 최소한 약 3737억 원의 경제적 손실이 발생하고 있다고 한다.

EU는 지역 내에 반입되는 차량에 대하여 1㎞ 주행 시 평균 140g 이상의 CO_2를 배출하는 경우 수입을 제한하는 자발적 협약을 발효할 예정이며, 이 기준을 120g/㎞로 더욱 강화한다는 계획도 가지고 있다. 이는 우리나라 주요 수출품목 중 하나인 자동차의 수출증대에 장애요인으로 작용할 수 있다. 우리나라가 제1차 공약기간 동안 온실가스 감축의무가 없더라도 이미 감축의무 국가인 선진국을 대상으로 하는 대외무역 시장에는 온실가스 배출규제가 무역규제로 작용하는 사례를 많이 발견할 수 있다. 이러한 현실에서 우리나라가 교토체제 이후 기간에 의무 감축 국가에 포함되는 경우 국내에서도 온실가스 감축정책 및 노력이 현실적으로 불가피할 것이다.

우리나라의 감축의무 참여가 비단 산업계에만 영향을 미치는 것은 아니며, 우리 국민 모두에게 영향을 미칠 수 있다. 2005년 현재 국가 온실가스 배출량이 1990년 온실가스 배출량 대비 2배에 이르고 있는 우리의 현실을 고려할 때 교토체제 이후에서의 감축의무 참여는 국민경제에 큰 부담을 줄 수 있다. 향후 온실가스 감축의무방식에는 여러 가지 가능성이 있으므로 속단하기는 어려우나 2013년부터 온실가스 배출량을 1995년 대비(교토체제 이후의 기준년도를 1995년으로 가정할 경우) 5% 줄인다고 가정하는 경우 실질GNP 성장률이 0.78% 감소하는 것으로 나타나 국민경제의 어려움이 예상되며, 국가경제를 고려하여 산업계의 감축부담을 국민들이 부담하는 경우 국민들이 실제 느끼는 경제적 압박은 더욱 클 수도 있다.

1.3. 지구온난화의 원인

1.3.1. 인위적 배출 온실가스 주인론(主因論)

온난화의 원인은 아직까지 명확하게 규명되지 않았으나, 온실효과를 일으키는 온실가스가 유력한 원인으로 꼽힌다. 그러나 지구온난화의 원인에 대해서는 찬반양론이 있는 게 사실이다. 온난화의 원인에 관해서는 20세기 후반 이래 급격한 온도상승은 이산화탄소를 중심으로 하는 온실가스 농도의 증대에 의한 것이라는 설명이 주를 이루고 있다. 그러나 이에 이의를 제기하는 학자도 있다. 인위적으로 배출되는 온실가스 주인론(主因論)과 일부에서 제기되고 있는 이론(異論)을 살펴보면 다음과 같이 정리할 수 있다(東洋經濟新聞社, 2008).

먼저 온실가스 주인론을 주장하는 근거에 대해 알아보자. 인간활동에 의한 온실가스 주인론을 지지하는 학자들은 무엇보다 '온난화의 메커니즘'을 든다. 그 주인론을 지지하는 대표적인 전문가집단이 바로 IPCC이다. 2007년 11월 스페인 발렌시아에서 IPCC의 제27회 총회가 열렸을 때 나온 IPCC 제4차 평가보고서는 근년의 온난화가 인위적인 온실효과가스의 배출에 의해 일어나고 있다는 것을 확률 90%의 '가능성이 높다(very likely)'는 강한 표현으로 밝혔다.

이 온실가스에 의한 온난화의 메커니즘을 간단히 설명하면 다음과 같다. 태양에서 오는 일사에너지의 약 7할은 대기와 지표면에 흡수돼 열로 바뀌지만 지표면에서 방출되는 열(적외선)의 대부분은 대기권 밖으로 방출되고, 일부는 대기 중의 온실가스로 흡수된다. 그러나 인간 활동에 의해 대기 중의 온실가스의 농도가 상승하면 대기권 안에 흡수되는 열의 양이 늘어나 지구의 기온도 상승해버린다는 것이다.

적외선은 '전자파'의 일부이지만 일반적으로 분자는 그 종류에 따라 특정 파장의 전자파를 흡수하는 사실이 물리학적으로 잘 알려져 있고, 이 현상 자체는 과학적으로 의심의 여지가 없다고 한다. 전자레인지 안의 마이크로파를 물분자가 흡수함으로써 열로 변하는 것과 마찬가지 원리이다. 적외선에 대한 흡수효과, 즉 온실효과를 가진 가스의 하나가 이산화탄소인데 지구에 있어 온실효과 그 자체는 생명체가 살아가는 환경을 제공하는데 없어서는 안 되는 것이다. 온실가스가 존재하지 않으면 지구의 평균기온은 -18℃로 낮아져버린다고 한다. 생명의 탄생과 진화 과정에서 온실가스의 존재는 매우 중요한 역할을 해왔다. 그러나 지금 문제가 되고 있는 것은 종래 생명에 있어 절묘한 균형을 주었던 온실가스 농도가 인위적으로 과거에는 없는 속도로 변화하고 있다는 것이다. 그리고 그 급격한 변화가 인간활동으로 배출되는 이산화탄소를 중심으로 한 온실가스 농도의 증대로 집약된다는 것이 인위적 기원 온실가스 주인론의 핵심이다.

온실가스, 즉 온실효과가스란 이산화탄소만이 아니다. 인위적인 활동에 의해 배출되는 온실가스의 종류는 이산화탄소(CO_2: 60%), 메탄

(GH_4: 20%), 오존층을 파괴하는 프레온류(CFC, HCFC 및 헬론: 14%), 아산화질소(N_2O: 6%), 오존층을 파괴하지 않는 대체프레온류(수소불화탄소(HFCs), 과불화탄소(PFCs), 육불화황(SF6) 및 헬론: 0.5%이하) 등이 있다. 기체의 종류에 따라 단위량당 온실효과의 크기는 다르다. 이산화탄소의 온실효과를 1이라고 하면 메탄의 온실효과는 그 21배, 육불화황은 2만3900배를 갖고 있다. 그러나 인간 활동에 의해 배출되는 가스의 절대량에 있어 이산화탄소가 압도적으로 많기 때문에 인위적으로 배출되는 온실가스 가운데 지구온난화에 대한 기여는 이산화탄소가 가장 크고, 이어 메탄이 큰 것으로 되어 있다.

온실가스 주인론의 과학적 근거에 대해 좀 더 알아보자. 그 첫 번째가 이산화탄소 농도의 상승이 자연변동의 범위를 넘어선다는 것이다. IPCC의 제4차 평가보고서(2007)는 남극의 빙상에서 떼어낸 통모양의 얼음기둥의 측정치에 따르면 과거 1만년에 있어서 이산화탄소 농도를 보여주고 있는데 세계의 이산화탄소의 대기중 농도는 19세기 공업화 이전에는 약 280ppm이던 것이 2005년에는 379ppm으로 증가했다는 것이다. 빙상 코어의 측정치는 인간활동의 유무와 관계없이 과거 65만년 동안에 이산화탄소는 180~300ppm정도였는데 2005년의 379ppm이라는 숫자는 과거 65만년의 최대치를 훨씬 상회하는 것으로 자연변동의 범위를 넘어서고 있다는 것이다.

이 보고서는 또 인위 기원에 의한 온도상승과 태양활동이나 화산활동 등 자연 기인에 의한 온도상승을 나눠 온도변화를 시뮬레이션해 본 결과 20세기 후반의 온도상승은 인위 기원이라고 설명하고 있다. 인간활동에 의해 배출되는 이산화탄소의 양이 방대하다고 해도 지구 전체에서는 그것을 훨씬 웃도는 이산화탄소가 존재해 인간활동의 영향 등은 미미한 것이라는 반론에 대한 주인론의 주장은 다음과 같다.

생태계 전체로 막대한 양의 이산화탄소의 순환이 있고 또 대기와 해양 사이에도 막대한 양의 이산화탄소의 교환이 이뤄지고 있는데 대기와 해양 사이에 역할을 하는 이산화탄소의 양은 인위적으로 배출되는 이산화탄소의 10배 이상에 상당한다고 한다. 따라서 과거에 이산화탄소는 대기와 해양간에 배출 흡수를 반복해 일정한 평형상태를 유지해온 것에 비해 인간의 화석연료 이용으로 생긴 분량의 이산화탄소는 일방적으로 증가해 일부는 해양이나 식물에 흡수되기도 하지만 일부는 대기중에 머문다. 그 결과 인위기원 이산화탄소는 지구의 이산화탄소 전체의 비중으로 보면 매우 적지만 확실한 것은 지구 전체의 이산화탄소의 농도를 조금씩 그러나 꾸준히 쌓아가고 있는 것이 사실이라는 것이다.

현재 주류는 인위적 활동에 의한 온실가스 농도 증대로 인해 온난화가 진행되고 있다고 주장하는 쪽이며 IPCC의 최신 보고서도 이를 뒷받침하고 있다. 이에 대한 반론도 물론 존재하고 있다. 어느 쪽이라도 지구의 기후를 결정하는 요소는 인위적으로 배출되는 온실가스만은 아니라는 것은 사실이며, 태양의 활동, 지구의 공전 자전, 에어로졸, 화산활동, 기타 다양한 요소가 복잡하게 얽혀있다는 사실도 알고 있다. 그러나 인위적 배출가스 주인론 주창자들은 다른 요소의 존재를 고려해도 인간활동으로 인한 온실가스의 온난화에 대한 기여를 적게 하는 논거는 되지 못한다고 강조한다. 불확정요소는 아직 있지만 적어도 2008년말 현재, 20세기 후반 이래의 지구 온도상승이 인간활동에 의한

온실가스의 영향이 크다고 하는 설명에 대해선 사실상 '국제적 합의'가 이뤄진 상태라고 볼 수 있다.[9)]

1.3.2. 온실가스 주인론에 대한 이론(異論)

(1) **온난화 선도설**(先導說)

인간활동에 의한 온실가스 농도의 증대가 근년 지구온난화의 주 원인이라고 하는 설이 주류이지만 이에 이의를 제기하는 학자도 있다. 이론 중에도 다양한 설이 있기에 여기서는 그 모든 것을 설명하기란 어렵지만 일부만 소개한다.

그 설의 하나로, 이산화탄소 농도의 증대에 의해 온난화가 일어나고 있는 것이 아니라, 오히려 그 역으로 우선 온난화가 다른 원인에 의해 일어나 그것에 의해 이산화탄소 농도의 증대가 발생하고 있다고 하는 것이다. 킬링(C.D.Keeling) 등이 주장하는 것으로 하와이지역의 관측소에서 관측한 이산화탄소 농도의 예정치에서 장기적 변동을 제하면 기온이 올라간 반년~1년 후에 이산화탄소가 상승하는 것이 보여, 온난화 선도설의 하나의 근거가 되고 있다. 이 주 요인으로서는 헨리의 법칙이 관여하고 있다고 추측된다는 것이다. 헨리의 법칙은 이산화탄소 등 물에 녹기 어려운 기체는 온도가 낮아질수록 물에 용해하기 쉬운 성질을 이끌지만 거꾸로 말하면 온도가 높아지면 해수중의 이산화탄소가 대기중에 방출돼 대기중의 이산화탄소 농도가 높아지고 있다는 것이다. 사이다의 탄소가 온도가 높아지면 방출되기 쉽게 되는 것

9) 김해창, 일본 저탄소사회로 달린다, 이후, 2009, pp.39-41.

과 같는 것이다. 그런데 온도의 상승은 무엇에 의한 것인가? 태양흑점주기는 통상 11년 전후로 변동하고 있지만 짧은 주기는 태양활동이 활발한 시기에 대응한다고 한다. 크리스텐센(Friis Christensen)과 라센(Lassen)은 태양흑점주기의 길이의 변화, 즉 태양활동 상태와 북반구 기온의 변동의 관계를 조사해, 기온변동과 흑점주기변동이 밀접하게 링크돼 있다고 발표했다. 이 사실에서 태양활동이 활발해지는 것이 기온변동의 원인이 아닐까 하는 설이 있다. 또 인위적인 활동에 발생하는 대기오염물질중의 '검은 에어로졸(기체중에 부유하는 미소한 액체 또는 고체의 입자)'이 원인이라고 하는 설도 있다. 검은 에어로졸은 태양광을 흡수해 상공의 온도를 높인다. 대기 내의 대류는 따뜻한 지표면과 차가운 상공 사이에 일어나지만 상공의 온도가 올라감에 의해 대류가 약하게 되고 결과적으로 바람이 불기 어려워진다. 그러면 물이 기화열을 빼앗아 증발하지 않게 되기에 지표면도 덥게 된다. 또 대기오염물질은 온실효과가스와 마찬가지로 방사냉각을 방해한다. 이들 3가지 원인에 의해 현대의 지구온난화가 일어나고 있다는 것이다. 이밖에 인위적으로 배출되는 이산화탄소의 양은 해양과 대기의 사이에 생기는 이산화탄소의 양에 배해 미미한 것으로, 큰 영향을 미치지 않는다는 주장도 있다(東洋経済新聞社, 2008).

(2) **온난화 이익설**

덴마크 통계학자 비요른 론보르그는 '환경위기를 부추겨선 안 된다(文芸春秋, 2003)'라는 책을 냈다. 그는 온난화의 중요한 증거로 거론되는 만(M.E.Mann)의 연구에 의문을 제기했다. 만의 주제는 북미의 나무 연령에서 나온 것이지만 나무의 발육에는 온도 외에 많은 요인이 관계하는 것을 무시할 수 없다는 것이다. 또 이 주제에서는 육지의 온도만 알뿐 지구의 대부분을 차지하는 바다의 온도에 관해서는 아무 것도 모른다고 주장한다. 실제 지구의 기온이 안정되고 있다고 하는 것은 거짓이며 지구의 기온은 1500년을 주기로 해 변동하고 있다는 것이 인정되고 있지만 가령 1000년의 조사에서는 결론이 나지 않는다는 데 수긍이 간다는 것이다. 더욱이 그는 온난화가 가령 사실이라고 해도 그것이 이산화탄소 탓인지는 알 수 없다고 말한다. 가령 온난화가 정말이라고 해도 그것은 이산화탄소 탓이 아니라 태양의 활동이라는 자연현상의 탓일지도 모른다는 것이다. 그리고 그는 온난화론자들은 최악의 시나리오, 즉 이산화탄소 농도가 2배, 기온이 4~5℃ 상승하는 경우 농산물은 10~20% 감소한다고 주장하고 있는데 이에 대해선 오히려 농작물은 바이오기술 진전 등으로 2080년까지 현재의 약 2배가 될 것이라고 예측되고 있다. 그 10~20%가 가령 감소한다고 해도 무엇이 문제인가 하는 것이다. 또 지구의 평균기온은 그간 100년간 0.6℃ 상승하고 있지만 자세히 데이터를 보면 저온의 지역에서 크게 상승하고 고온 지역에서는 거의 상승하지 않는다. 결국 지구상 각 지역의 기온이 평준화하는 경향이 있고 이는 인간의 건강이나 농산물에 오히려 좋은 영향을 줄 수 있다는 것이다.

이에 비요른 롬보르그(Bjorn Lomborg, 2006)는 온난화를 그냥 놔두자고 한다. 현재는 '이산화탄소 감축'이라는 방법만이 논의되고 있지만 온난화를 묵인함으로써 그로 인해 생길지도 모르는 이상기후의 피해에 대처할 방법을 취하는 것도 가능하다는 것이다. 교토의정서대로 감축을 실시하기 위해서는 우리돈 1000조원 이상의 비용이 든다는 시산이 나왔고, 게다가 이는 온난화를 단지 6년 늦추는데 불과하다는 것이다. 이에 드는 비용은 6000조원 정도인데 이 비용은 실제온난화가 일어나지 않으면 필요가 없고 온난화가 진행된다고 해도 재해를 현실적으로 막기에 그쪽이 현실적이라는 것이다.

(3) **저탄소 음모론**

지구온난화 문제에 대해 원인을 놓고 찬반 논쟁을 벌이는 것과 별개로 반대론 가운데 이산화탄소 감축 목표를 엄격하게 시행하면 최대 수혜자는 과연 누가 될 것인가? 유럽과 미국의 탄소 감축 주장을 곰곰이 따져보면 거대한 음모와 마주치게 된다며 '음모론'을 제기하는 쪽도 있다.

중국의 경제학자 거우훙양(勾紅洋)은 '저탄소의 음모(2011)'에서 '유럽과 미국에서 주장하는 대로 2030년까지 중국이 지금의 이산화탄소 배출량을 50% 이하로 대폭 감축해야 한다면, 아직 대체에너지를 확보하지 못한 중국으로서는 공장의 절반이 문을 닫아야 할 수밖에 없다'며 '선진국에서 이산화탄소 감축을 내세우는 가장 큰 목적은 환경보호보다는 저탄소라는 카드를 이용해 중국과 같은 개발도상국들의 발전을 막으려는 것'이라고 밝히고 있다. 거우훙양은 '탄소는 누구의 숨통을 죄고 있을까?'하고 묻고는 이에 대한 해답을 '탄소관세와 탄소배출권거래제'에서 찾을 수 있다고 한다. 그 탄소관세 도입에 가장 적극적인 나라가 바로 미국인데 이는 그들의 무역 구조와 밀접하게 관계되어 있다는 것이다. 미국은 세계 최대의 무역적자국으로 주로 화석연료

의존도가 높고 부가가치가 낮은 공산품을 수입하는 반면, 화석연료 의존도가 낮은 최첨단 IT제품을 수출하고 있으며, 서비스산업에서도 오랫동안 흑자를 거두고 있다. 이러한 수출입 구조에서 탄소관세를 징수한다면 개도국에서 만든 제품이 미국 시장에서 경쟁력을 잃게 되므로, 자국의 산업을 보호하는 데 이보다 더 좋은 방법은 없다는 것이다. 한편 EU의 경우도 탄소배출권거래제 추진에 앞장서고 있는데 이들 국가는 저탄소 및 신재생에너지 기술분야에서 가장 앞서 있고, 이미 저탄소시대에 시행할 다양한 게임의 법칙들도 마련해 놓았는데 이러한 탄소배출권거래제가 당장 시행된다면 개도국들은 엄청난 대가를 치러야 할 뿐만 아니라 어렵사리 얻어낸 경제발전의 기회마저 잃게 될 것이라는 것이다.

거우훙양은 세계기상기구(WMO)가 2009년말 스위스 제네바에서 발표한 '2008 온실가스보고서'에서 '2008년 대기 중의 이산화탄소 농도가 385.2ppm으로 1년 만에 2.0ppm이 더 증가했다. 산업혁명 이전에는 대기 중의 이산화탄소 농도가 약 280ppm에서 거의 변하지 않았다.'는 내용이 지구온난화론자들이 지구온난화가 진행되고 있음을 증명하는 가장 확실한 증거라고 말하지만 여기에 심각한 오류가 숨겨져 있다며 반론에 나섰다.

첫째, 280ppm에서 385.2ppm으로 상승했다면 증가율이 192%에 달한다. 언뜻 보아서 굉장히 높은 상승률인 것 같지만 ppm이라는 단위는 백만분의 일로 백분율로 계산하면 0.028%에서 0.03852%로 상승한 것에 불과하다는 것이다. 둘째, 지구의 역사를 살펴보면 과거에도 이산화탄소의 농도는 매우 불안정한 상태였다는 것이다. 오스트리아 인스

부르크대학 지질학과 교수팀의 연구에 따르면 지금으로부터 6억3500만 년 전에 형성된 석회암과 방사성 동위원소 검사를 실시한 결과 당시 지구 대기 중의 이산화탄소 농도는 최소 12,000ppm으로 현재 대기 중의 이산화탄소 농도와 비교하면 32배나 높았다는 것이다. 셋째, 이산화탄소의 농도가 상승하면 식물의 생장이 오히려 촉진된다는 것이다. 일반적으로 식물이 광합성 작용을 하기 위한 최적의 이산화탄소 농도는 1,000ppm이라는 것이다. 이산화탄소의 농도가 상승하면 대기 온도가 상승하여 해충의 생존에 유리해져 농작물의 해충 피해가 많아질 수도 있지만 질소흡수량은 동일한 데 탄소 함량만 높아지면 단백질 함량이 감소하여 농작물의 품질이 저하될 수는 있지만 생산량 자체는 늘어난다는 것이다(거우훙양, 2011).

1.3.3. 온난화 원인 찬반논쟁의 의의

그러나 이러한 지구온난화 원인 찬반론을 읽다보면 정확한 답을 얻기 어려워진다. 스펜서 위어트는 '지구온난화를 둘러싼 대논쟁(The Discovery of Golbal Warming, 동녘사이언스, 2012)'에서 지구온난화 찬반 논쟁의 핵심은 지구온난화에 대한 인식은 거의 정반대에 서 있지만, 모두 '굳건한' 과학적 사실을 출발점으로 삼는다는 점에서 비슷한데 전자는 IPCC 보고서에 실린 과학적 증거를 집약, 부연, 해설한 교과서의 형식이 대부분인 반면, 후자는 그와 반대되는 각종 증거를 들며 이런 합의를 과학적으로 반박하고자 한다는 것이다. 이에 스펜서 위어트는 지구온난화가 사회적 구성물만은 아니라고 강조하지만, 지구온난화에 대한 지식이 역사적 사회적 과정을 거쳐 형성되었다는 사실은 지구온난화에 대한 회의론자의 주장과 달리 지구온난화를 의심할 근거가 아니라 신뢰의 원천이라는 것이다. 물론 지구온난화에 대한 현재의 지식에는 여전히 불확실한 요소들이 많이 있고, 앞으로도 불확실성을 완벽히 제거할 수는 없고 심지어 일부는 나중에 오류로 판명 나게 될지도 모르지만 지구온난화에 대한 지식 형성과정에 주목하면, 과학적 사실과 합리적 논증에 초점을 맞추면서 양측의 갈등을 논리 싸움으로 잘못 인식하는 일도 줄어들 것이라는 것이다. 그는 인간이 배출한 이산화탄소 때문에 지구의 온도가 올라가고 있다는 '사실'이 숱한 우여곡절 끝에 확립되었음을 보여준다. 이러한 사실은 한 순간에 한 과학자에 의해 발견된 것이 아니라, 기상학 물리학 생물학처럼 서로 다른 과학분야에서 활동하는 수많은 과학자들이 수십 년 동안 소통과 논쟁을 겪으면서, 잘못된 이론과 해석을 극복하면서, 다양한 후원과 냉전이라는 사회적 맥락 속에서 가능해졌다는 것이다. 이러한 굴곡과 이질적 증거들은 지구온난화라는 사실을 취약하게 만드는 것이 아니라, 더 확실한 것으로 만들어 준다는 것이다. 이런 점에서 스펜서 위어트는 사람들의 인식은 행동을 경유해 지구온난화에 직접 영향을 미칠 수 있기에 지금은 일부 회의론자들처럼 현재 방식을 무의미한 것으로 매도하거나 그 결과로 나온 지식을 못 본 체하는 것이어서는 안 된다며 지금은 지구온난화에 대한 지식에 의문을 제기할 때가 아니라 대책을 강구해야 할 때라고 강조한다.

결국 지구온난화 주요 원인에 대한 찬반논쟁은 양측의 논리에 대한 이해 또한 상당부분 주관적이라고 볼 수 있다. 그러나 이러한 논쟁을 통해 우리가 단순히 논리싸움에만 빠질 것이 아니라 우리 인간이 할 수 있는 합리적인 판단이 중요하고 이에 따른 최선의 노력을 기울여야 한다는 것이다.

2. 기후변화에 대한 국내외 대응의 흐름

2.1. 기후변화에 대한 국제적 대응

2.1.1. IPCC 보고서와 기후변화 관련 국제기구 조직

기후변화가 심화됨에 따라 이를 완화하기 위한 대응이 필요하게 되었다. 기후변화는 전 지구적인 현상이므로 이를 효과적으로 대응하기 위해서는 국제적인 협력이 필수적으로 요구된다. 기후변화의 위협은 1972년에 로마클럽에서 발표한 성장의 한계(The Limits to Growth)에서 최초로 등장하였으며, 1979년에 개최된 제1차 세계기후회의에서 최초로 공식적인 논의가 됨에 따라 IPCC의 설립에 관한 논의가 진행되기 시작하였다. 국제적으로 기후변화에 대처하기 위한 본격적인 움직임은 1988년 세계기상기구(WMO)와 유엔환경계획(UNEP)이 IPCC를 설립하면서 시작됐다. IPCC의 주된 업무는 기후변화의 정도와 사회경제에 미치는 영향, 그리고 현실적인 대응전략 등을 수립하는 것이었다. IPCC는 기후변화 추세 및 원인규명, 기후변화에 따른 생태학적, 사회경제적 영향 평가 및 그에 대한 대응전략을 분석한 평가보고서를 실무그룹별로 발간하고 있는데 이 보고서는 유엔기후변화협약(UNFCCC) 등에서 정부간 협상의 중요한 근거자료로 활용되고 있다.

IPCC는 지금까지 모두 4차례에 걸쳐 보고서를 발간했다. 1990년에 발표된 제1차 보고서는 지난 100년간 대기 평균온도가 0.3~0.6℃ 상승했고 해수면은 10~25㎝ 상승했다고 했다. 또한 산업활동 등에 의한 에너지 이용이 현 상태 지속될 경우 CO_2 배출량이 매년 1.7배 증가할 것으로 전망했다. 이 보고서는 기후변화협약의 협상에 필요한 기초자료로 제공되기도 했다. 1995년에 발표된 제2차 보고서는 지구온난화의 주된 원인 중 하나가 인간이라는 것을 명시하고 있으며 온실가스가 현 추세대로 증가할 경우 2100년 지구 평균기온이 0.8~3.5℃, 해수면이 15~95㎝ 상승할 것으로 전망했다. 2001년에 발표된 제3차 보고서는 지구 평균기온이 향후 100년간 최고 5.8℃, 해수면이 9~88㎝ 상승해 세계 각지 해안 저지대를 수몰시킬 수 있다고 했다. 이 보고서에서는 자연적 요인이 아닌 인간의 활동으로 인해 배출된 오염물질로 인해 기후변화가 일어나고 있다고 보고 있으며 현 추세대로 오염물질이 배출된다면 지난 1만년간 겪었던 것보다 심각한 기후변화를 겪게 될 것이라고 전망했다. 2007년에 발표된 제4차 보고서는 앞서 소개했듯이 지구 평균기온이 향후 100년간 최대 6.4℃, 해수면은 59㎝ 상승할 것이라고 전망했다. IPCC 제5차 평가보고서는 2013년 9월부터 제1실무그룹 보고서 발간을 시작으로 제2 및 제3실무그룹 보고서가 각각 2014년 3월 및 4월 발간되어 2014년 10월 종합보고서가 발간될 예정이다.[10)]

---

10) 과학전문 사이트인 '뉴사이언티스트'에 따르면 2013년 9월께 발간예정인 IPCC의 제5차 보고서 초안이 인터넷에 유출돼 논란이 되고 있다는 것이다. 보고서 초안 검토에 참여한 알렉스 롤스는 IPCC가 기후와 태양활동의 상관

1990년 UN총회는 기후변화의 위협에 대응하기 위해 정부간 협상위원회(INC)를 설치하고 1992년 5월에 정부간 협상을 거쳐 1992년 6월에 154개국이 참가한 유엔기후변화협약안을 작성하였으며, 1992년에 브라질 리우데자네이루에서 155개국 서명으로 채택, 1994년부터 정식 발효되게 됐다. 지구온난화에 대한 과학적 자료의 확보로 범지구 차원의 노력이 필요하다는 인식이 확산되면서 UN 주관으로 1992년 브라질 리우데자네이루에서 열린 환경회의에서 유엔기후변화협약이 채택되어 1994년 3월에 발효됐다. 우리나라는 1993년 12월에 IPCC에 가입하게 됐다.

국제기구는 기후변화에 관한 과학 분야, 사회경제 분야, 온실가스 분야, 배출권 관련 분야, 지구 기상 감시 등 관측 분야로 크게 구분하여 문제를 논의해왔다. 이러한 기후변화협약의 실제적 이행을 위해 보다 구체적이고 구속력 있는 온실가스 감축의무를 명시하고, 감축방법, 감축량 등 실제 이행에 필요한 내용을 포함한 교토의정서가 1997년 12월 일본 교토에서 열린 기후변화협약 제3차 당사국총회(COP3)에서 채택되고 153개국이 이를 비준했다. 교토의정서의 주요내용은 첫 번째로, CO_2, CH_4, N_2O, HFCs, PFCs, SF_6를 감축대상 온실가스로 지정하였으며 두 번째로, 부속서(Annex) I 국가에서 터키와 벨라루스가 제외된 부속서 B국가(38개국)는 2008~2012년(제1차 공약기간)까지 온실가스 배출량을 1990년 대비 최소 5.2% 감축하되 각국별로 -8%

관계에 대해 그동안 생각했던 것보다 좀 더 연관성이 있다는 결론을 내렸다는 것이다. 이에 대해 다른 기후학자들은 "전체적인 보고서 내용은 온난화에 미치는 태양활동의 영향이 아주 작은 것으로 결론을 내리고 있다"고 강조했다는 것이다. 이 보고서는 또한 2300년까지 9℃ 이상의 지구평균 기온상승이 예상된다고 밝혔다고 한다(국제신문 2012.12.14).

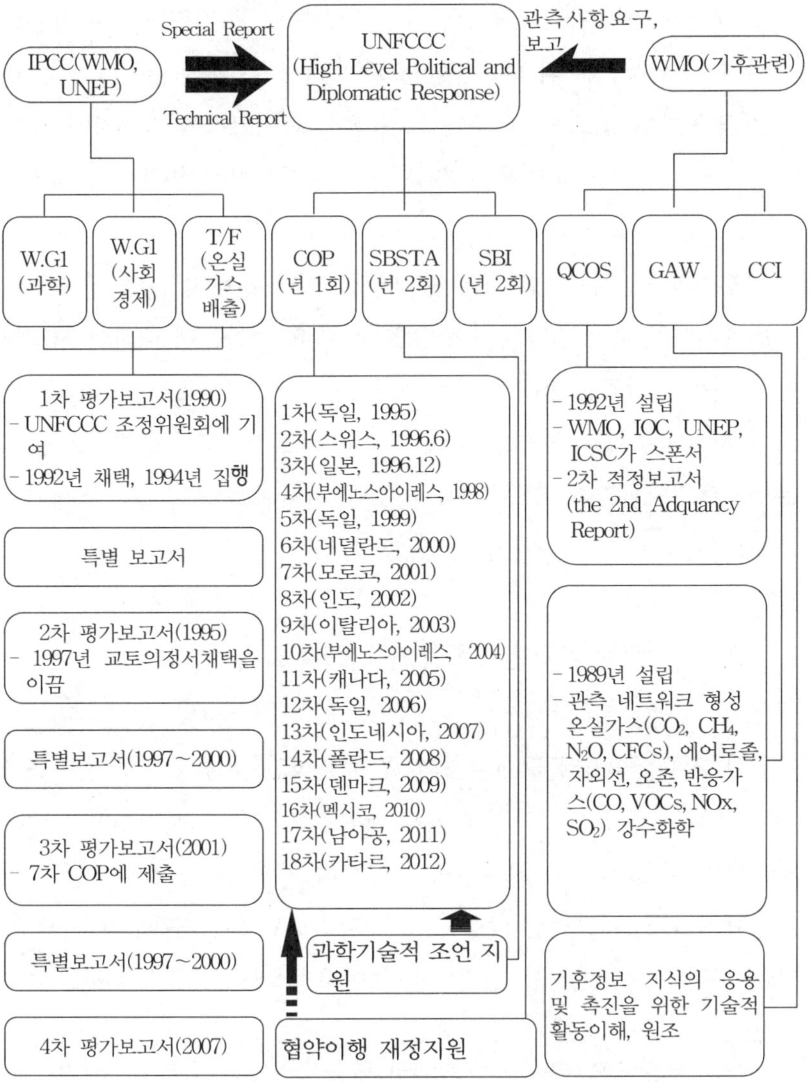

<그림 1-5> 기후변화에 관련된 국제기구 조직도

출처: 기상청 기후변화정보센터 홈페이지(www.climate.go.kr)[11]를 바탕으로 보완함.

(EU)에서 +10%(아이슬란드)까지 차별화하여 규정했다. 세 번째로, 각 국가가 국가 내부적으로 온실가스를 감축하는 것에 한계가 있는 현실을 반영하여 교토메커니즘을 통해 온실가스 감축을 가능하게 했다. 교토메커니즘은 크게 공동이행제도(JI), 청정개발체제(CDM), 배출권거래(ET) 등이 핵심이다.

기후변화협약에 가입한 국가를 당사국이라고 하며, 이들 국가들이 매년 한 번씩 모여 협약의 이행방법 등 주요 사안들에 대하여 결정하는 자리를 당사국총회(COP, Conference of the Parties)라고 한다. 따라서 당사국총회는 협약에 대한 최고 의사결정기구라고 할 수 있다. 유엔기후변화협약(UNFCCC)를 비롯한 기후변화에 관련된 국제기구 조직도는 <그림 1-5>와 같다.

2.1.2. 유엔 기후변화협약 당사국총회의 흐름

근래 기후변화협약 당사국총회 중 대표적인 것을 살펴보면 다음과 같다. 2007년 인도네시아 발리에서 개최된 제13차 기후변화협약 당사국총회(COP13)에서는 교토의정서 이후의 기후변화협상 및 기후변화 대응에 관련된 기본적인 방향을 잡은 발리로드맵이 채택되고 이를 통해 의무감축을 시행하는 선진국뿐만 아니라 개도국도 온실가스 감축

---

11) 조직에서 약자로 W.G(Working Group)는 실무그룹, T/F(Task Force)는 태스크포스팀, SBSTA(Subsidiary Body for Scientific and Technological Advice)는 과학기술자문부속기구, SBI(Subsidiary Body for Implementation)는 이행보조기구, GCOS(Global Climate Observing System)는 전지구관측시스템, GAW(Global Atmosphere Watch)는 지구대기감시, CCl(the Commission for Climatology)는 기후위원회이다.

에 참여하는 형태의 전 지구적 온실가스 감축 협력형태가 구축됐다.

2009년 덴마크 코펜하겐에서 열린 제15차 기후변화협약 당사국총회(COP15)는 교토의정서를 대체할 새로운 기후협약을 마련하고, 세계 각국이 온실 가스 배출을 언제까지, 얼마나 줄일 지를 결정하고 국가별 감축 목표치도 논의할 중요한 장이었다. 그러나 정작 총회에서는 탄소 배출 1·2위를 차지하는 중국과 미국의 치열한 신경전과 선진국들이 온난화를 야기했다는 책임론이 팽배했다. 선진국은 개도국을 포함한 모든 나라가 2050년까지 온실가스 배출량을 지금의 절반으로 줄여 한다고 주장하는 반면, 중국과 인도 등은 선진국이 앞장서야 한다고 맞섰다. 또한 국가별 감축 목표 설정과 저개발국을 지원하기 위한 재원 마련 방안에 대해 각국 이견이 대립됐다.

2011년 남아공 더반에서 개최된 제17차 당사국총회에서는 칸쿤합의 실행과 칸쿤합의 미포함 이슈 논의의 진전(Beyond Cancun)이 있었다. 또한 녹색기후기금(GCF), 적응위원회, 기술집행위원회 등 전년에 칸쿤에서 합의한 기후변화협약 이행 조직을 설립하기 위한 구체적인 계획을 마련하였고, 교토의정서 연장 시행에 대한 국가간 정치적 문제를 해결했다. 또한 2013년 이후 각국 배출 감축 목표에 대한 이행과정 및 적절성 검토규정을 정의했다. 한편 전년 칸쿤합의에 따른 개도국의 기후변화대응을 위한 기술메커니즘(Technology Mechanism) 및 적응위원회(Adaptation Committee) 운영 방안을 마련했다.

2012년 11월 26일부터 12월 7일까지 카타르 도하에서 개최된 제18차 기후변화협약 당사국총회(COP18)에서는 2013년 교토의정서 2차 공약기간 개시를 위한 의정서 개정과 2020년 이후 새로운 기후변화체제 등을 주로 논의하는 한편 우리나라가 유치국으로 선정된 녹색기후기금(Green Climate Fund)의 공식 승인절차가 폐막식에서 이뤄졌다. 우선 교토의정서 1차 공약기간(2008~2012)이 종료되고, 2차 공약기간 개시를 앞둔 시점에서 공약기간(선진국은 8년, 개도국은 5년 주장), 감축목표 등의 확정을 비롯한 의정서 개정에 대해 논의했다. 교토의정서 2차 공약기간에는 현재까지 EU, 노르웨이, 스위스, 리히텐슈타인, 우크라이나가 참여할 계획에 있으며, 캐나다는 교토의정서를 탈퇴했다. 특히 우리나라는 녹색기후기금 유치국가로서 재원협상이 기후변화협상 진전의 중요한 요소이므로 앞으로도 지속적으로 논의해 가시적 성과를 도출해야 함을 강조하고, 녹색기후기금이 상당부분 운용하게 될 장기재원 조성방안, 중기재원(2013~2020) 조성방안 등에 적극 참여할 계획임을 밝혔다. 또한 2011년 더반 총회에서 합의한 2020년 이후 모든 당사국에 적용되는 신기후변화체제(더반플랫폼)에 대한 협상이 2012년 개시됨에 따라 이에 대한 기본틀, 작업계획 등이 본격 논의됐다.

제1차 당사국총회부터 제18차 당사국총회까지의 핵심 내용을 요약 정리하면 <표 1-1>와 같다.

<표 1-1> 역대 기후변화협약 당사국총회 주요 결정사항

구분	개최시기	장소 (국가명,도시명)	주요 결과
1차	1995.3.28~4.7	독일, 베를린	• 2000년 이후의 온실가스 감축을 위한 협상그룹(Ad hoc Group on Berlin Mandate)을 설치하고 논의결과를 제3차 당사국 총회에 보고하도록 하는 베를린 위임(Berlin Mandate) 사항을 결정 • 협약의 부속기구 설치 및 운영 합의, 선진국의 기술 이전 촉구

2차	1996.7.8~7.19	스위스, 제네바	• IPCC의 2차 평가보고서 중 '인간의 활동이 지구의 기후에 명백한 영향을 미치고 있다'는 주장을 과학적 사실로 공식 인정 • 미국과 EU는 감축 목표에 대해 법적 구속력을 부여하기로 합의
3차	1997.12.1~12.12	일본, 교토	• 교토의정서(Kyoto Protocol) 채택 • 배출권거래제, 청정개발체제, 공동이행제도 등 교토메커니즘 도입
4차	1998.11.2~11.13	아르헨티나, 부에노스아이레스	• 교토의정서의 세부이행절차 마련을 위한 행동계획(Buenos Aires Plan of Action)을 수립 • 아르헨티나와 카자흐스탄이 비부속서 국가로서 처음으로 온실가스 감축 의무부담 의사 표명
5차	1999.10.25~11.5	독일, 본	• 개도국의 감축 의무부담 문제 부각
6차	2000.11.13.~11.25	네덜란드, 헤이그	• 2002년 교토의정서 발효를 위하여 상세 운영규정을 확정할 예정이었으나 미국, 일본, 호주 등 Umbrella 그룹과 EU간의 입장 차이로 협상 결렬
6차 속개	2001.7.16~7.27	독일, 본	• 교토이행체제의 이행골격 합의
7차	2001.10.29.~11.10	모로코, 마라케시	• 청정개발체제 등 교토메카니즘 관련 사업 추진 기반 마련 • 교토의정서 이행 체제인 마라케쉬(Marrakesh)합의문 채택
8차	2002.10.23~11.1	인도, 뉴델리	• 당사국들에게 기후변화에의 적응(Adaptation), 지속가능발전 및 온실가스 감축노력 촉구 등을 담은 뉴델리 각료 선언(The Delhi Ministerial Declaration)을 채택
9차	2003.12.1~12	이탈리아, 밀라노	• 기술이전 등 기후변화협약의 이행, 조림 및 재조림의 CDM 포함을 위한 정의, 방식문제 등 교토의정서 발효를 전제로 한 이행체제 보완에 대한 논의 진행 • 개도국에 대한 기술재정 지원
10차	2004.12.6~17	아르헨티나, 부에노스아이레스	• 과학기술자문부속기구(SBSTA)가 기후변화의 영향, 취약성 평가, 적응수단 등에 관한 5개년 활동계획을 수립하였으며 1차 공약기간(2008~2012) 이후의 의무부담에 대한 비공식적 논의가 시작
11차	2005.11.28~12.9	캐나다, 몬트리올	• 2005년 2월 발표한 교토의정서 이행절차보고 방안을 담은 19개의 마라케쉬 결정문을 제1차 교토의정서 당사국총회에서 승인 • 교토의정서 체제 공식 출범
12차	2006.11.6~17	케냐, 나이로비	• 선진국들의 2차 공약기간(2013~2017) 온실가스 감축량 설정을 위한 논의 일정에 합의하고 개도국들의 의무감축 참여를 당사국총회를 통해 결정할 수 있음을 논의

			• 2012년 이후 기후변화체제 관련 논의
13차	2007.12.3~14	인도네시아, 발리	• 발리 로드맵 채택, 추가 감축의무를 논의하기 위한 특별작업반 운영 및 기후변화대응 장기협력 대화협의체 발전방향 논의
14차	2008.12.1~12	폴란드, 포즈난	• 활동보고서 2건 보고(GCOS, CEOS)
15차	2009.12.7~18	덴마크, 코펜하겐	• 코펜하겐 합의문 도출 • Post-2012 협상시한 1년 연장
16차	2010.11.29.~12.10	멕시코, 칸쿤	• 녹색기후기금 설립 및 운용 계획 제시 • 선진·개도국 감축목표 별도의 참고문서(information)에 수록
17차	2011.11.28~12.9	남아공, 더반	• 녹색기후기금, 적응위원회, 기술집행위원회 조직 구체안 마련
18차	2012.11.26~12.7	카타르, 도하	• 녹색기후기금 한국유치 승인, 교토의정서 의무기간 연장 합의

2.2. 우리나라의 기후변화 대응

2.2.1. 기후변화에 대한 중앙정부의 대응

국제사회의 기후변화 대응 흐름에 대해 한국은 온실가스 감축 목표치, 건물 에너지 효율화, 산림 확대 등 구체적인 행동계획과 목표를 유엔에 등록하고 자발적 실천을 유도하고자 하는 등록부(registry) 방안을 제안하고 있다. 이는 능력에 상응한 자발적 서약 및 국내법의 구속적 이행 등을 통한 국제적 검증 방법들을 동원해 국제적 신뢰를 확보하고 적절한 감축 목표, 법적·제도적 기반을 구축하기 위한 것이다. 우리나라는 국제적 기후변화 대응을 위해 1993년 12월에 유엔기후변화협약에 가입한 후 2002년 10월에 교토의정서를 비준했다. 현재 우리나라는 교토의정서 상에 비부속국(Non-Annex) I 국가로 분류되어 1차 공약기간 중 감축의무를 가지지 않았다. 기후변화협약이 한국에 미치는 영향과 대응 방향을 요약하면 <그림 1-6>와 같다.

2007.12	2013년 이후	
발리 로드맵	선진국	의무감축할당 IPCC 제4차 보고서에 준하는 목표
	개발도상국	자발적 감축 UNFCCC와 협상을 통해 목표 설정

2008년 결정	2009년까지 협상 완료

현재	향후
• 온실가스 배출량 의무 보고 예정 (2009년 이후) • 배출권 거래제도(2008) • 인센티브 지급방식의 감축 유도(2005) - 온실가스 감축사업 등록체계(감축실적 정부 보상) • 직접배출원 중심의 일부 의무 할당 (2008) - RPA, 에너지생산업체를 중심으로 의무 할당 • 온실가스 배출량 표시 의무화 및 탄소라벨링	• 탄소세·환경세 - 온실가스 다배출 제품, 건물, 교통수단 등에 탄소세 부과 - 탄소기금 조성(감축사업 추진, 감축기술 연구, 기업 인센티브) • 의무감축할당 - 기업 - 지자체 · 건물 · 가정상업 - 탄소배출권 거래 - 탄소배출 제한 · 허용

<그림 1-6> 기후변화협약이 한국에 미치는 영향과 대응 방향(출처: 환경부)

국내 온실가스 저감을 위한 중앙정부의 대응은 1998년 처음으로 장관회의 및 정부대책 기구를 구성해 총 36개의 과제로 구성된 기후변화협약에 대한 제1차 종합대책 수립을 추진했다. 이후, 2001년과 2005년에 각각 2차와 3차 종합대책을 수립했으며, 특히 제3차 종합대책의 경

우는 환경부 등 19개부터에서 참석, 3대 분야 90개 과제를 구성해 대책을 추진했다.

기존 기후변화 종합대책이 기후변화협약에 단순히 맞추어 가는 형식이었던 것에 반해, 2007년도에 수립된 기후변화협약 제4차 종합대책은 보다 적극적인 정책으로 방향으로 선회했다. 즉 5개년으로 계획 후 분기별 및 단기, 중장기 목표를 설정하여 기후변화대책의 수립 및 시행으로 인해 발생하는 사회적, 경제적, 환경적 피해를 최소화하고 선진국 수준의 온실가스 감축 기술을 확보하는 구체적 발전방안을 제시했다. 또한 기후변화 대응을 위한 국가차원의 정책 추진을 진행하고 있으며, 지자체 온실가스 인벤토리 구축을 통해 온실가스 감축 노력을 하고 있다.

우리나라는 교토의정서에 의한 제1차 공약기간(2008-2012)에 온실가스 감축 의무부담을 부여받지는 않았지만 이산화탄소의 배출량이 2010년 현재 세계 7위이며 OECD 국가 중 이산화탄소 배출량 증가율 1위 국가로서 책임을 다하기 위해 기후변화 대응대책팀을 구성하여 기후변화협약에 대응하기 위한 대책을 수립하고 기후변화 관련 정책을 수립하여 이행하고 있다 온실가스 저감을 위한 중앙정부의 대응사례를 정리하면 <표 1-2>와 같다.

정부는 1999년부터 기후변화정책을 종합적으로 추진하는 3개년 단위의 기후변화협약 대응 종합계획을 수립하였으며, 2008년부터 제4차 기후변화 종합대책(2008-2012)이 수립되어 추진중에 있다. 제4차 기후변화 종합대책은 제1차 의무공약기간(2008-2012)과의 조화를 위해 종합대책 이행기간을 5년으로 변경하고 기후변화협약 대응에서 기후변화 대응으로 기본방침을 강화했으며 협상대응, 온실가스 배출통계, 온실가스 감축, 기후변화 적응, 기술개발 등의 5대 부문으로 정책을 구분하여 추진 중이다.

<표 1-2> 온실가스 저감을 위한 중앙정부의 대응 사례(부산광역시, 2010)

연 도	대응사례	내 용
1998년	장관회의 및 정부대책기구 구성	- 위원장: 국무총리 - 기후변화협약 제 1차 종합대책 수립 추진(1999년~2001년) - 36개 과제로 구성
2001년	기후변화협약 대책위원회 구성	- 국무총리령에 근거 - 위원장: 국무총리 - 기후변화협약 제 2차 종합대책수립 (2002~2004) - 5대 부문 84개 과제로 구성
2005년	기후변화협약 제 3차 종합대책 수립 추진(05년~07년)	- 환경부 등 19개 부처 참여 - 3대 분야 90개 과제로 구성
2007년	기후변화협약 제 4차 종합대책 수립 추진(5개년 계획)	- 목표 · 분기별 단기 및 중장기 목표 설정 · 기후변화 대책수립·시행으로 사회적, 경제적, 환경적, 피해 최소화 · 선진국 수준의 온실가스 감축 기술 확보 - UNFCCC 및 IPCC 등의 추진체계와 연계하여 감축, 적응, 연구개발 등 3대 핵심부문 중점 추진

제4차 기후변화종합대책은 기후변화와 관련한 최근 국제 동향, OECD 가입국으로서의 지위, 당시 에너지 부문 이산화탄소 배출 10위

국이라는 우리나라의 위상을 고려하여, 대외적으로는 국제사회의 온실가스 저감노력에 적극 동참해 기후변화에 대한 대응의지를 표명하며, 국내적으로도 기후변화에 대한 조기 대응을 통해 부담을 최소화하고자 했다. 제4차 기후변화종합대책은 크게 온실가스 감축, 기후변화 적응, 연구 개발, 인프라 구축, 국제협력 5개의 분야로 구분할 수 있다. 온실가스 감축분야에는 저탄소에너지공급시스템 구축, 원자력 비중 확대 검토, 부문별 에너지수요 중점관리, 농축산 산림 폐기물 온실가스 감축, 환경친화형 신산업 구조 유도, 탄소시장 활성화 추진을 들고 있다. 기후변화 적응분야에는 기후변화 예측능력 제고, 기후변화 영향평가 및 적응, 범사회적 역량 강화를 들고 있다. 연구개발분야에는 연구개발투자의 전략성 강화 및 종합 조정기능 보강, 기초·원천기술 확보, 온실가스 배출 감축기술 개발, 원자력 기술개발 확대를 들고 있다. 인프라 구축분야에서는 기구변화대책법(가칭)제정 추진, 기후변화대응 재원대책 강구, 국가 인벤토리시스템 구축, 국가 총제적 대응체제 구축을 들고 있다. 국제협력분야에서는 감축의무부담 대비 협상, 국제공조 및 개도국 지원을 중시하고 있다.

2.2.2. 기후변화에 대한 지방정부의 역할

기후변화 대책에 있어 중앙정부 못지않게 중요한 것이 지방정부라고 할 수 있다. 지자체는 지구온난화 방지를 위한 전략적 정책을 형성할 수가 있다. 미즈타니 요이치 외(2007)는 전략적 정책 형성 과정을 크게 ①지역의 실태 파악과 분석, ②시책의 전략적 선택, ③사업수단의 동원, ④현상개혁을 위한 전략 수립의 4가지로 나누고 있다.

전략적 정책 형성 과정의 첫걸음은 온실가스의 배출특성을 포함해 지역에서 지구온난화대책을 구축할 때 활용·동원할 수 있는 지역자원 및 제도 기반과 대책을 담당하는 주체의 역량 등의 현상을 파악·분석하는 것에 있다. 즉 온실가스의 배출특성의 파악·분석에 유효한 지표를 사용해 지역에 있어서 CO_2 배출상황을 파악·분석해 대상을 도출해 가는 것이 중요하다. 먼저 각 부문에 있어 CO_2 배출량의 부문별 비중을 파악해 전국과 비교함으로써 지역의 특징을 찾아내야 한다. 지역에서 적절한 지구온난화방지대책을 추진해가기 위해서는 시책의 구축·추진을 위해 활용·동원 가능성이 있는 지역자원 파악·분석해 그것들을 활용한 시책을 실시해갈 필요가 있다. 이 경우 지역자원 파악을 위한 평가항목으로는 ①자연환경분야 ②사회경제분야 ③마을 만들기 분야를 들 수 있다. 또한 새로운 시책 전개를 고려할 때 제도적 기반을 파악하고 분석하는 것이 매우 중요하다.

전략적 정책형성 과정의 다음 단계는 현상분석을 토대로 어떤 분야에서 누가 주체가 돼 시책을 실시할 것인가를 결정하는 것이다. 자연에너지분야를 보면 우선 민간사업에 대한 지원을 들 수 있다. 이 경우 사업계획 수립단계에서의 지원이 필요하다. 이러한 사업은 지자체의 솔선수범이 매우 중요한 역할을 한다. 지자체가 솔선해 자연에너지 설비를 구입, 행정시설 등에 설치해 이용하는 것으로 예를 들면 태양광 발전패널을 시범 설치하는 것을 들 수 있다. 다음은 가정분야이다. 가정에서 나오는 CO_2배출량을 감축하는 방법은 크게 2가지로 하나는 에너지절약, 자원절약 등 생활행동을 변화시키는 방법이고 다른 하나는 효율이 좋은 에너지소비 기기를 선택하는 방법이다. 이러한 감축방법을 가정에 제안해 호소하는 방법은 팸플릿이나 인터넷 등 매체를 통해 정보를 제공하는 것, 일정기간 집중적으로 이벤트 캠페인을 실시하는 것, 에너지사용량이나 실천도를 스스로 체크하도록 하는 자기관리시스템의 구축, 노력의 성과를 정량적으로 평가해 거기에 맞는 인센티브를 부여하는 방법 등이 있을 수 있다. 다음은 교통분야로 특히 자동차교통의 경우는 자동차의 연비성능의 향상, 저탄소 연료 사용, 주행속도의 향상, 에코드라이브의 촉진, 자동차주행 수요 발생 억제, 교통수단의 선택 실천에 대한 호소, 인프라정비를 통한 대중교통의 이용 유도, 자동차의 효율적 이용 등이 관련 사업으로 추진할 수 있는 것들이다.

지구온난화 방지를 위해 행정이 사업 틀로 동원할 수 있는 것은 첫째로 직원들의 솔선행동과 보조금 지급 그리고 계획 수립을 들 수 있다. 행정도 하나의 사업자이기에 그에 따른 환경배려행동을 솔선수범해야 한다는 당위성은 물론 노하우 등의 축적과 지역사회에 이전 파급력이 크다는 점, 그리고 솔선행동을 언론보도 등을 통해 지역에 널리 알리는 것도 중요한데 무엇보다 솔선행동의 성과 및 노하우를 지역에 파급 이전시키는 시스템을 갖추는 것이 가장 중요하다. 행정의 솔선수범사례로는 '여름철 넥타이 안매기운동' '냉방온도 섭씨 28도 설정' '월 1회 자가용 안 타는 날' 등을 직원들이 실천하거나 하이브리드차 전기자동차 천연가스차 등을 공용차로 도입해 배치하거나 공공시설 등에 태양광발전시스템 천연가스 열병합발전 등 재생가능에너지를 도입하거나 자체적으로 사무실에서 배출되는 온실가스의 감축계획을 수립 실천하는 것들을 들 수 있다. 또한 보조금제도를 제대로 활용하는 것이 중요하다. 둘째로 규제와 이행확보이다. 규제는 재량을 인증해가면서 기본을 규제하는 것으로 계획서제도를 유효하게 활용하는 것이 중요하다. 이행확보는 지역의 눈과 지역의 평가를 중시하는 것이다. 이행확보를 위해서는 지도 감독이 매우 중요하다. 가령 계획서제도를 도입하고 있는 지자체의 경우 계획서를 제출하지 않거나 노력이 현저하게 불충분한 사업장을 대상으로 사업장이름 등을 인터넷상에 공표한다는 조치 규정이 있지만 이러한 것을 지속적으로 공표해 사업장이 지역의 눈과 평판에 민감하도록 해야 한다는 것이다. 그러기 위해선 지역환경단체를 비롯한 시민단체와의 협력도 매우 중요하다. 셋째로 인센티브이다. 인센티브는 가능한 한 폭넓은 많은 사회 주체에 의해 노력하는 가치가 평가되고 또 그 평가가 인정되는 틀을 짜야 하며 배출감축 등 성과에 맞춰 평가가 수량적 혹은 단계적으로 행해져야 효과적이다. 인센티브의 전개방식으로는 기존의 경비에 새로운 재원을 마련하는 방식과 새로운 가치를 창조해 그것을 유통시키는 방식이 있는데 전자는 시민공동발전소 설립 출자에 대한 지역화폐의 교부, 가정에서의 이산화탄소 배출감축 노력에 대한 에코포인트의 교부 등을 들 수 있으며, 후자로는 그린전력증서제도[12)]가 좋은 사례라 볼 수 있다. 넷째, 협력형 추진조직의 구축과 지원이다. 협력을 추진하는 주체 간에 '지구온난화 방지'가 우선적인 공통목적으로서 공유할 수 있다. 입장 차이를 서로 이해하고 역할과 비용 분담에 관한 합의를 형성하며 실천을 하는 가운데 상호신뢰관계가 매우 중요하다. 다섯째, 민간에 의한 사업화의 지원

12) 풍력·태양광·바이오매스 등 소위 그린전력의 구입을 희망하는 전력수요자가 전기를 생성할 때 이산화탄소 배출을 하지 않는 것에 가치를 부여해 이에 일정한 프리미엄을 지불함으로써 증서 등의 형태로 보유하도록 하는 제도이다.

이다. 초기단계에서 사업의 도입을 위한 노하우를 지원하는 것이다. 여섯째, 사업화이다. 사업화란 행정이 실시하는 시책 가운데 스스로 수익을 올리는 분야에 관해 행정서비스의 수준을 유지하면서 경영효율성을 높이기 위해 독립시키는 것이다. 사업화의 장점은 재정상황이 어려운 경우라도 사업을 계속적으로 실시할 수 있으며 지자체에 경험이 없는 분야라도 민간부문의 활력을 이용하면서 노하우를 축적할 수 있다는 것이다. 일곱째 자금조달 방법이다. 우선 국가 등의 보조제도를 활용하는 방법이다. 지자체가 지구온난화 방지에 노력할 때 활용 가능한 국가 등 중앙부처의 보조제도에 관해 이들 제도를 기동적으로 활용하면 대책에 관한 사업비를 경감할 수도 있다. 평소에 정보를 수집해 정부 등의 담당부처와 커뮤니케이션을 하는 것이 중요하다.

현상 개혁을 위한 전략이 중요하다. 그러기 위해선 첫째, 정책을 급속히 개척·창조·형성하기 위해서는 '정책마케팅'이라는 전략적 정책 창조가 필요하다. 정책마케팅이란 정책에 관한 각 사회 주체의 욕구를 파악한 뒤, 그 욕구를 충족시키는 정책을 창조하고, 그것을 제공해가는 시스템(정책시장)을 형성해가는 것이다. 정책마케팅의 경우에는 정책의 실시주체(행정)가 객체(시민)에게 '자극'을 줌으로써 그에 대한 반응이나 반발로서 욕구를 현재화시켜 그 중에 정책 기회를 뽑아내 정책 창조를 해가는 방법이 유효한 기능을 한다. 자극의 사례로서 '초점화' '캠페인 전개' '환경이벤트의 유치' 등이 있다. 정책의 초점화란 일반시민의 흥미와 관심을 모아 반응 또는 반발을 끌어내기 위해 문제를 의도적으로 부각시키는 '자극'의 수법을 말한다. 둘째, 정치적 헌신을 활용하다는 것이다. 이 경우 우선 지자체 단체장의 정치적 의사를 잘 읽어내는 것이 중요하다. 우선 선거공약, 기자회견, 시정방침연설 등에서 단체장의 정치적 의사를 발굴하고 단체장이 하고자 하는 것과 일치하는 말이나 명칭으로 정책 제도를 형성한다. 그리고 매스컴 등 외부로부터의 평가를 높여 여론에 의한 뒷받침을 활성화하는 것이 중요하다. 셋째, 환경부서의 정책기획 및 실시능력을 향상시키는 것이다. 환경기본계획 등의 실효성을 담보하기 위해서는 행정평가시스템과 연대한 진행관리시스템을 구축하는 것이 중요하다. 넷째, 시민참여 협동조례를 이끌어내는 것이 중요하다. 시민참여 협동조례로 공평하고 투명한 참여 협동의 시스템을 보장하도록 하려면 조례에 행정시책에 대한 시민의 참여, 행정과 시민의 협력사업, 시민활동 지원을 반드시 포함시키는 것이 좋다. 그것도 조례 제정 과정에서부터 시민참여가 되도록 해야 한다. 다섯째 지구온난화대책 조례를 마련하는 것이다. 지구온난화대책조례가 필요한 것은 자율적 노력만으로는 목표달성이 곤란하며 지자체의 독자적인 규제적인 조치에는 조례의 근거가 불가결하고 다양한 수법을 조례화함으로써 의식계발과 실효성의 확보를 촉진한다는 데 있다(水谷洋一 外, 2007).

현재 우리나라에서 기후변화에 대한 지방정부의 역할은 다음과 같다.

첫째, 에너지 소비의 주체이자 온실가스의 주요 배출원으로서의 역할이다. 지자체 보유 건물, 설비, 도로조명, 차량의 에너지 소비 절감 등을 들 수 있다. 또한 메탄 주요 발생지인 하수처리장이나 폐기물매립지 등을 소유 운영하고 있으므로 메탄을 포집·활용함으로써 온실가스를 저감할 수 있다.

둘째, 에너지 생산과 배분의 주체로서의 역할이다. 즉 전기, 가스, 수도 등 자원을 공급하는 경우 에너지 효율 향상과 신·재생에너지 보급 확대에 기여할 수 있다.

셋째, 규제자와 개발 주체로서의 역할이다. 지자체의 주요 업무인 토지이용 계획의 수립, 각종 개발사업 시행 및 수송체계 조직의 주체로서 의사결정과정에서 친기후적 요소를 고려하거나 건축물규정, 자동차 주차, 교통관리 등과 같은 다양한 온실가스 감축을 위한 규제수단을 보유하고 있다.

넷째, 촉진자 역할이다. 시민, 기업, 공공기관 등 에너지 최종 소비자들에 정보 제공, 동기 부여 등을 통해 소비 양식을 변화 유도할 수 있다.

다섯째, 기후변화대책기본법(안) 제4조에 따라 지방자치단체는 관할구역의 지역적 특성을 고려하여 국가의 기후변화대책에 따라 해당 지방자치단체의 대책을 수립하고 이를 수행할 책무를 지게 된다.

여섯째, 기본법안 제9조에 따라 기후변화대응 종합계획 및 연차별 시행계획을 수립하여야 한다. 지자체 종합계획 및 연차별 시행계획은 기본법안 제7조의 정부 기후변화대응 종합계획 및 연차별 시행계획에 따라 수립하도록 돼 있다.

일곱째, 해당 지자체의 기후변화대응 조례 및 규칙을 제정할 수 있다.

한편 기후변화대책기본법 제7조 중 지자체 관련사항을 정리하면 다음과 같다.

① 국가의 온실가스 배출흡수 현황 및 전망

② 온실가스 배출 감축목표의 설정과 이의 달성을 위한 분야별·단계별 대책과 제도의 개선

③ 기후변화 대응을 위한 국가와 지방자치단체의 협력과 실행계획에

관한 사항

④ 신·재생에너지 기술개발 및 이용·보급 대책

⑤ 기후변화의 영향 및 취약성 평가, 기후변화의 영향 최소화 및 기후변화에 대한 적응대책

⑥ 기후변화 대응에 대한 교육·홍보 등 국민 참여 확대를 위한 실천대책

⑦ 사업시행에 소요되는 비용의 산정 및 재원 조달방법

⑧ 기후변화에 따라 발생되는 재난의 예방사업 및 후속조치

⑨ 기타 기후변화대응 종합계획의 추진을 위하여 필요한 사항

2.2.3. 저탄소 녹색성장 정책의 허실

(1) **저탄소 녹색성장 정책의 추진과정**

2008년 8월 15일 광복절 기념식에서 이명박 대통령은 "녹색성장은 온실가스와 환경오염을 줄이는 지속가능한 성장이며 녹색기술과 청정에너지로 신성장동력과 일자리를 창출하는 신국가발전 패러다임"이라며 '저탄소 녹색성장'에 대한 개념을 제시했다. 녹색성장 국가전략의 의의는 저탄소 녹색성장과 관련한 최상위 국가계획이며 저탄소 녹색성장을 위한 국가 정책의 기본방향을 제시하고 연도별 달성목표, 투자계획, 수행주체 등 실행방안을 구체화하고 범부처, 시민단체, 민간전문가 등 국민참여형 국가계획이라는 것이다.

이명박 대통령의 '저탄소 녹색성장'선언 이후 약 한달 뒤인 9월 19일 국무총리실 기후변화대책기획단이 내놓은 '기후변화대응 종합기본계

획'을 보면 '범지구적 기후변화대응 노력에 동참하고 녹색성장을 통한 저탄소사회 구현'(Low Carbon, Green Growth)이 기후변화대응 비전으로 기존의 개발 성장 위주 발전전략을 대체하는 새로운 국가발전 패러다임임을 강조하고 있다. 비전은 '2020년까지 세계 7대, 2050년까지 세계 5대 녹색강국 진입'이다. 이에 따라 3대 전략, 10대 정책방향이 정해졌다. 저탄소녹색성장의 비전과 전략 및 정책방향은 <그림 1-7>과 같다.

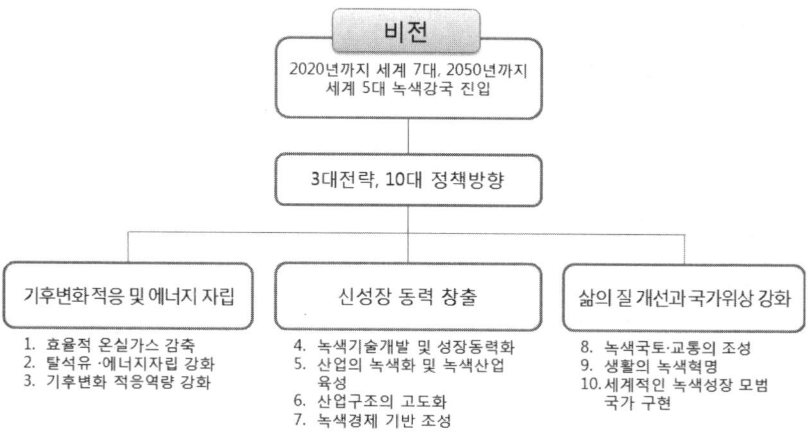

<그림 1-7> 저탄소 녹색성장의 비전과 전략 및 정책방향

출처: 녹색성장위원회 홈페이지(http://www.greengrowth.go.kr)

3대 전략중 첫째 목표가 신성장 동력창출이다. 기후친화산업을 신성장동력으로 육성하겠다는 것이다. 이를 위해 선진국에 비해 높은 에너지 원단위 개선을 위해 산업부문의 에너지 절감 및 효율향상을 추진하고, 기후변화 대응 R&D 정부 투자규모(2008년 약 7000억원 수준)를

2012년까지 현재의 2배(5년간 약 5조원) 이상으로 대폭 확대하며, 신·재생에너지, 친환경산업, 청정개발체제(CDM)사업 등 기후친화산업의 보급·육성 및 수출 경쟁력을 강화하겠다는 것이다. 신·재생에너지는 2030년까지 총 111조원(설비투자 100조원, R&D투자 11조원)을 투자해 2006년 현재 2.24%인 신·재생에너지보급률을 2012년엔 4%, 2030년 11%, 2050년엔 20% 이상으로 높인다는 것이다. 또 2020년까지 저에너지 친환경주택인 '그린홈(Green Home) 100만호'를 조성하고, 국산 풍력발전기 2,000메가와트를 공급하겠다는 것이다. 2013년에는 하이드브리드차(10만대) 및 연료전지차(2000대)를 양산해 세계 그린카 생산국에 진입하겠다는 것이다. 한편 원자력 설비비중은 2007년 26%에서 2030년까지 41%로 확대하고, 원자력 발전비중도 2007년 35.5%에서 2030년에는 59%로 끌어올리겠다는 것 등이 대표적인 추진과제이다.

둘째 목표가 국민의 삶의 질 개선과 국가위상 강화이다. 이를 위해 교통혼잡비용(2006년 총 24조6000억으로 GDP 대비 2.9%)을 선진국 수준(1%대 미만)으로 줄일 수 있도록 교통체계의 대폭 개선이 필요하며, 저탄소친화형 교통수단인 철도의 수송분담율을 2019년까지 2001년 대비 2배 수준으로 제고하겠다는 것이다. 포장재 감량화, 폐목재 재활용 등으로 폐기물 발생을 원천적으로 감소하고, 산림의 탄소흡수원 확대 및 탄소순환시스템을 확충하겠다는 것이다. 또한 기후변화 적응대책으로 국가 차원의 종합·부문별 기후변화 영향평가 및 적응종합계획을 수립하겠다는 것이다. 기후변화로 인한 재난을 예방하고, 수질개선 및 녹색 생활공간을 창조하는 '4대강 정비사업'을 추진하고 자전거,

철도 등 대중교통을 대폭 확충하며, 자동차 중심의 교통체계를 인간중심·친환경 교통체계로 전면 재편해 나갈 것이라고 한다. 또한 국가 온실가스 중기(2020년) 감축목표를 2009년 중 발표, 저탄소사회 전환으로의 선도자(early mover)의 역할을 수행하고, 시장기반 기후체제 제안으로 '포스트 2012 기후체제'에 개도국 동참을 유도하고 선진국과 개도국간의 가교 역할을 수행하겠다는 것이다.

셋째가 기후변화 적응 및 에너지자립이다. 2009년에는 녹색성장의 주춧돌을 마련할 계획이라는 것이다. 2010년까지 1만개 중소기업에 대해 에너지진단을 지원하고, 2012년까지 자동차 기준평균연비를 16.5%까지 상향조정하는 한편, 건물에너지효율 등급제도의 적용대상을 업무용 신축건물로 확대하는 등 2012년까지 11.3%의 에너지효율 개선을 달성할 예정이라는 것이다

정부는 저탄소 녹색성장 정책 추진을 위해 2009년 2월 대통령 직속 녹색성장위원회를 출범시키고, 2010년 4월 저탄소녹색성장기본법을 시행했다. 우리나라는 선발 개도국으로서 감축목표를 자발적으로 설정하여 제시했다. 장래 온실가스 배출전망과 감축잠재량, 그에 따른 거시경제 영향을 체계적으로 분석하고, 감축목표 시나리오를 설정했는데 정부는 녹색성장위원회를 개최하여 정부안 건의, 위기관리대책회의, 고위 당정협의를 거쳐 국무회의를 통해 3안인 'BAU대비 30% 감축'으로 감축목표를 2009년 11월 17일 확정했다. 당시 정부가 논의한 감축목표안은 <표 1-3>과 같다.

<표 1-3> 정부의 온실가스 감축목표안(녹색성장위, 2009)

	감축목표		감축 정책 선택 기준	주요 감축수단
	BAU대비	'05년 기준		
1	-21%	+8%	비용효율적 기술 및 정책 도입	-건물/주택의 녹색화 -고효율 설비 보급 등 수요관리 강화 -저탄소 교통체계 개편 -신재생에너지 및 원자력 비중 확대 -스마트그리드 추진
2	-27%	동결	국제적 기준의 감축비용 부담	-지구온난화지수가 높은 불소계가스 -CS 일부 도입
3	-30%	-4%	개도국 최대 감축수준	-차세대 그린카 보급 -고효율 가전제품 보급 확대 -강력한 수요관리정책 추진

(2) **저탄소 녹색성장 정책의 한계와 과제**

지구온난화문제는 자원이나 에너지를 효율적으로 이용하는 노력을 행하면서 기존의 대량생산, 대량소비, 대량폐기형의 사회경제활동이나 생활양식을 근본적으로 개선하지 않으면 안 되는 지구 차원, 인류 차원의 생존 문제이다. 그 대안인 저탄소사회를 구축하기 위해선 사회의 구성원들이 지구의 유한성을 인식해 가능한 한 빨리 온실가스 배출을 최소화하는 대책을 마련하고 실천에 옮겨야 한다. 그러나 우리나라의 경우 이명박 정부의 저탄소 녹색성장 정책은 '고탄소 황색성장' 사고방식에서 그리 벗어나지 못하고 있다는 지적도 많다.

한신대 이상헌 교수는 '환경과 생명 2008년 겨울호(통권 제58호)'에 기고한 '저탄소 녹색성장의 특징과 문제점'이란 글에서 '저탄소 녹색성장'은 '지속가능한 발전'보다 후퇴한 개념으로 현실성과 방향성이 없고, 재정계획이 따르지 않고 있으며, 원자력에 의존하는 한 대안을 찾기 힘들다고 문제점을 조목조목 지적하고 있다. 그는 이명박 정부가 천명한 '녹색성장'의 문제는 기후친화산업에 신재생에너지기술 및 산업은 물론 원자력산업도 포함돼 있다는 사실을 중시한다. 2030년에는 원자력발전에 의한 전원(電源) 구성 비중도 발전량 기준으로 60%에 육박할 것이라고 하는데 결국 신재생에너지를 앞세우기는 했지만 원자력발전을 통해 기후변화에 대응하겠다는 것이 저탄소 녹색성장 전략의 핵심이라면 과연 지금과 같은 경제적 위기를 타개하여 성장을 가능케 하는 동시에 기후변화에 대응하고 이른바 '녹색'의 가치를 사회적으로 전면화시킬 수 있을 것인지에 대해선 의문을 제기하고 있다.

그는 녹색성장이란 개념도 사실 이번에 처음 나온 것이 아니라 노무현 정부 때인 2005년 3월 서울에서 개최된 '제5차 환경과 개발 장관회의'에서였으며 이 회의에서 환경적으로 지속가능한 경제성장을 '녹색성장'으로 지칭하고 장관 선언까지 채택했다는 것이다.

2005년 6월 5일 환경의 날에 노무현 대통령은 경제성장-사회통합-환경보존의 균형을 지향하는 '지속가능발전' 선언을 선포하였는데 이명박 대통령의 녹색성장은 지속가능한 발전의 세 가지 축인 '경제' '환경' '사회' 중 경제와 환경의 조화만을 추구할 뿐, 사회정의의 문제나 환경 파괴의 계층적 지역적 집중 문제 같은 사회적 측면에 대한 고려는 빠져 있어 지속가능발전 개념의 진전이라는 측면에서 볼 때 오히려 후퇴라고 평가할 수 있다는 것이다.

이 교수가 지적하는 저탄소 녹색성장의 문제점은 첫째, 현실성과 방향성이 없다는 것이다. 현재 국가에너지기본계획에서는 2030년까지 신재생에너지 보급 목표가 1차 에너지의 9%였는데 8·15 경축사에서는

2030년 11%, 2050년 20%로 급격하게 상향조정됐다. 이 목표를 달성하기 위해 필요한 설비투자가 모두 111조원인데 이 많은 재원을 어떻게 마련할 수 있으며, 기업이 무엇을 믿고 투자를 할 수 있을지 의문을 제기하고 있다.

둘째로 '저탄소 녹색성장' 전략의 가장 큰 문제는 컨트롤 타워가 없는 종합선물세트라는 점이다. 거의 모든 부처에서 녹색성장 정책을 내놓고 있다 보니 사업 주체들 간의 책임 소개가 불분명한 경우가 많고, 전체적으로 이 전략을 책임지고 이끌어갈 주체가 누구인지 모호하며, 추진사업이나 정책들이 상충하지 않도록 조율하고 책임성 있게 추진할 컨트롤 타워가 분명하지 않다고 지적하고 있다.

셋째, 원자력은 기후변화 대응에 적절한 기술이 아님에도 불구하고 '저탄소 녹색성장' 전략은 전적으로 원자력에 의존하고 있는데 이는 신재생에너지를 포함한 분산형 전원이 대세인 세계적 흐름과도 맞지 않다는 지적이다. 석유 고갈에 따른 에너지 위기를 원자력이 모두 해결해줄 수도 없다는 점을 간과하고 있다는 것이다. 현재 원자력은 발전부문에 주로 사용되는데, 한국의 경우 발전 부문에서 석유가 차지하는 비중은 불과 3.5%밖에 되지 않으며, 원자력발전은 무엇보다도 방사성폐기물이라는 치명적인 문제를 안고 있다. 현재 제5차 전력수급기본계획에 의하면 2015년까지 추가로 14기의 원자력발전소를 건설하는데 드는 비용은 송배전망 건설비용을 제외하고도 약 28조원에 이르고, 저탄소 녹색성장 전략에 의하면 원전 발전 비중이 발전량 기준으로 59%에 이르게 되는데 앞으로 2030년의 발전시장에 이처럼 특정 전원에 지나치게 의존하면서도 경쟁력을 가질 수 있을지 의문을 제기하고 있다.

넷째, 저탄소 녹색성장을 위한 녹색재정계획이 없다는 점이다. 저탄소 녹색성장 전략이 현장에서 제대로 구현되려면 세출 계획을 포함한 종합적이고 경제적인 녹색재정에 대한 청사진이 필수적으로 요구되는데 현재까지는 그런 것이 없다는 것이다.

이 교수는 저탄소 녹색성장의 가장 큰 문제는 기후변화에 대한 기술 지향적인 해결책들을 우선순위도 불분명한 채로 한꺼번에, 그것도 사회적 논의 과정 없이 쏟아냈으며, 이를 실제로 뒷받침할 수 있는 재정적 계획도 불투명하다는 점을 지적하고 많은 사람들이 동의하는 '생태민주주의'의 방식으로 기후변화에 적극적으로 대응하는 것이 바람직하다고 글을 맺고 있다.

실제로 이 대통령은 대통령 직속 '녹색성장위원회'를 신설해 녹색성장에 대한 국가전략을 기획 조정하고 추진상황을 점검 평가하도록 했으나 사실은 '지속가능위원회'보다 콘셉트 면에선 후퇴한 것이라 볼 수밖에 없다는 것이 전문가들의 지적이다. 지속가능위원회는 OECD국가에는 모두 있는 대통령자문기구인데 이를 없애고 녹색성장위원회로 통폐합하려다 여의치 않자 '지속가능위원회'를 존치시키고 있으나 사실상은 '개점휴업'상태라는 것이다. 그리고 저탄소 녹색성장 정책을 추진하면서 대부분의 예산을 '4대강 사업' 등 국민들의 반대여론이 만만치 않은 사업에 투입해 실질적인 저탄소사회 만들기로 나아가지 못했다는 비판을 받고 있다.

문제는 저탄소 녹색성장 정책이 성공하려면 먼저 개념에 대한 합의와 각계각층의 참여를 통해 실행계획을 치밀하게 짜는 것부터 시작할 필요가 있었다는 것이다. 저탄소 녹색성장 정책이 진정성을 얻으려면 환경단체나 지역 주민단체, 그리고 기업 관계자들과 부단히 대화를 나눠야 했다는 것이다. 반대를 하는 시민단체들의 불만도 경청해야 하고, 단기 중장기 목표 설정 및 계획 실천 과정에 국민이, 시민이 주체적으로 참여할 수 있는 시스템 만들기부터 시작해야 한다는 것이다. 한편 시민의 입장에서 봐도 저탄소사회 만들기는 에너지절감 기술의 확보만을 의미하는 것이 아니라 우리의 삶의 질에 대한 문제, 우리 사회의 미래가치에 대한 인식의 공유가 중요하다는 점을 간과해서는 안 된다는 것이다.

3. 교토메커니즘의 경제학

3.1. 지구온난화와 시장메커니즘

3.1.1. 시장메커니즘

시장메커니즘이란 가격을 통해 제품의 수요와 공급이 균형을 이루는 것을 말한다. 가격이 존재함으로써 시장메커니즘이 유효하게 기능해, 경제적인 효율성을 얻을 수 있다.

가령 석유시장을 생각해보자. 자동차 보유대수가 늘어나면 휘발유 소비량도 늘어난다. 이때 휘발유 생산량이 변화하지 않으면 휘발유가 부족해 휘발유가격은 상승한다. 석유의 경우는 시장가격이 존재하기에 휘발유가 부족하거나 남으면 가격이 변동해 수요와 공급의 조정이 자동적으로 이뤄진다. 이처럼 가격에 의한 자동조정의 틀을 시장메커니즘이라고 부른다. 제품의 가격은 시장 전체의 수요와 공급의 균형에 의해 결정된다는 것은 다 아는 사실이다. 가격이 너무 높아지면 팔지 못한 제품의 재고가 쌓이기 때문에 생산량이 감소한다. 반대로 가격이 너무 낮아지면 부족이 발생하기에 생산량은 증가한다. 이렇게 해서 수요와 공급이 일치함으로써 균형을 취하는 것이다. 이처럼 가격을 통해 수요와 공급의 균형이 자동적으로 취해지는 시스템을 시장메커니즘이라고 말한다. 시장메커니즘이 효과적으로 기능하고 있다면 재고나 부족이 발생하지 않게 돼 경제적으로 효율적인 상태를 이룰 수 있는 것이다.

제품의 소비량은 가격에 의해 영향을 받는다는 것은 경제학의 기초이다. 가령 휘발유의 경우 가격이 불과 몇 년 전만 해도 ℓ당 1600원 정도였는데 근래는 ℓ당 2000원 정도로 가격이 올랐다고 하자. 휘발유 가격이 오르면 자동차 연료비 지출비용이 증가하기에 운전자들은 가능하면 자동차를 움직이지 않게 된다. 이 경우 자가용대신 대중교통을 이용하는 경우가 늘어날 것이다. 그러나 예전과 달리 이제는 자동차가 생활의 일부가 돼 있기에 휘발유 가격이 올라도 단기적으로는 소비량이 그렇게 줄어들지 않는 게 현실이다. 그러나 장기적으로 보면 휘발유 가격의 상승은 큰 영향을 미친다. 휘발유 가격이 장기간 계속 오르면 이용자는 자동차를 구입할 때 연비가 좋은 차를 구하거나 하이브리드차를 구하려고 노력할 것이다. 휘발유값이 오르면 소비량이 줄어드는 경향을 세로축에 가격, 가로축에 소비량의 그래프로 나타내면 <그림 1-8>처럼 좌상향 곡선으로 나타낼 수 있다. 이처럼 가격과 소비량의 관계를 나타내는 곡선을 '수요곡선'이라고 한다.

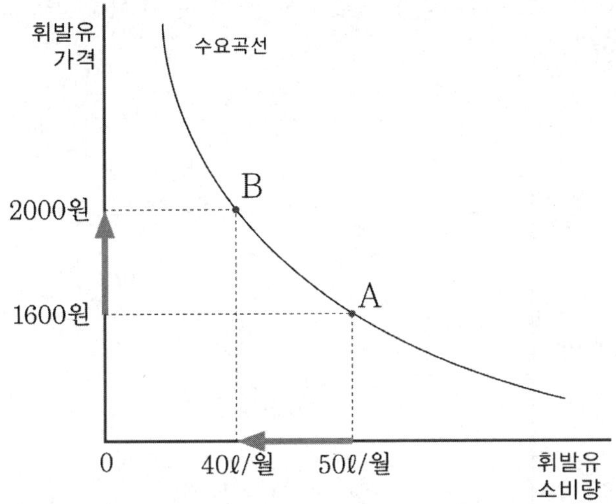

<그림 1-8> 가격과 소비량과의 관계

여기서 휘발유 가격이 ℓ 당 1600원일 때 자동차 이용자는 매월 50ℓ의 휘발유를 소비했지만 휘발유 가격이 2000원으로 인상됐을 때는 휘발유 소비량을 매월 40ℓ로 줄이게 된다는 것이다.

또한 휘발유 가격이 상승하면 기업은 이익확대를 위해 생산량을 늘리게 될 것이다. 석유업자는 가격이 오르면 이익이 늘어나기에 이익을 늘이기 위해 생산량을 늘리고 싶어 할 것이다. 그러나 기존의 설비 생산량에 한계가 있기에 단기간에 그에 따른 생산량을 늘릴 수 없을 것이다. 그러나 장기적으로는 생산량을 늘리는 게 가능할 것이다. 반대로 휘발유 가격이 내려간다면 석유업자의 이익이 줄어들기에 석유업자는 생산량을 줄이게 될 것이다. 이처럼 가격이 상승하면 생산량을 늘리고 가격이 낮아지면 생산량을 줄이는 경향을 세로축에 가격, 가로축에 생산량의 그래프로 나타내면 <그림 1-9>과 같은 우상향 곡선으로 나타낼 수 있다.

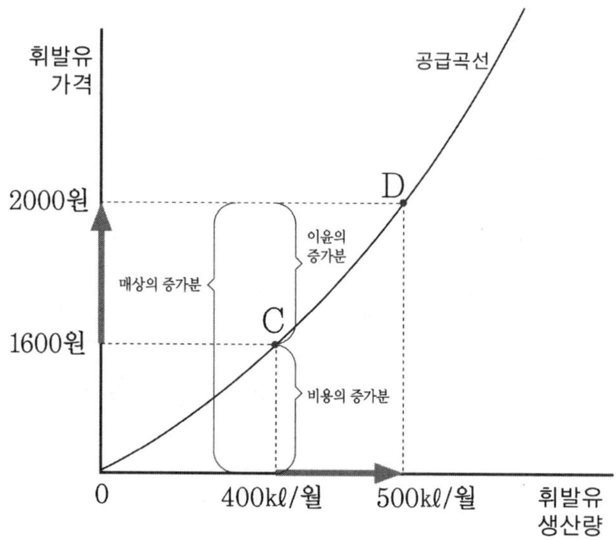

<그림 1-9> 가격과 생산량의 관계

이러한 가격과 생산량의 관계를 '공급곡선'이라고 한다. 공급곡선은 또한 한계비용곡선이라고도 한다. 한계비용이란 1단위만 생산량을 증가시킬 때 비용이 증가하는 정도를 나타내는 것이다. 기업은 이익이 최대가 될 때까지 생산을 늘리지만 그것은 가격과 한계비용이 똑같아질 때까지만이다. 휘발유 가격이 ℓ 당 1600원에서 2000원으로 인상되면 개인 휘발유공급업자는 매월 400kℓ의 공급량(점 C)을 매월 500kℓ(점 D)로 늘릴 것이다. 이 경우 공급곡선 상의 매상의 증가분은 비용 및 이윤의 증가분이 합친 것이다.

한편 제품의 가격은 시장 전체의 수요와 공급의 균형에 의해 결정된다. <그림 1-10>은 수요와 공급의 균형을 나타낸다.

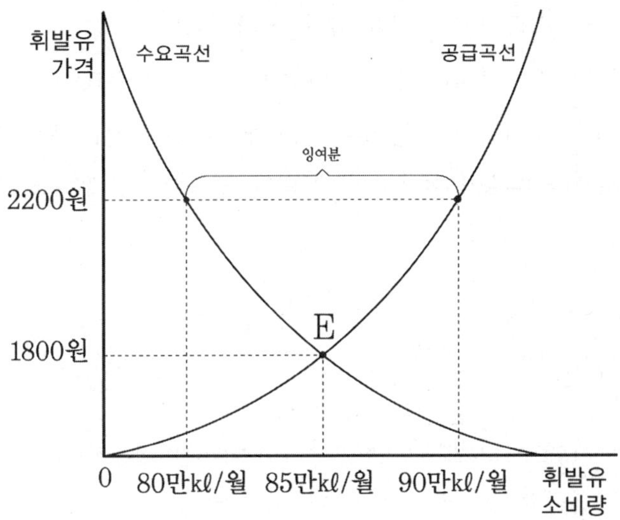

<그림 1-10> 수요와 공급의 균형

시장 전체의 수요와 공급은 개별 운전자의 휘발유 소비량과 개별 석유업자의 생산량을 합계한 것이다.

가령 휘발유의 가격이 ℓ 당 2200원이라고 하자. 이 때 그림에서 보는 바와 같이 휘발유의 수요량은 시장 전체로 매월 80만kℓ인데 비해 공급량은 90만kℓ라고 가정한다. 결국 수요량보다 공급량이 많기에 생산과잉에 의해 잉여분인 10만kℓ의 재고가 발생하게 된다. 그러면 생산자는 재고를 막기 위해 생산 조정을 해 생산량을 줄인다. 그 결과 가격은 점차 하락하고 수요와 공급이 일치할 때 결국 가격이 1800원 수준에서 균형을 취하게 된다.

이처럼 가격이 너무 높으면 재고가 발생하기에 생산량이 감소한다. 반대로 가격이 너무 낮으면 부족이 발생해 생산량은 늘어난다. 이렇게 해서 수요와 공급이 일치하게 돼 균형이 취해진다.

시장메커니즘이란 이렇게 가격이 개입함으로써 수요와 공급의 균형이 자동적으로 이뤄지는 틀이다. 시장메커니즘이 유효하게 기능하고 있다면 재고나 부족이 생기지 않게 되고, 경제적으로 효율적인 상태를 얻게 된다.

3.1.2. 시장의 실패

시장메커니즘이 효과적으로 기능하면 자원을 필요한 사람에게 적절하게 배분되기에 경제적인 효율성이 달성된다. 그러나 문제는 가격이 존재하지 않으면 시장메커니즘이 효과적으로 기능하지 않는다는 것이다. 대기, 경관, 생태계 등 자연환경의 대부분은 가격이 존재하지 않는다. 이 때문에 환경은 거의 공짜처럼 받아들여져 점차 환경악화로 이어지고 있다.

가령 기업의 매연으로 대기오염이 심각한 사례를 생각해보자. 이 기업에서 생산되고 있는 제품은 시장가격이 존재해 가격을 보고 소비자가 이 기업의 제품을 구입할 것인지 말 것인지 판단을 한다. 이 기업의 제품이 우수한 품질을 갖고 있다면 비싼 가격이라도 팔릴 것이고 반대로 품질이 낮다면 싼 가격이 아니라면 팔리지 않을 것이다. 결국 제품 가격에는 제품의 품질이 반영돼 있다. 그런데 이 기업의 매연 배출로 인해 하천이 오염돼 주변에 사는 주민에게 심각한 건강피해가 발생했다고 하자. 그러나 대기환경에는 시장이 존재하지 않기에 시장을 경유하지 않고 인근 주민에게 직접적으로 피해를 주고 있다. 이러한 시장을 경유하지 않은 채 다른 사람에게 영향을 미치는 현상을 '외부효과'라고 부른다. 외부효과가 존재하면 시장을 경유하고 있지 않기에 시장메커니즘은 유효하게 기능하지 않는다. 대기오염으로 인해 인근 주민에게 아무리 심각한 건강피해가 발생하더라도 이 기업의 제품가격에는 그 영향은 반영되지 않는다. 오염대책을 하지 않고 매연을 계속 배출하면 할수록 이 기업은 높은 이익을 얻게 되는 것이다.

이러한 것을 지구온난화 문제를 놓고 생각해보자. 온난화의 원인이 되는 CO_2는 기업으로부터도 배출되지만 소비자가 에너지를 사용할 때도 발생한다. 그리고 그 영향은 미래세대에게 미친다. 온난화의 영향은 대기에 시장이 존재하지 않기 때문에 시장을 경유하지 않고 미래세대에 영향을 주고 있는 것이다. 결국 온난화 문제는 현 세대 사람들이 미래세대 사람들에 주는 외부효과라고 할 수 있다.

외부효과가 발생하면 시장메커니즘이 유효하게 기능하지 않는다. 이러한 현상을 '시장의 실패'라고 부른다. 환경문제는 이러한 시장의 실패에 의해 발생하고 있다고 생각할 수 있다.

가령 휘발유의 수요와 공급의 관계와 온난화의 영향을 <그림 1-11>을 통해 살펴보자.

<그림 1-11>에서 사적 공급곡선은 휘발유를 생산하기 위한 비용만을 고려할 때의 공급곡선이다. 한편 사회적 공급곡선은 휘발유에서 발생하는 CO_2로 인해 온난화가 발생할 때의 영향을 고려했을 때의 공급

곡선을 나타낸다.[13)]

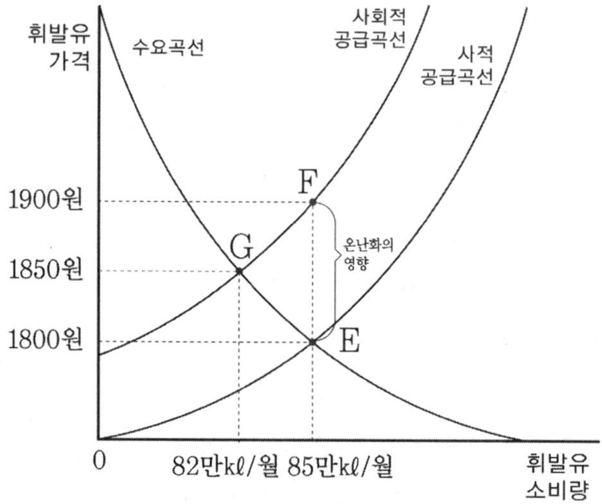

<그림 1-11> 시장의 실패(栗山浩一, 2008 참고)

온난화의 영향은 외부효과이기에 시장메커니즘에서는 고려되지 않는다. 이 때문에 시장가격은 수요곡선과 사적 공급곡선이 교차하는 점 E에서 결정된다. 이 때의 시장가격은 ℓ 당 1800원이지만 이 가격에는 온난화의 영향이 포함되어 있지 않다. 여기서 가령 휘발유가 배출되는 CO_2에 의해 발생하는 온난화의 피해액이 ℓ 당 100원이라고 하자. 생산량이 1개월당 85만kℓ일 때 ℓ 당 생산을 늘렸을 때 비용은 생산비용의 증가분(1800원과 온난화피해의 증가분 100원의 합계, 결국 1900원이 된다. 따라서 온난화의 영향을 고려하면 공급곡선은 그림과 같이 위쪽

13) 수요 및 공급곡선에 등장하는 수치는 설명을 위해 사용된 가공의 수치이다.

으로 100원 분량만큼 이동하게 된다. 이 외부효과를 고려한 것이 사회적 공급곡선이다.

온난화의 영향을 고려하면 수요곡선과 사회적 공급곡선이 만나는 점 G가 가장 바람직한 상태가 된다. 이때 휘발유 소비량은 82만㎘이다. 따라서 시장메커니즘에서는 온난화의 외부효과는 고려되지 않기에 시장에 맡기면 수요곡선과 사적 공급곡선이 만나는 점 E가 돼버린다. 그 결과 휘발유 소비량은 본래의 소비량(82만㎘)보다 85만㎘로 과대하게 소비되고, 온난화의 피해가 그만큼 심각해진다. 이것이 시장의 실패로 인한 환경문제 발생의 메커니즘이다.

이러한 시장의 실패는 열대림의 감소이유에도 적용할 수 있다. 열대림은 지구상에 가장 다양한 생물이 서식하고 있는 장소이지만 난개발로 인해 급속이 사라지고 있다. 열대림이 감소하고 있는 원인은 지역에 따라 다르지만 직접적인 원인으로는 농지로의 전환, 목재생산을 위한 상업채벌, 화전농업 등이 있다. 그러나 그 배경은 열대지역의 인구증가와 빈곤문제이다. 그러나 근본적인 문제점은 열대림 생물다양성에는 가격이 존재하지 않기 때문이다. 즉 생물다양성에는 가격이 존재하지 않기에 열대지역 사람들이 열대림을 보호해도 직접적인 이익을 얻을 수 없다. 반대로 열대림을 개발해 농지로 전용하면 농업생산으로 이익을 얻을 수 있다. 이처럼 열대림문제는 생물다양성의 시장가격이 존재하지 않는데 따른 '시장의 실패'가 생겨 지나칠 정도로 열대림 파괴가 계속되고 있다고 볼 수 있다.

한편 대부분의 환경재의 이용에 있어서는 환경재에 대한 소유권 설정의 불완전성으로 인해 시장의 실패가 발생한다. 이러한 시장의 실패를 해결하기 위해 정부는 여러 가지 정책을 도입해 집행하고 있다. 그러나 정부정책이 적절히 수립·집행되지 못하고 왜곡될 경우 오히려 이러한 부적절한 정부정책으로 인해 자원의 왜곡된 분배가 발생할 수도 있다. 정부나 정치적 요인에 의해 발생한 자원의 왜곡된 분배를 시장의 실패와 구분하기 위해 '정부의 실패'라고 부른다. 정부가 어떤 정책을 도입할 때 관련된 여러 이해집단의 의견을 무시할 수가 없고, 이해집단 또한 자신들의 권익보호를 위해 로비나 압력 등을 동원해 정책결정과정에 영향을 미치고자 노력한다. 정부정책이 로비력의 강한 이해집단의 의사를 반영해 주로 결정될 경우 이 집단의 편익은 증가하겠지만 사회 전체의 편익은 이로 인해 오히려 감소할 수도 있다는 것이다. 또한 정부의 실패는 정책을 결정하는 관료들의 이해관계에 의해 발생할 수도 있다. 이러한 관료주위의 속성으로 정부의 실패가 발생할 수도 있다는 것이다. 따라서 환경재를 보다 효율적으로 관리하기 위해서는 환경재 자체의 속성으로 인해 발생하는 시장의 실패에 대한 이해뿐만 아니라, 정책을 수립하고 입안하는 과정에서 발생할 수 있는 정부의 실패에 대한 분석 역시 필요하다고 하겠다(권오상, 1999).

3.2. 교토의정서와 교토메커니즘

3.2.1. 교토의정서

교토메커니즘은 지난 1997년 12월 기후변화협약 제3차 당사국총회(COP3: 일명 '지구온난화방지 교토회의')에서 선진국들이 온실가스 배출량 감축 의무화, 공동이행제도, 청정개발체제, 배출권거래제 등 시장원리에 입각한 새로운 온실가스 감축 수단의 도입을 주요 내용으로 하는 교토의정서(Kyoto Protocol)를 채택하면서 나온 제도이다. 2008년부터 2012년까지 CO_2 등 온실가스의 배출량을 선진국 전체로 약 5.2% 감축하는 것을 목적으로 하고 있다. 이에 대해 선진국 각국에 대해 감축목표를 정하고 있다. 반면 중국, 인도 등 개도국은 감축목표가 정해져 있지 않다. EU의 경우 감축목표는 EU 전체로 약 8% 감축이다. 이 가운데 영국 독일 등은 감축목표를 거의 달성한 수준이며 독일의 경우 20% 가까운 감축을 실현하고 있다. 한편 러시아는 경제의 정체로 인해 배출량이 대폭 감축된 것으로 나타났다. 미국은 7%의 감축목표가 설정돼 있지만 당시 의회가 교토의정서를 비준하지 않았기 때문에 교토의정서 틀에서는 빠져있었다.

당초 교토의정서를 주도한 일본의 경우 감축목표는 약 6% 감축이었지만 실제로는 반대로 7% 증가하고 있기 때문에 현재 배출량의 10% 이상 감축하지 않으면 감축목표 달성이 불가능한 상태라고 볼 수 있다. 좀 더 자세히 살펴보면 공장 등 산업부문에서는 에너지절약 등의 대책이 진전돼 약 4.6%의 감축이 행해진 반면 상점이나 사무소 등에서는 40% 가까이 대폭 배출량이 증가하고 있고, 일반가정의 배출량도 30% 정도 증가하고 있는 것으로 나타났다. 일본의 경우도 교토의정서에 맞게 6% 감축 목표 달성 위해선 기업뿐만 아니라 일반 가정에서도 대폭 배출감축이 필요한 실정이라고 한다.

교토의정서는 지구온난화문제라고 하는 '시장의 실패'에 대한 대응으로 종전에 배출 방임상태에 있던 온실가스를 각국이 협력해 배출의 감축 및 억제 정책을 펴도록 방향 전환을 할 것을 명확히 선언했다. 이러한 다국간의 정책 협조의 틀짜기는 국가간의 경쟁조건의 왜곡을 회피하고 무임승차의 방지라는 관점에서도 불가결한 조치였다는 것이다.

그런데 교토의정서 이행과 관련해 아직도 기후변화협약 당사국총회 등에서도 늘 주요 의제로 등장하는 것은 다음과 같다. 첫째, 배출량 감축에 누가 더 많은 책임을 질 것인가 하는 문제이다. EU 등 서유럽국가와 미국 등은 중국 브라질 인도 등 신흥대국이 온실가스 배출량이 높기 때문에 적극 감축에 나서야 한다고 주장하는 반면 신흥대국들은 선진국이야말로 산업혁명 이래 온난화문제에 가장 책임이 있는 나라로 이들이 앞장서 해결해야 한다고 강조하고 있다. 둘째, 어떻게 온실가스 감축을 달성할 것인가 하는 문제이다. 이 경우는 배출권거래제가 효과가 있는지, 나무 심기, 청정기술, 에너지절약정책이 어느 정도 효과적인지에 대한 기술적 검증의 문제를 제기하고 있다. 셋째, 온난화 방지를 위한 후진국에 대한 원조를 어떻게 할 것인가 하는 문제이다. 이 경우 누가, 어느 정도 지불을 할 것인가, 그리고 자금을 누가 관리할 것인가 하는 것이다.

그리고 교토의정서의 제1 약속기간은 2012년에 종료됐다. 그 이후 세계의 온난화대책에 대한 틀짜기가 논의되고 있지만 배출량이 급증하고 있는 중국 인도의 온난화대책이 주목을 받고 있다. 2008년 7월 개최된 일본 홋카이도 '도야코 서미트'에서는 2050년까지 세계의 배출량을 절반으로 하는 장기목표에 대한 비전을 제시했다. 그러나 이 장기목표를 실현하는 것은 지난 2009년 지구온난화방지 코펜하겐회의(COP15)에서도 보았듯이 합의를 하는 일이 그리 간단하지 않다는 것이다. 그 이유는 첫째 중국 인도 등 신흥 대국의 배출량이 급증하고 있기 때문이다. 1990년 중국 인도 등 개도국이 차지하는 비율은 36%였지만 2005년에는 51%로 약 절반이상을 차지하게 됐다. 특히 중국은 세계 최대 배출국인 미국에 필적할 정도로 증가하고 있다. 한편 교토의정서의 감축의무를 지닌 선진국의 경우 미국이 교토의정서에 참여하지 않던 2005년까지는 전체의 29%에 불과했다. 향후 선진국이 온난화대책을 진전시켜 배출량을 감축하는 것과 더불어 중국 인도 등 신흥대국이 배출량을 계속 늘여가고 있다. 따라서 전문가들은 2013년 이후 포스트 교토의정서에서는 교토의정서와는 다른 접근이 필요하다고 주장한다. 교토의정서를 채택하는 단계에서는 각국 정부가 톱 레벨에서 총배출량의 감축량을 결정했지만 국제외교상 정치적 결단에 의해 감축량을 정했기 때문에 꼭 현실 경제상황을 반영하고 있다고는 말할 수 없다. 업종에 따라서는 정부가 정한 감축량을 달성할 수 없는 경우도 있다.

여기서 포스트 교토의정서를 둘러싼 논의로 '부문별 접근방식'이라고 불리는 새로운 방법을 일본이 제안하고 있다(栗山浩一, 2008). 우선 제철부문, 발전부문, 운수부문 등 몇 개의 업종별로 분류해 각각 부문마다 어느 정도 배출감축이 가능한지를 조사한다. 각 부문의 감축량을 모아 나라 전체의 감축량을 결정하는 방법이다. 소위 상향식으로 감축량을 정하는 방법이라고 할 수 있다. 각 부문의 기술이나 제도를 고려한 뒤 감축량을 정할 수 있기에 각 부문의 실태에 맞는 감축량을 설정할 수 있다. 또 나라가 달라도 같은 부문이라면 감축비용의 비교가 용이하기 때문에 온난화대책의 국제협력을 실시하기 쉽다. 가령 교토의정서에서는 감축의무가 없는 중국에 대해서 나라 전체로 감축을 요구하면 중국 정부가 받아들이기 어려울 지도 모른다. 그러나 발전부문으로 보면 일본의 발전기술을 중국에 이전하면 대폭적인 배출량의 감축이 가능해 중국측으로서도 최신의 기술을 받아들이는 장점이 있기에 발전부문에 관해서는 일본과 연대해 감축하는 것에 합의할 수도 있을 것이라는 것이다. 부문별 접근방식에는 중국 인도 등 신흥대국과 국제협력을 촉진하는 것을 기대할 수 있다. 다만 부문별 접근방식은 각 부문의 감축량을 계속 집계를 하기 때문에 나라 전체의 감축량이 '2050년 절반'이라는 장기목표에 도달하지 않을 위험성도 있다. 또 개도국에도 감축의무가 생기게 된다면 개도국이 동의하지 않을 가능성도 있다.

아시아경제(2012.12.10)는 2012년 12월 9일 기후변화협약 제18차 당사국총회(COP18) 폐막과 관련해 '새로운 기후변화체제 대비해야'라는 제목의 사설에서 '이번 당사국총회는 올해 말 만료되는 교토의정서의 시한을 2020년까지로 연장하기로 결정했다. 이로써 제2기 교토의정서 체제가 성립돼 지구적 기후변화 대응체제의 파국은 면했다. 하지만 제1기 때 온실가스 의무감축 대상에서 빠진 미국과 중국에 더해 이번에 일본·러시아·캐나다·뉴질랜드가 더 이상 의무감축에 동참하지 않겠다고 선언했다. 이에 따라 교토의정서는 전 세계 온실가스 배출량의 15% 정도만 통제할 수 있는 허술한 장치로 전락했다. 그럼에도 불구하고 지구온난화 방지는 현 세대 인류의 시대적 과제다. 2020년 발효를 목표로 이제부터 본격 논의될 새로운 기후변화 대응체제에서는 한국도 의무감축 대상에 편입될 가능성이 매우 높다. 비록 이번 당사국총회 결과가 실망스럽더라도 녹색기후기금(GCF) 사무국 개설 작업을 착실하게 진행하고 온실가스 감축 노력을 강화해야 한다.'고 강조했다.

3.2.2. 교토메커니즘

지난 2005년 2월 16일 발효된 교토의정서에서의 온실가스 감축목표를 달성하기 위해서는 각국의 국내 대책만이 아니라 다른 나라와의 협력해 노력하기 위해 아래 3가지의 틀을 이용하도록 했는데 이것을 '교토메커니즘'이라고 한다.

교토메커니즘은 첫째 공동이행제도(JI: Joint Implementation, 공동실시제도라고도 한다). 선진국끼리 공동으로 감축하는 방법이다. 가령 일본이 러시아에 자금이나 기술을 원조해 공동으로 온난화대책을 실시해 감축량을 양국이 서로 나누는 것으로 이러한 방법에 의해 생긴 온실가스 배출량 감축량, 또는 흡수량을 감축목표의 달성을 위한 수치로 인정한다는 것이다. 즉 온실가스 감축의무가 있는 A국이 다른 나라에 투자해 온실가스를 감축하면 그 감축량의 일부를 A국의 배출 저감 실적으로 인정해주는 제도다. 교토의정서 제6조에 규정된 것으로, 부속서 I 국가들 사이에서 온실가스 감축 사업을 공동으로 수행하도록 하기 위해 만들어 졌다. 이 제도는 주로 미국, 일본 등 OECD 선진국이 동구권 국가의 노후 설비 개·보수 등에 투자해 온실가스를 줄이는 사업 형태로 추진될 전망이다.

현재 실행되는 공동이행제도는 주로 토지이용과 에너지 사업에 적용되고 있다. 토지이용 프로젝트는 특정 지역의 탄소흡수력을 증가시

키거나 탄소 스톡을 유지시킴으로써 탄소를 줄인다. 토지이용 사업은 산림보존, 조림, 식림, 지속 가능한 산림관리 등이 있다. 이러한 형태의 공동이행프로젝트는 중남미의 벨리즈, 코스타리카와 러시아에서 실행되고 있다. 에너지 프로젝트는 연료전환(Fuel- Switching), 열병합발전(Cogeneration), 신재생에너지, 에너지 효율성을 통해 온실가스 배출을 감소시킨다. 또한 화석연료 사용을 감소시키기 위해 산호초와 플랑크톤의 탄소 흡입능력을 활용한 프로젝트, 매립지와 대목축장의 메탄 흡입 프로젝트도 개발 중이다(日本スマ-トエナジ-, 2008).

공동이행제도의 장점은 단기적으로는 온실가스를 감축할 수 있는 다양한 방법에 대해 학습 기회를 얻을 수 있다는 것이다. 기후변화를 줄이는 정치적 관심을 유발해 새로운 사업 기회를 얻는다. 국내적, 국제적으로 더 나은 기후변화 정책 발전 지표를 개발할 가능성도 있고 여러 나라가 함께 노력함에 따라 전 세계적인 비용 절약도 기대할 수 있다. 공동이행제도는 배출권거래제도와 달리 전체 감축량의 한도가 없고 선진국간에만 허용된다는 특징이 있으며 ERUs라는 이름으로 거래된다.

둘째 청정개발체제(CDM: Clean Development Mechanism)이다. 선진국이 개도국과 공동으로 온실가스를 감축하는 방법으로 선진국이 중국이나 인도에 자금이나 기술을 제공해 지구온난화 대책을 실시하고 감축된 분은 선진국의 감축량으로 인정되는데 개도국에는 선진국의 우수한 온난화대책 기술을 입수할 수 있는 장점이 있다. 교토의정서 제12조에 청정개발체제가 규정돼 있는데 선진국과 개도국이 공동으로 사업을 해 그 감축분을 투자한 선진국이 자기나라의 목표달성에 이용할 수 있는 제도이다. 이러한 가운데 1990년 이후 나무심기를 한 산림에 한해서 온실가스를 흡수하는 '흡수원'으로서 목표달성에 넣을 수 있게 됐다.

청정개발체제 사업은 온실가스 감축의무가 있는 선진국이 단위 온실가스 감축량당 한계비용이 낮은 개도국을 대상으로 기술과 자본을 투자하여 온실가스 감축 프로젝트를 추진하고 그 성과로 발생하는 온실가스 감축량을 투자국의 온실가스 감축성과로 인정하는 것이다. 청정개발체제 사업은 이러한 메커니즘을 통해 선진국의 개도국에 대한 환경친화적인 기술이전 및 투자를 촉진하여 개도국의 지속가능한 발전을 지원하는 한편, 선진국은 적은 비용으로 온실가스 감축사업을 발굴하여 감축의무를 달성하고, 궁극적으로는 기후변화협약의 목표를 달성하고자 하는 것이다.

2012년 이후 우리나라는 온실가스 감축의무 가입이 불가피할 전망이다. 우리나라는 2010년 현재 세계 7위의 온실가스 배출국이고 현재 30개 OECD 회원국 중 멕시코와 함께 개도국 지위를 인정받고 있다.

여기서 CDM사업의 사례를 들어보면 다음과 같다. 북한의 사례를 들 수 있다. 북한이 유엔기후변화협약(UNFCCC) 웹사이트에 함흥 1호와 2호외에 원산군민(20MW), 예성강 3, 4, 5호, 금야, 백두산 선군청년 2호(14MW) 등 수력발전소 사업 8건을 CDM의 사전고려 대상으로 등록했다. 사전고려 대상 등록은 CDM사업으로 인정받기 위한 첫 단계로 유엔기후변화협약 사무국의 공식 승인을 받으면 외국정부나 기업에 탄소배출권을 판매할 수 있는 자격을 갖추게 된다. 온실가스 배출량 감축 목표를 맞춰야 하는 선진국들은 개도국의 탄소배출권을 구입해 자국의 감축 실적에 반영한다. 현재 탄소배출권은 t당 12유로(미화 약16달러)에 거래되고 있으며, 8MW 수력발전소의 경우 연간 33만달러의 수입을 올릴 수 있을 것으로 전문가들은 보고 있다. 환경수도를 내세우고 있는 경남 창원시는 2012년 5월부터 전국 처음으로 하수찌꺼기에서 생산한 바이오가스를 시내버스 100여대의 연료로 공급하고 있다. 창원시는 이 사업을 통해 연간 약 10억원의 원유수입 대체효과와 연간 약 2600t의 온실가스 줄이기 효과가 있을 것으로 전망하고 있다. 온실가스 감축사업인 청정개발체제(CDM)사업과 연계하면 연간 5000만원의 추가 수입이 발생할 것으로 기대하고 있다.

셋째, 배출권거래(ET: Emission Trading)제도이다. 배출량을 시장에서 매매하는 방법이어서 배출량거래제도라고도 한다. 여분으로 감축한 국가는 여분을 시장에 매각해 이익을 얻을 수 있고 감축할 수 없는 나라는 시장에서 구입함으로써 비용을 절약할 수 있다. 선진국 사이에 배출할당량의 일부를 매매할 수 있도록 한 제도인데 목표치를 다 채우지 못한 나라가 이를 다 채운 나라로부터 배출할당량을 구입할 수가 있다. 유럽연합(EU)은 배출권거래제도(EU-ETS)를 2005년부터 시작했는데 이는 다국간에 매매를 행하는 본격적인 배출권거래제도이다. 제1기(2005-2007년)에서는 에너지 산업부문이 대상이었지만 제2기(2008-2012년)에서는 이에 항공부문이 더해졌다. 제3기(2012-2020년)에서는 거기에 알루미늄, 화학부문으로까지 확대될 예정이다. 세계은행에 따르면 세계의 배출량시장의 규모는 2005년 797만 달러, 2006년은 2470만 달러, 2007년에는 5035만 달러로 급속히 확대되고 있다고 한다(日本スマ-トエナジ-. 2008).

배출권거래제도의 틀을 살펴보면 온실가스인 이산화탄소 배출 감축 의무와 배출 허용량을 정한 뒤, 할당량만큼의 감축이 불가능한 기업이나 국가가 감축 목표를 초과 달성한 기업이나 국가로부터 배출권을 사들여 감축 목표를 달성하도록 한 것이다. 가령 한 개인이 1년에 100t의 온실가스를 배출할 수 있는 허가를 정부로부터 받았는데(이것을 할당이라고 한다), 90t만 배출할 수 있다면 나머지 10t을 시장에 내다 팔 수 있는 것이다. 그리고 할당받은 양보다 더 많은 온실가스 배출량이 필요하다면 그만큼을 시장에서 사게 되는 것이다.

시장에서 배출권을 사려는 사람들이 많아지면 배출권의 가격은 올라가게 되는데, 배출권 가격이 온실가스 배출을 감축하는 데 필요한 투자금액을 초과한다면 기업들은 배출권을 사는 것보다 설비교체, 공정개선 등을 통해 배출량을 줄이려고 하게 될 것이다. 반대로 배출권 가격이 설비투자비용보다 싸다면 기업들은 배출권을 사서 생산활동을 지속하는 방식을 선택하게 될 것이다. 배출권 거래제는 이렇게 수요와 공급에 따라 가격이 결정되는 '시장'에 기반한 제도다. 배출권거래제도는 1980년대 미국에서 화력발전소에서 배출되는 오염물질 감축을 위해 도입됐으며, 1997년 체결된 교토의정서에서도 온실가스 감축을 위한 수단 중 하나로 인정되어 현재 유럽연합(EU)을 중심으로 온실가스에 배출권거래제도(EU-ETS)가 운영되고 있다. 일본에서도 2005년부터 자율참여형 국내 배출량거래제도가 실시되고 있다.

교토메커니즘의 핵심내용을 정리하면 <표 1-4>와 같다.

<표 1-4> 교토메커니즘의 개요

구분	주요 내용
공동이행제도 (Joint Implementation)	선진국 간에 온실가스 감축 사업을 공동으로 수행하는 것을 인정하는 제도
청정개발체제 (Clean Development Mechanism)	선진국이 개발도상국에서 온실가스 감축 사업을 수행하여 달성한 실적의 일부를 선진국의 감축량으로 인정하거나 혹은 개발도상국 독자적으로 달성한 감축수행실적을 선진국이 구매하는 것을 허용하는 제도
배출권 거래제도 (Emission Trading)	온실가스 감축의무국가가 의무감축량을 초과하여 달성하였을 경우 이 초과분을 의무를 달성하지 못한 다른 부속서 국가와 거래할 수 있도록 허용하는 제도

우리나라 정부가 추진하고 있는 배출권거래제도는 일정 기준 이상 온실가스를 배출하는 업체를 선정하고, 선정된 업체는 정부에 배출권 할당을 신청하며, 정부는 심사를 거쳐 업체에 배출권을 할당하게 된다. 할당의 경우 초기에는 대부분의 할당을 무상으로 실시하되, 시간이 경과함에 따라 경매방식의 비중을 증가시킨다는 것이 정부의 계획이다. 기업은 이렇게 할당받은 배출권을 배출권거래소에서 거래할 수 있으며, 다음해로 이월하거나 다음해에 쓸 배출권을 미리 차입해서 사용할 수도 있다. 만약 해당기업이 할당량 이상으로 온실가스를 배출하고도 이에 상응하는 배출권을 구매하지 않을 경우 정부는 과징금을 부과하도록 하고 있다. 그런데 이러한 배출권거래제를 실시하는 것이 결코 쉽지만은 않은 것이 현실이다. <표 1-5>는 우리나라 배출권거래제의 주요 쟁점을 정리한 것이다.

<표 1-5> 배출권거래제 주요 쟁점사항

	입법예고(안)	산업계요구	녹색성장위 수정안
시행시기	2013.1.1 시행	2015년 이후	2013~2015년
무상할당비율	90%이상	100%이상	95%이상
기간 간 이월	불허	허용	허용(1단계에서는 불가)
과징금	시장가의 5배이하	완화	시장가의 3배 이하
과태료	5000만원		1000만원
원단위 고려		특정부문원단위인정	할당계획 수립시 검토
민감업종 배려	할당량결정시 고려	배출권 거래제 참여배제	
제3자거래 참여	제3자 참여 필요	제3자 참여 불허	제한적 허용

출처: 아시아경제(2011.2.8)

<표 1-5>에서 보듯이 산업계는 배출권거래제 도입에 대해 계속적으로 반대 또는 대폭적인 도입시기 연기를 주장해오고 있다. 산업계는 배출권 구매에 연간 4조2000억~13조9000억원 정도가 소요될 것으로 전망하고 있으며, 이러한 비용증가는 중국 등 배출권거래제를 실시하지 않는 국가와의 경쟁에서 가격 경쟁력 저하로 연결될 것을 우려하고 있다. 하지만 우선 유럽연합(EU)의 국가들이 2005년부터 EU 차원에서 배출권거래제도를 시행해오고 있으며, 시행과정에서 노정된 문제점들을 교정해가면서 체계적으로 제도를 발전시켜오고 있는 것이 사실이다. 그 과정에서 유럽 국가들의 산업들이 자발적으로 보다 에너지효율적인 저탄소녹색기술 개발에 노력을 기울인 결과 해당 분야에서 상당한 기술의 우위를 지니게 되었다는 점에 주목할 필요가 있다.

이처럼 교토메커니즘은 모두가 다른 나라와 공동으로 행함으로써

비용을 절약할 수 있어 각국이 단독으로 온난화대책을 행하는 것보다 합리적 방법이라고 하지만 운용 면에서는 과제도 많다(栗山浩一, 2008). 첫번째는 배출권가격이 불안정하기 쉽다는 점이다. 배출권의 시장가격은 수요와 공급의 균형에 의해 결정되는데 결국 배출량이 모자라면 가격은 상승하고 반대로 배출량이 남아돌면 가격이 저하한다. 그런데 배출권가격 또한 원유시장이나 주식시장과 마찬가지로 투기적 목적에 의해서도 영향을 받는다는 것이다. 두번째는 배출량을 최초로 각 기업에 할당할 때 공평하게 배분하기가 어렵다는 점이다. 유럽연합의 배출권거래제도는 과거의 배출량에 맞춰 무상으로 배출량을 할당하는 무상배분방식을 채택하고 있는데 이 방법은 무상으로 배출량이 주어짐으로써 기업측에 부담은 적지만 온난화대책을 실시해 배출량을 감축한 기업에게는 조금밖에 배출량이 할당되는 것도 아니고, 반대로 대책이 늦은 기업에게는 대량의 배출량이 할당되기에 공평성이 결여돼 있다는 것이 문제로 지적되고 있다.

3.2.3. 녹색기후기금

2012년 10월 20일 우리나라는 '환경분야의 세계은행'으로 불리는 녹색기후기금(GCF: Green Climate Fund) 본부를 인천 송도로 유치하는데 성공했다. 그 경제적 효과가 연간 2천억~3천8백억 원 규모라거나 평창 동계올림픽의 100배에 달할 것이라는 등의 낙관적인 전망들이 함께 쏟아지면서 한 때 증권가와 부동산 시장마저 들썩였다.

그러나 LG경제연구원은 녹색기후기금(GCF) 사무국 유치 그 자체가 경제적 효과를 보장해준다고 보기는 어렵다며 조심스럽게 전망하고 있다(LG경제연구원. 2012.10.28. 언론보도 자료). 녹색기후기금의 미래에는 아직 불확실한 부분이 많은 만큼 앞으로 만들어갈 여지가 훨씬 더 크며, 이 기금의 역할이 얼마나 구체화되고 그 규모가 확대되는가에 따라 경제적 성과가 달라지기 때문에 GCF의 경제적 효과를 극대화하기 위해 앞으로 우리가 어떤 방향으로, 어느 정도의 노력을 기울여야 할 것인지에 대한 고민과 전략이 필요한 시점이라고 제안하고 있다.

GCF는 개도국들이 기후변화에 제대로 적응(adaptation)할 수 있도록 선진국들의 적극적인 지원을 이끌어내자는 취지에서 만들어진 국제금융기구이다. 교토의정서 등 기후변화 관련 국제협약들이 애초에 기대했던 성과를 내지 못하면서 전 세계가 기후변화에 적절히 대응하려면 기후 관련 선진국 개도국 간 격차 해소와 이를 지원할 장기재원 마련이 필요하다는 공감대가 형성되었고, 이런 공감대를 바탕으로 2010년 12월 칸쿤 회의에서 이 기금을 설립하기 위한 공식적인 움직임이 시작됐던 것이다. 이 회의에서는 2020년까지 연간 1천억 달러 규모의 기금을 조성한다는 합의가 이뤄졌으며, 이후 2011년 12월 더반 회의에서 '녹색기후기금 설계위원회(선진국 15개국과 개도국 25개국 등 40개국 참여)'가 마련한 기금설계방안을 채택하면서 조금씩 구체적인 모습을 갖추게 됐다.

이에 먼저 명실상부한 녹색성장 정책이 앞으로도 끊임없이 이어져야 한다는 지적이 높다. 이를 위해선 왜곡된 에너지 가격구조를 정상화하는 일이 시급하다고 한다. 전기요금을 현실화하지 않고서는 어떤 녹색 정책도 제대로 기능할 수 없다는 것이다. 두번째는 온실가스 감축 문제를 둘러싸고 선후진국간에 벌어지고 있는 치열한 싸움에서 우리가 현명하게 양측이 수용가능한 방안을 모색함으로써 가교역할을 해야 한다는 것이다. 사실 녹색기후기금 문제는 2010년 칸쿤 기후변화협약 총회에서 매년 1000억 달러를 2020년까지 모아 후진국의 온실가스 감축을 지원하기로 합의했지만 구체적인 것은 거의 결정된 게 없다. 1000억 달러씩 모으는 것만 해도 매년 이만큼 출연하는 것인지 점차적으로 늘려서 2020년 1000억 달러 모금을 목표로 한 것인지 불분명하다. 더욱이 1000억 달러를 누가 부담할지에 대해서도 백지 상태라는 것이다. 더욱이 미국을 비롯한 유럽연합 국가 등 선진국들은 지금 심각한 경제난에 빠져 있다. 셋째, 국제기구와 근무하는 직원들이 거주하며 활동하는데 지장이 없도록 법과 제도를 완벽하게 정비해야 한다는 것이다. 그래야만 제2, 제3의 국제기구를 유치할 수 있고 우리나라의 젊은이들의 일자리를 확보할 수 있는 지름길이라는 것이다.

기후변화는 선진국과 개도국의 이해관계가 크게 엇갈리는 이슈이다. 선진국은 개도국의 무분별한 산업시설 확대와 탄소배출을 기후변화의 주범으로 꼽으며 친환경 기술과 시설을 도입하라고 주장한다. 반면 이 주장을 수용하기 위해서는 막대한 비용을 부담할 수밖에 없는 개도국들은 선진국의 이런 요구가 한발 앞서 경제발전을 이룬 배부른 국가들의 사다리 걷어차기라고 맞받아친다. 따라서 선진국과 개도국들 사이의 이해관계 차이를 해소하지 않으면 기후변화 관련 대책은 현재의 교착 상태를 벗어나기가 쉽지 않다는 판단 하에 이 문제를 전담할 국제금융기구를 출범시킨 것이다. 즉, 세계은행(World Bank)이 저개발국의 SOC, 교육, 위생 등 각종 빈곤 문제 해결을 통해 궁극적으로는 세계경제 전체의 발전에 기여한 것처럼, GCF가 기후변화 분야에서 그와 같은 역할을 감당해 줄 것을 기대하고 있다.

GCF는 이런 기관들과 달리 국제협약에 따라 설립이 확정되었고 기금 규모 역시 1천억~8천억 달러를 목표로 할 만큼 커 외교적 영향력이나 경제적 효과 모두 충분히 기대할만하지만 아직 사무국 상주 인원이나 기금 규모도 확정되지 않은 상황에서 얼마 정도의 유발 효과가 발생한다고 전망하기는 어렵다는 것이다. 일부 기관에서 발표한 2천억~4천억 원의 경제적 효과 추정치도 그 가정들을 주의 깊게 살펴볼 필요가 있다. 예컨대, '900조원의 기금'이라는 점을 강조하지만, 이는 2013년부터 2020년까지 매년 1천억 달러씩 총 8천억 달러의 기금을 조성한다는 2010년 칸쿤 합의가 실제 성과로 이어질 때 가능한 숫자이다. 국제통화기금(IMF)의 출자 총액이 4천억 달러에도 못 미치며, 2008년 글로벌 금융위기 이후 이를 1조 달러로 확대하자는 논의가 진행 중이지만 아직도 실제 출자로 이어지지 못했다는 점, 세계은행의 동원 가능한 자본(callable capital) 규모가 1780억 달러 수준이라는 사실 등에 비춰보면 8천억 달러가 얼마나 큰 숫자인지 짐작할 수 있다는 것이다. 다시 말해, '기후변화'만을 다루는 GCF가 글로벌 경제 전체를 대상으로 하는 IMF나 World Bank의 2~4배 규모로 커질 것이라는 전망은 현재로서는 과해 보인다. 더군다나, 이 기금의 상당 부분을 선진국이 부담하기로 합의했지만 유럽 재정위기와 경기 침체로 선진국 재정 여력이 크게 줄어든 상황에서 이 약속이 제대로 지켜질 것인지, 기여한 금액만큼의 의결권을 보장하는 지분(quota) 방식을 관철시키지 못하고 납입액을 약속(pledge)하는 방식으로 한 발 물러난 형편에서 과연 각국의 기금 공여를 제대로 이끌어낼 수 있을 것인지 의문이라는 견해도 많다.

최근 우리나라가 글로벌녹색성장연구소(GGGI)와 GCF 사무국을 잇따라 유치한 것은 기후·환경분야의 글로벌 리더십 확보라는 전략적 관점에서도 매우 고무적인 일이다. 오래 전부터 식량 및 농업 관련 논의의 중심 역할을 해 온 이탈리아가 UN식량농업기구(FAO), 세계식량계획(WFP), 국제농업개발기금(IFAD) 등 관련 국제기구들을 독점 유치하다시피 한 사례에서 알 수 있듯이 특정 이슈의 선점과 주도권, 국제기구 유치는 상호 밀접하게 연관되어 있기 때문이다.

LG경제연구원 김형주 연구위원은 '녹색기후기금(GCF) 글로벌 이해관계의 중재자 역할 요구' 라는 제목의 보고서(2012. 10.28)에서 "GCF가 성공하려면 한국이 선진국과 개발도상국을 설득하고 양보를 이끌어내는 '중재자' 역할을 잘 감당해야 한다" 라고 밝혔다. 우리나라가 기후·환경 등 녹색 분야에서 이런 역할을 수행하기 위해 필요한 것은 선진권 국가들과 개도권 국가들 모두를 귀 기울이게 할 수 있는 '신뢰'와 기후 변화나 녹색 성장 관련 기술과 표준 등을 주도적으로 이끌어 갈만한 '실력'이라는 것이다.

그러나 한국일보(2012.12.12)에 따르면 인천 송도에 들어설 GCF의 재원을 2020년까지 8000억 달러(약 880조 원·단기재원 포함 8300억 달러) 조성한다는 장밋빛 전망은 허구로 확인됐다는 것이다. 2012년 10월 GCF 사무국 유치 발표 당시 '국제통화기금(8450억 달러)에 맞먹는 초대형 국제기금 탄생'이라고 대서특필된 것은 기획재정부가 '2020년까지 매년 1000억 달러 조성을 목표로 한다'는 잘못된 보도자료를 발표했기 때문으로 확인됐다는 것으로 내년부터 2020년까지 8년 간 총 8000억 달러가 조성된다는 계산이 여기서 나왔다고 한다. 그러나 이는 2010년 칸쿤 유엔기후변화협약 당사국총회에서 합의한 '선진국들이 2020년부터 매년 1000억 달러씩 지원한다'는 협약 내용을 '2020년까지'로 잘못 표현한 것이며, 총 기금 규모는 2012년 12월 8일 카타르 도하에서 폐막된 기후변화협약 당사국총회에서 논의됐어야 했지만, 선진국들이 경기 악화를 이유로 논의 자체를 미뤄 정해지지 않았기에 애초에 8000억 달러는 근거가 없었던 것이라는 것이다. 더구나 선진국들이 2020년부터 돈을 내놓더라도 100% GCF 사무국으로 들어오지 않는 것으로 확인됐다고 한다. 영국 국제환경개발연구소의 2012년 11월 보고서에 따르면 실제로 선진국이 2010년부터 3년간 조성한 긴급재정 236억달러도 GCF와 같은 유엔산하 기금을 통해 지원된 경우는 2%에 불과했다고 한다.

YTN(2012.12.10)에 따르면 2012년 기후변화협약 당사국총회에서 개도국들은 일단 오는 2015년까지 600억 달러를 지원하라고 압박했지만 합의에 실패해 협상은 결국 2013년 총회로 미뤄져 녹색기후기금은 출발부터 협상이 난항을 겪으면서 기금을 국제통화기금과 맞먹는 8천억 달러로 키우려는 장밋빛 목표는 달성이 쉽지 않을 전망이라는 것이다. 특히 재원 협상이 2013년으로 미뤄지면서 인천 송도에 설립될 사무국 출범도 연기될 수 있다는 관측이 나오고 있다고 한다.

4. 저탄소경제학의 지향점

4.1. 온난화문제 해결을 위한 경제학의 필요성

4.1.1. 온실가스의 경제학

지구온난화 문제 해결은 21세기 지구 차원에서 가장 절박한 과제임에는 틀림없다. 그런데 문제는 지구온난화로 인한 변화를 어떻게 관리할 수 있는가 하는 점과 저탄소정책을 실시하는데 있어 비용과 편익이 충분히 검토됐는가 하는 점이다. 이에 대해서는 로저 밀러, 다니엘 벤저민, 더글러스 노스가 '경제학으로 현대를 읽는다(The Economics of Public Issues, 2006)'에서 온실가스의 경제학으로 이에 대해 충분한 검토가 필요하다고 제기하고 있다.

로저 밀러 등은 지구온난화 논쟁을 분석할 때는 '부(負)의 외부성' 및 '경제효율성'이라는 개념이 불가결하다고 강조한다. 인간의 모든 활동은 당해 활동의 사회적 한계비용이 사적 한계비용을 넘어서고 있다는 의미에서 부의 외부성을 무수히 낳고 있다는 것이다. 각종 대기 및 수질오염, 쓰레기 투기, 끽연, 서식지 파괴 및 온실가스 등에 이런 문제가 나타난다는 것이다. 생산자는 가격결정에 있어서 부의 외부성의 사회적 비용을 계산에 넣지 않는다. 왜냐하면 자신이 직접 비용을 부담하지 않기 때문이다. 그 결과 재화의 가격은 모든 비용을 반영하지는 못하고 이 때문에 과잉 생산물과 그에 따른 과잉 부의 외부성이 생산된다는 것이다.

경제적 효율성은 특정 재화를 1단위 추가함에 따라 따르는 비용이 그 최종단위에서 얻으려고 하는 편익과 거의 같을 것을 요구하고 있다. <그림 1-12>는 온실가스를 감축하는 환경정책을 위한 요건을 나타내고 있다.

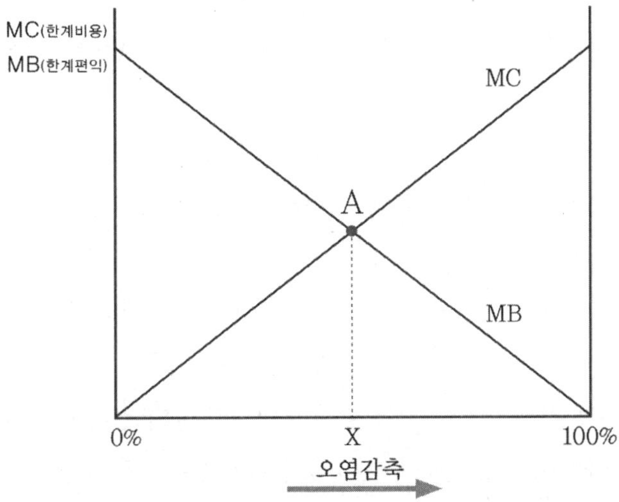

<그림 1-12> 정책의 한계비용과 한계편익(더글러스 노스 외, 2006)

온실가스의 생산을 줄이기 위해서는 엄청난 비용이 드는데 감축량이 늘어남에 따라 감축을 위한 총비용 및 한계비용도 모두 증가한다. 따라서 이 그림에서는 한계비용곡선은 우상향하는 것으로 나타나 있다. 일반적으로 말해 오염감축은 각종의 편익을 낳아 이들 편익의 합계수준은 오염감축을 증가시키는 만큼 상승한다. 그러나 동시에 오염감축의 각 추가 '단위'의 한계편익을 감축 정도가 향상하는데 따라 작

아진다. 따라서 한계편익곡선은 우하향하게 된다. 오염감축의 한계비용(MC)는 점 A에서 한계편익(MB)와 같아져 점 A에 대응하는 온실가스의 감축수준, 즉 X에서 효율성이 달성된다.

경제효율성의 달성 또는 개선은 지구온난화의 위협을 대응하는 정책을 포함해 부의 외부성을 감축하는 정책을 실시하는 데 유용한 목표가 될 것이다. 로저 밀러 등은 지구온난화에 관한 중요한 문제점은 다음과 같은 점에 있다고 한다. 한계편익곡선과 한계비용곡선이 <그림 1-12>에서처럼 팽팽히 늘어난 가는 선이 아니라 선의 윤곽이 흐린 회색 띠로 볼 수 있다는 것이다. 이러한 경우 오염 감축의 효율수준이 어디에 있는지가 불명확할 뿐만 아니라 현행 수준을 넘는 오염 감축이 과연 우리들의 후생을 개선시켜줄 것인가 하는 점조차 불확실하게 된다는 것이다. 현시점에서는 온실가스 감축에 추가적인 비용이 어느 정도 들지에 관해서는 대략적인 추계만 있을 뿐인데다 지구 전체의 생태계에 미치는 온실가스의 영향에 관해 과학자들의 견해도 일치하지 않고 있는 현실에서 정책에서 얻어지는 편익을 추계하기가 어렵다는 것이다. 이러한 여러 이유에서 지구온난화 문제에 관해 현재의 지식을 전제로 하는 한 주요 정책의 변경을 실시하더라도 장기적인 경제효율성을 확보하기는 어려울 것으로 보인다는 것이다.

이처럼 지구온난화과 관련해 개인 차원의 행동이 중요한 효과를 갖지 못하는 주요한 이유는 어느 개인도 스스로의 온실가스 생산을 줄이려고 하는 유인을 갖고 있지 않기 때문이라는 것이다. 또한 국가주의라는 틀에 묶여 있는데다 국가수가 많다보니 효율적인 해결에 도달하기까지 거래비용이 휠씬 높아진다는 것이다.

한편 이들은 온실가스를 관리하는 정책수단이 과세보다는 규제에 의해 행해지기 쉽지만 주로 배출과세가 아니라 배출권거래에 의존하고 있는 이유로 정책당국이 규제대상 그룹의 요망에 영향을 받기 때문이라고 강조하고 있다. 산출규제는 가격을 상승시키기 때문에 규제 아래에서 기업은 산업 전체의 생산량을 감축하는 직접규제의 부과로부터 금전적인 이득을 확보할 가능성이 높다는 것이다. 더욱이 환경오염세는 소득분배의 대규모 변화를 낳는데 과세된 그룹에서 소득을 취해 세수 증가로 인해 이익을 받는 그룹으로 소득이 재분배된다는 것이다. 이 때문에 예전부터 오염 감축을 바라고 있으면서도 대규모 소득이전의 가능성 때문에 소득이전의 규모를 둘러싸고 투쟁하려고 하는 강렬한 유인을 양 당사자에게 주어버린다는 것이다. 규제의 소득재분배효과는 과세의 경우보다 작기 때문에 이러한 여분으로 비용이 드는 이상한 내분 소동을 줄이기 된다고 한다.

4.1.2. 지구온난화와 백캐스팅 접근방식

지금까지 우리는 우리들의 현재 소비를 바탕으로 미래를 예측해왔다. 그런데 지구온난화문제를 해결하는데 이러한 방식이 계속돼도 좋을 것인가. 이에 대해 지속가능한 사회를 구축하기 위해서는 기존의 예측방식과는 다른 무엇이 필요하다는 것이다. '백캐스팅(Backcasting)'이란 지속가능한 사회를 구축하기 위해 스웨덴의 환경NGO인 '내추럴 스텝(Natural Step)'의 창설자인 칼 헨리크 로벨씨가 제창했다. 그는 미래사회를 예측하는 방법으로 포캐스팅(Forecasting)과 백캐스팅이란 2

가지 방식이 있다는 것이다. 포캐스팅이란 현재를 기점으로 미래의 모습을 예측하는 방법이다. 통상 과거의 트렌드를 미래로 끌고 가는 방법이 사용된다. 이에 대해 백캐스팅은 미래의 바람직한 사회의 모습을 상정해 거기서부터 현재로 소급해 바람직한 사회로 도달하기 위해 지금부터 무엇을 어떤 순서로 실시해가야 하는가를 생각하는 예측방법이다. 지구온난화문제와 같은 예방적 대책을 강구하는데는 포캐스팅의 접근방식이 필요하다는 것이다(三橋規宏, 2004).

이러한 백캐스팅을 적용한 온실감축 시나리오가 지난 2008년 여름 일본에서 나왔다. '일본 저탄소사회의 시나리오-이산화탄소 70% 삭감의 지름길(일간공업신문사)'이 그것이다. 일본 국립환경연구소 니시오카 히데오(西岡秀三)박사가 '탈온난화2050연구'[14]를 편집해 만든 대중보급판이라고 할 수 있다.

이 책은 저탄소사회를 '저탄소 배출로 안정된 기후로 풍요로고 지속가능한 사회'로 정의하고 세계가 '저탄소사회'로 변하고 있는 가운데 일본이 앞으로 50년간 이산화탄소 배출량을 대폭 감축하는 것이 가능할까 하는 데서부터 문제의식을 갖고 출발한다. 예상되는 기술진보를

---

14) 2050년 유럽 국가 수준의 온실가스 배출 감축에 걸 맞는 대책을 내놓아야 한다는 자체 판단에 따라 일본의 국책연구기관이 실시해온 프로젝트로 2004년부터 환경성 지구환경연구종합추진비 연구의 전략연구개발 프로젝트의 하나로 5년간 추진해왔다. 2006년부터는 일영(日英) 공동연구 '탈온난화사회의 실현을 향한 탈온난화 2050 프로젝트(약칭 탈온난화2020연구)'로 추진해왔는데 이 연구는 일본 국립환경연구소와 교토대학이 핵심이 되고 미즈호정보종합연구소가 결합해 전문가 약 60명이 참여했다고 한다. 연구 핵심은 '온난화와 에너지를 통합한 일련의 통합평가모델'을 사용한 시나리오 연구로 감축 필요량의 검토, 감축을 위한 기술 선택, 에너지 선택, 그리고 경제성 등을 종합적으로 검토하고 있다. 환경뿐만 아니라 에너지, 산업, 국토계획의 전문가도 참여해 폭넓은 분야를 다룬 종합연구보고서이다.

포함해 사회가 계획적으로 감축에 필요한 기술을 도입해간다면 2050년에는 70%의 이산화탄소 감축이 가능하다는 것을 '시나리오'로 보여주고 있다. 이 '시나리오'에서 접근하는 방식이 바로 기존의 예측(Forecasting) 방식이 아닌 백캐스팅(Backcasting)이다. 이는 2050년이라는 시점에서 지구온난화 문제를 해결하기 위해 지금 우리가 무엇을 어떻게 해야 할지를 보여주고 있다. 지구온난화 문제를 풀기 위해서는 인프라 구축이나 생활양식 변화 등에 적어도 한 세대 이상의 긴 기간을 가지지 않으면 안 되기 때문이라는 것이다.

'일본 저탄소사회의 시나리오'는 제1부에서 왜 대폭적인 온실가스 감축, 특히 일본에서 70%의 감축이 필요한가에 대해 설명한다. 제2부는 2050년에 일본사회가 어떻게 될 것인가를 2가지 비전으로 묘사해 지금부터 70% 감축한 저탄소사회를 만들 수 있을 지 검토한 뒤 기술의 적정 선택을 통해 그것이 가능하다는 것을 보여주고 있다. 제3부는 국토 구축, 도시, 주택, 교통, 정보화의 각 분야에 있어서 감축을 향한 보다 구체적인 대책을 기술하고 있다.

이 책은 일본이 2050년에 1990년 대비 70%의 이산화탄소 배출량을 감축하는 저탄소사회를 실현하기 위해선 백캐스팅을 통해 우선 2050년 일본사회의 비전으로서 활력사회형, 여유사회형의 2가지 사회를 가정해 그들 사회가 요구하는 서비스를 만족시킬 기술과 저탄소 에너지원의 조합과 나아갈 길을 검토하고 있다. 이 경우 70% 배출 삭감이 어느 쪽의 미래 비전이라고 해도 GDP 1% 정도의 비용으로 가능하다는 것을 보여주고 있다.

이 책의 결론은 '저탄소사회를 계기로 일본을 재구축하자'는 것이다.

그 첫 번째가 공급측보다 수요측의 에너지절약이 열쇠라는 것이다. 일본에서 2050년에 이산화탄소 배출량을 1990년 대비 70%를 감축한다는 것은 에너지수요의 거의 절반과 에너지공급의 저탄소화를 통해서만 가능하다는 것을 보였다. 이 2050년 이산화탄소 배출량 70% 감축은 연간 약 7조 엔에서 10조 엔의 직접 비용으로 가능하며 이는 2050년 GDP의 거의 1%로 전망된다는 것이다. 수요측의 에너지 삭감은 일부 부문에서 에너지 서비스 수요증가가 있지만 인구감소나 합리적인 에너지 이용을 통한 에너지수요 감소, 에너지 효율 개선 등으로 가능하다고 보고 있다.

각 부분에서의 에너지수요량 저감률(2000년 대비)은 다음과 같다는 것이다. 산업부문은 구조 전환과 에너지절약기술 도입 등으로 25~40%, 운수여객부문은 적절한 국토이용, 에너지효율, 탄소강도 개선 등으로 70~80%, 운수화물부문은 물류의 고도 관리, 자동차 에너지 효율개선 등으로 40%, 가정부문은 건물 신개축 시 고단열주택 보급과 에너지절약기구 이용 등으로 50~60%, 업무부문은 고단열주택으로 대체, 재개축 및 에너지절약기구 도입 등으로 40%를 감축한다는 것이다.

그런데 이러한 2050년 이산화탄소 배출량 70% 감축 시나리오는 아래와 같은 전제 하에서 성립되는 것이다. 그것은 첫째, 적절한 경제성장을 가정하고 있다. 여기서 예상하는 1인당 경제성장률은 ①활력사회 시나리오(A)에서는 연간 2%, ②여유사회 시나리오(B)에서는 연간 1%이다. 금후 인구 감소 추세로 인해 일본 전체의 경제성장은 2배(시나리오 A) 또는 1.3배(시나리오 B)로, 현재의 경제성장률을 밑돌지만 어느 쪽이든지 70% 감축이 가능하다는 결론이 나온다는 것이다.

둘째는 2050년 일본의 미래상을 '활력사회'와 '여유사회' 중 어느 것을 택할 것인가 하는 선택의 문제가 있다는 것이다. 결국 ①사회변화의 스피드가 빠른 사회인가, 여유가 있는 사회인가 ②사회의 풍요로움을 기술을 통한 혁신이 가능한가(기술지향), 자연으로부터 얻을 것인가(자연지향) ③시간을 개인의 목적을 위해 주로 이용할 것인가(개인주의), 커뮤니티의 활동에 보다 많은 시간을 사용할 것인가(공생주의) 하는 문제라는 것이다. 일본은 활력? 여유? 어느 쪽을 선택할 것인가. 2050년 일본사회의 모습과 그것에 이르는 길로서 시나리오 A는 활력 있고, 회전이 빠른, 기술지향의 사회인 반면, 시나리오 B는 여유가 있고, 좀 느린, 자연지향의 사회인데 실제로는 이 양 시나리오가 조화를 이루며 혼재해 진행하는 것도 생각할 수 있다고 한다.

이들 2가지 패턴의 사회 경제 시나리오의 부문별 키워드를 정리한 것이 <표 1-6>이다(김해창, 2009).

<표 1-6> 사회·경제 시나리오 A B의 부문별 키워드

<table>
<tr><th colspan="2">키워드</th><th>시나리오A</th><th>시나리오B</th></tr>
<tr><td rowspan="4">사고의 주류</td><td>개인이 지향하는 모습꿈</td><td>· 사회적 성공</td><td>· 사회 공헌</td></tr>
<tr><td>생활거주지</td><td>· 도시 거주 의향</td><td>· 지방 거주 의향</td></tr>
<tr><td>가족</td><td>· 개인 의향</td><td>· 공생 의향</td></tr>
<tr><td>선진 기술</td><td>· 적극 수용</td><td>· 도입에 신중</td></tr>
<tr><td rowspan="3">인구</td><td>출생률</td><td>· 낮게 유지</td><td>· 약간 회복</td></tr>
<tr><td>이민 수용</td><td>· 적극 수용</td><td>· 현상 유지</td></tr>
<tr><td>해외 이동</td><td>· 증가</td><td>· 현상 유지</td></tr>
<tr><td rowspan="2">국토 이용</td><td>국내 인구 이동</td><td>· 대도시에 집중</td><td>· 분산화</td></tr>
<tr><td>도심부</td><td>· 중심부에 집중
· 토지의 고도 이용 진전</td><td>· 도시 인구 감소
· 최소한의 도시 기능 유지</td></tr>
</table>

	지방 도시	· 인구 대폭 감소 · 토지 자원을 효율적으로 이용한 새로운 비즈니스 보급	· 인구는 서서히 감소 · 지역의 독자성과 문화를 내세운 활기 있는 지방 도시 출현
생활·가정	일	· 전문성(Professional)의 증가 · 고수입, 장시간 노동	· 일 분담(Work Sharing) · 노동시간의 단축 균등화
	가사	· 기계화나 외부 서비스화 진전	· 가족이나 이웃 주민과의 협력
	자유 시간	· 케리어 업(Career Up) · 스킬 업(Skill Up)	· 가족과의 시간 · 취미·사회 활동(자원 봉사 등)
	주택	· 집합 주택화	· 단독 주택화
	소비	· 소비·교체 사이클이 짧다	· 소비·교체 사이클이 길다
경제	성장률	· 1인당 GDP 성장률 2%	· 1인당 GDP 성장률 1%
	기술 진보	· 높은 기술 진보율	· 시나리오 A만큼은 높지 않다
산업	시장	· 규제 완화 진전	· 적절하게 규제
	제1차 산업	· GDP 분배 감소 · 주로 수입에 의존	· GDP 분배 회복 · 농림수산업 활성화
	제2차 산업	· 부가가치 증가 · 생산 거점의 해외 이전	· 비중 감소 · 지역 브랜드의 다품종 소량생산
	제3차 산업	· 비중 증가 · 생산성 개선	· 비중 조금 증가 · 사회활동 보급

출처: 西岡秀三, 日本低炭素社会のシナリオ-二酸化炭素70%削減の道筋, 日刊工業新聞社, 2008. 김해창, 일본 저탄소사회로 달린다, 이후, 2009. p.50 재인용.

'일본 저탄소사회의 시나리오' 말미에 저탄소사회를 이렇게 전망하고 있다. 저탄소사회로의 전환은 커다란 신기술이나 신시스템의 비즈니스 기회를 제공해 또 일본이 더욱 큰 세계에 공헌할 수가 있는 도전이며, 저탄소사회로의 이행은 필연이며, 그 가능성에 자신을 갖고 기술경쟁, 도시재생, 국토보전, 새로운 생활양식 등 다가올 세계에 살아남는 길을 찾는 것이라는 것이다.

해서 일본의 저탄소사회 시나리오는 첫째, 저탄소사회는 정상화(定

常化)사회의 시작이라고 보고 있다. 정상화사회란 궁극적인 지속가능한 사회이다. 거기서는 늘 투입(Input)과 산출(Output)이 같다. 환경이 연간 내놓는 서비스량의 범위 안에서 인간이 서비스를 이용하는 것이다. 기후변화협약에서 세계는 명확히 정상화사회를 약속했다.

둘째, 기후변화와 함께 살아가는 세계로 이에 대한 적응책이 필요하다는 것이다. 적어도 앞으로 30년은 10년마다 0.2℃의 속도로 지구의 평균 온도가 높아갈 것으로 보인다고 한다. 이에 대해 기후변화 예측력의 향상, 기후변화에 취약한 시스템의 개선, 수자원 확보, 방재 의료 대책의 강화, 농업생산물의 품종 개량이나 산지(産地) 변화에 대한 대응 등 적응책이 필요하며 탄소흡수원으로서 산림 토양 및 해양의 적절한 관리가 중요하다는 것이다.

셋째, 에너지공급측 주도에서 수요측이 리더하는 기술사회로 바뀌어야 한다는 것이다. 저탄소사회는 기본적으로 에너지절약사회이다. 지금까지의 기술개발 이용은 모두 에너지증가를 전제로 한 것이었다. 만족스러운 생활을 영위하기 위해서는 현재의 OECD국가의 1인당 에너지 사용량의 40%만으로도 충분하다는 연구결과가 있다고 한다.

넷째, 저탄소사회 만들기를 새로운 나라 만들기의 첫걸음으로 삼자는 것이다. 우선 에너지절약형 국토 구성이다. 적절한 인구밀도를 바탕으로 한 '콤팩트시티(Compact City)'로 경제적인 의료 교육서비스 제공, 이동거리의 단축, 공공교통기관의 이용 증가, 산지 수원의 함양이 충분한 기후변화 및 재해에 강한 도시, 재생가능 에너지를 포함한 친자연적인 살기 좋은 마을 만들기 등이 바람직하다는 것이다. 저탄소시대에는 농촌에도 새로운 역할이 있다. 저탄소에너지원으로서의 바이오매스 공급, 분산형 에너지 기지, 흡수원으로서의 산림 토양 유지, 안전하고 품질 높은 지역브랜드 등을 통한 에너지절약 농작물 공급이 가능한 지산지소 기지, 고령화 사회에 있어 융통성 있는 전원적 생활방식의 공급 등 풍요로운 농촌 국토 보전이라는 새로운 역할이다.

다섯째, 환경경제 시스템을 구축하는 것이다. 즉 환경 기후 등 희소자원의 가치를 시장에서 내부화하도록 경제시스템을 바꾸자는 것이다. 공짜였던 '환경'에 돈을 지불하는 시스템이 마련되지 않으면 안 된다는 것이다. 안정된 기후를 유지하는 데는 비용이 들며, 저탄소사회에서는 이는 탄소가격으로 감정된다. 어느 때는 세금의 형태로, 어느 때는 탄소거래시장에서의 거래가격으로 나타난다는 것이다.

여섯째, 세계 공헌에 대한 발상으로 개도국을 저탄소사회 구축을 통해 사전에 선도해 나간다는 것이 일본의 생각이다. 이를 위해 먼저 일본이 모델을 만드는 게 중요하다고 보고 있다. 기후변화 대응력 구축의 과학 협력을 추진해 기후변화에 대한 예측능력, 취약한 장소나 사회시스템의 개선, 기후변화에 대응하는 지역의 힘의 강화, 저탄소화 중국, 저탄소화 인도 등 각국 시나리오 만들기나 국제협력을 통한 상호이익의 추구 등 국제적인 협력이 장래에는 매우 효과적이라는 것이다.

'일본 저탄소사회의 시나리오'는 저탄소사회로의 이행 가능성에 국가가 자신을 갖고 기술경쟁, 도시재생, 국토보전, 새로운 생활양식 등 다가오는 세계에 살아남는 길이 보이며, 저탄소사회로의 전환에는 인프라투자, 산업전환에 시간이 걸리기에 일본 정부가 하루 빨리 그 방향을 산업계나 시민들에 보임으로써 21세기의 환경입국이 가능하도록 해야 할 것이라는 게 이들의 제안이다.

4.1.3. '서비지기준'과 '맥시민기준'

'서비지(Survage)기준' 또는 '기회손실최소화기준'이라고 하는 것이 있다. 서비지는 불확실성하의 의사결정이론 중에서 1950년대에 획기적인 업적을 낸 학자의 이름을 딴 것으로 '후회의 정도를 최소로 억제하려는 선택을 하는 것'이라는 의사결정법이다. 서비지기준에서 온난화와 관해 <표 1-7>과 같은 이득표를 가정하도록 한다. 이 때 중요한 것은 A와 B 어느 쪽이 어느 정도 일어나기 쉬운 지 '확률을 알 수 없다'는 점이다.

이때 서비지기준이라고 하는 것은 특정 행동을 선택했을 때 다른 행동을 선택하고 있다면 얻을 수 있는 이익과 실제의 이익과의 차(기회비용)로 최대의 것을 계산한다. 가령 '소비행동'을 선택한 경우는 사태 A가 일어나면 X라고 하는 커다란 손실을 낸다. 이 때 억제행동을 선택한 경우 손실은 Y로 끝났기에 기회손실은 (Y-X)가 되고 이것이 최대의 기회손실이다. 반대로 '억제행동'을 선택한 경우는 B가 일어났을 때 최대의 기회손실(Z-W)이 생긴다. 서비지기준에서는 이 (Y-X)와 (Z-W)를 비교해 작은 쪽의 행동을 선택하는 것이다.

이 관점에서 보면 일반적으로 (Z-W)쪽이 (Y-X) 쪽보다 작기 때문에 후회의 정도를 최소화하기 위해 '억제행동'을 선택하라고 하는 것이다. 그리고 그것은 (Z-W)쪽이 (Y-X)보다 작다고 하는 가정 아래에서는 이 선택은 서비지기준에 비춰 올바른 선택이다.

덧붙여 이러한 불확실성하에서의 의사결정의 유명한 기준으로서

'맥시민(Maximin)기준'이라는 것이 있다. 이 기준은 현실의 사람들의 의식결정에 빈번하게 관측되는 것이 알려져 있다. 이것은 '그 행동을 선택한 때에 얻을 수 있는 최소의 이익을 최대화한다' 또는 같은 것이지만 '받는 최대의 손해를 최소한 억누른다', 그러한 행동을 선택하는 기준이다. 이 기준을 채용해도 선택해야 할 행동은 '억제행동'이 된다는 것이다.

<표 1-7> 온난화와 소비행동의 이득

	A. 온난화가 환경에 피해를 준다	B. 피해를 주지 않는다
소비행동	커다란 손실 X	어느 정도 이익 Z
억제행동	작은 손실 Y	작은 이익 W

출처: 小島寛之, エコロジストのための経済学, 東洋経済新報社, 2006, p.183.

4.1.4. 사회적 공통자본이론

환경의 보전관리와 관련해 중요한 선행연구가 될 수 있는 이론의 하나가 '사회적 공통자본이론'이다. 신고전파의 사고방식을 가장 유효하게 이용할 수 있는 '환경의 완전 사유화'라고 하는 것은 너무 현실성이 없다는 것은 누구나 알 것이다. 특히 케인스경제학은 '관료전권'에 의해 거꾸로 환경을 악화시킨다는 것이다. 따라서 환경을 컨트롤하는 '환경의 소유'에 관한 경제시스템은 이것과는 달라야 한다는 점에서 문제에 대해 새로운 방법론을 제창해온 경제학자 우자와 히로부미(宇沢弘

文)의 '사회적 공통자본이론'을 좀 더 깊이 알아보는 것이 도움이 될듯 하다.

이 이론은 환경이라고 하는 것을 경제학 차원에서 귀찮은 존재로 보지않고 어떤 형태로든지 공동관리 운영돼야 할 생산요소, 제도 등으로 보는 것이다. 우자와는 이를 3가지 범주로 분류하고 있다(小島寬之, 2006).

우선은 자연자본이다. 이는 소위 자연환경의 총칭이며, 구체적으로 말하면 대기, 토양, 하천, 지하수, 호소, 해양, 산림 등이다. 다음은 사회자본으로 이것은 도로, 철도, 항만 등의 운수 통신시설, 전력, 상하수도 등의 공공시설, 경찰, 소방, 학교, 병원, 공원 등의 사회인프라를 말한다. 마지막은 제도자본이다. 우자와는 제도자본의 대표적인 것으로 사법제도, 시장제도, 금융제도, 관리통화제도 등을 들고 있다.

우자와는 이들 사회적 공통자본을 사유화가 용인되지 않고 또 시장에 있어 가격경쟁에 놔둬서는 안 되는 성격을 가진 경제요소로 보고 있다. 그리고 이들 사회적 공통자본을 적절히 관리 운영해 그것이 생산하는 가치를 시민에게 적절히 분배함으로써 보다 인간적으로 풍요로운 사회를 실현해야 한다고 주장하고 있다. 그는 이들 자본이 사유화되는 것을 거부하는 것만이 아니라 국가 소유로 하는 것도 인정하지 않는다. 이는 심각한 공해문제가 자본주의 나라만이 아니라 사회주의 나라에서도 일어났다는 사실, 그리고 일본에 있어서 공해문제가 자유경쟁이라는 시장제도가 아니라 오히려 관료제도에 기인한 사실을 염두에 둔 결론이라 할 수 있다. '환경의 소유'라고 하는 것은 그것이 개인의 것으로 하든 관료의 것으로 하든, 국가의 것으로 하든 환경문제를 낳게 돼있다는 것이다. 따라서 환경이라는 것이 어떤 의미에서도 소유되지 않고 오히려 '사유돼서는 안 된다'고 하는 그 성질을 기점으로 사회를 설계함으로써 안정된 경제사회를 구축하자고 생각하는 것이다.

실제 자연환경은 생산에 의해 오염되는 한편, 그것이 양호한 상태라면 시민에게 청량감이나 쾌적함을 주는 것이다. 또 교통기관은 소음이나 배기가스를 발생시키는 원흉이지만 다른 한편으로는 시민들의 생산이나 소비를 통한 교류에 없어서는 안 될 장치이다. 따라서 이러한 사회적 공통자본을 가능한 한 유효하게 지속적으로 컨트롤하는 것은 스스로 사회후생을 높이는 것으로 연결되는 것이다.

이 때 사회적 공통자본의 관리는 자연과학자와 사회과학자 상방의 학자와 시민으로 구성된 '전문가집단'에 맡겨야 한다는 것을 우자와는 주장하고 있다. 물론 전문가집단이라는 것이 환경에 대한 자의적 결정을 내리는 한 '환경의 소유'에 휘말리는 문제는 피할 수 없을 것이지만 학자를 배출하는 대학 아카데미즘을 정치, 관료나 경제계라고 하는 권력으로부터의 독립성을 중요한 전제로 부과하고 있다.

여기서 공공재라는 관점에서 사회적 공통자본이론을 한번 살펴보자. 전통적인 경제학이 환경을 특징짓는 대표적인 사고방식으로 '외부성' 이외에 또다른 하나 '공공재'라고 하는 것이 있다. 공공재라고 하는 것은 소비자가 그것을 분할해 소비할 수가 없고 시민 전체에게 일제히 공급되는 것을 말한다. 전형적으로 이해하기 쉬운 것이 소방서비스이다. 소방서비스가 지역에 존재하는 경우, 그 일부분만을 짤라 특정 시민이 그것을 소비할 수는 없고 또 그 지역에 거주하는 모든 시민은 이

서비스를 빠짐없이 평등하게 소비할 수 있다. 또 이 지역에 새로운 시민이 이주해 와도 이 시민이 더해짐으로써 지금까지 시민의 소방서비스의 소비가 훼손되는 것도 생산비용의 증가도 거의 없다. 이러한 성질을 가진 재화 서비스가 공공재이다. 가로등, 고속도로, 공원, 공공전파, 다양한 공공정보 등이 예가 된다. 통상의 재화는 누군가가 소비하면 그것을 다른 소비자가 동시에 소비할 수는 없다. 또 소비자가 새롭게 늘어나면 전원이 똑같이 소비하기 위한 비용는 커질 수밖에 없다. 그런 의미에서 공공재는 통상의 소비재와는 전혀 다른 성격을 갖고 있다. 자연환경을 포함한 사회적 공통자본도 완전하지는 않지만 공공재의 성격을 갖고 있다고 볼 수 있다. 개인 간에 분할 소유하는 것이 불가능하고 또 그것이 만들어 내는 효용은 시민 전원이 동시에 누릴 수가 있기 때문이다.

이러한 공공재가 경제에 존재할 경우 시장의 자유경쟁에서는 최적배분이 이뤄지지 않음을 알 수 있다. 이것은 외부 불경제가 존재할 때와 마찬가지로 '시장의 실패'를 낳는다. 통상 재화의 경우에는 소비자가 그것을 어느 정도 강하게 욕구하는가는 가격에 반영돼 노출된다. 따라서 가격을 붙여 자유경쟁을 함으로써 생산요소가 소비자에 최적의 효용을 주도록 효율적으로 이용되는 것이다. 그러나 공공재의 경우는 그렇지 않다. 공공재는 전원이 동시에 똑같이 그 소비에 맡기기 때문에 다른 사람의 요구로 그 양이 증가한다고 해도 자신도 소비의 효용을 높일 수가 있다. 따라서 자유경쟁에 맡기면 누군가가 생산비용을 지불하는데 의존해 이러한 경우엔 '무임승차' 하는 사람들이 나오게 마련이다. 이처럼 공공재는 시장에 있어 자유경쟁은 효율적인 배분을 실현하는 경제시스템이라고는 할 수 없다.

따라서 공공재의 생산에 관해서는 자유경쟁에 맡길 일이 아니라 누군가 중앙집권적 조직이 그 배분을 컨트롤하지 않으면 안 된다. 우자와는 이러한 공공재의 특성을 네거티브한 성질로 잡는 것이 아니라 새로운 경제시스템의 초석으로 삼아야 한다고 주장한다. 공공재야말로 생산요소가 누구에게도 사물화되지 않고 가능한 한 시민의 풍요롭고 인간다운 생활에 도움이 되도록 관리 운영가능한 제도, 그것을 모색하는 것이 자본주의나 사회주의에서도 없는 대안의 수립으로 연결된다고 생각하고 있는 것이다.

여기서 고지마 히로유키(2006)는 '한정합리성'의 개념을 도입한다. 통상의 재화에 관해서도 자유경쟁에 의해 반드시 최적성이나 효율성이 실현되지 않을 가능성이 있는데 이처럼 전통적인 경제학의 '전지전능한' 가정을 취하지 않고 지식이나 추측이나 기억 등에 현실적인 제한을 두는 방법론은 '한정합리성'이라고 부르는 '선택에 관한 한정합리성'을 도입하면 공공재의 또 다른 하나의 가능성을 그려낼 수 있다는 것이다. 그것은 만약 통상의 재화에 대해 소비자가 자신의 욕구의 파악이 불충분해 최적의 상태가 아닌 상태, 즉 뭔가를 과잉 소비하고 뭔가를 과소 소비하는 상태에 놓이게 된다. 이 때 경제상황의 변화, 가령 생산성의 변화를 통한 물가나 소득의 변화 등으로 소비자들은 재화의 소비량을 변경할 것이다. 그러나 그 변화는 소비자에게 '자기들의 소비가 최적이 아닌 사실'을 알게 되는 데 충분한 경험을 갖지 않을 가능성이 있는 것이다.

학교교육은 이러한 공공재의 대표적인 예라 할 수 있다. 대부분의 아이들은 학교교육에 의해 가정에서 익힌 대부분의 편견을 시정할 수가 있다. 또 부모조차도 아이들이 학교에서 공동생활을 하는 것을 통해 보통은 교유관계가 없는 종류의 사람도 접촉하게 되고 운이 좋으면 자신들이 생각이나 잘못에서 탈출할 수가 있기 때문이다. 인간은 전지전능하지 않다. 따라서 자신의 빈약한 경험 때문에 잘못된 지식이나 인식, 감각을 갖고 있는 경우도 종종 있다. 또 그러한 착오는 사적 재화의 시장 거래에서는 시정되지 않고 지독한 경우 사회를 교착화시키는 경우도 있을 것이다. 이러할 때 '공공재=사회적 공통자본'이 이들 착오를 개선해 사회를 보다 쾌적한 방향으로 이끌 가능성이 높다고 본다. 사회적 공통자본이론은 이러한 가능성을 내포한 이론이라 할 수 있다.

4.2. 저탄소경제학의 개념과 과제

4.2.1. 저탄소경제학의 개념

환경문제와 관련된 경제학을 일반적으로는 환경경제학이라고 한다. 그러나 환경경제학도 녹색경제학, 생태경제학, 지속가능발전경제학 등 다양한 용어와 경우에 따라서는 같은 뜻으로 또는 다른 의미를 지닌다. 환경문제와 관련된 경제학은 환경경제학(Environmental Economics), 생태경제학(Ecological Economics), 엔트로피경제학(Entropy Economics), 생물경제학(Bioeconomics), 생물다양성경제학(Biodiversity Economics) 등이 있다. 그런데 부르는 방법은 다양하지만 출발점은 모두 '종래의 경제학'으로 목적이 '환경문제의 해결'이나 '지속가능한 사회의 실현'이기에 기본선은 똑같은 학문이다. 이를 통칭해서 환경경제학이라고 부르고 있다. 여기서 환경경제학이란 환경문제에 관련된 경제학 전반을 가리킨다.

환경경제학과 생태경제학은 경우에 따라 엄밀하게 구별할 때도 있다. 그것은 첫째, 경제계와 생태계의 관계의 차이, 둘째, 외부성의 내부화 여부, 셋째, 데이터분석의 관점의 차이에 따라 달라진다. 첫째, 경제계와 생태계의 관계의 차이를 살펴보면 경제계(인간사회)와 생태계(자연환경)의 내포관계의 차이에서 비롯되는 것이다. 협의의 환경경제학은 경제계 속에 생태계가 있다고 생각한다. 반면에 생태경제학은 생태계 속에 경제계가 있다고 생각한다. 경제계 속에 자연계가 성립하기 위해서는 '외부성은 내부화될 수 있다'고 생각하기 때문이다. 한편 '생태계 속의 경제계'라고 하는 생각은 '사람은 생물의 일종으로 이 지구상에 살고 있다'고 하는 자연적인 발상에서 나온 것이다. 외부성의 내부화는 '문제해결을 위한 수단의 하나'로 생각하는 것이 좋을 것이다. 둘째, 외부성의 내부화 여부이다. 외부성의 내부화는 환경문제를 다루는 경제학 책이라면 반드시 나오지만 자리매김하는 방법에 차이가 있다. 협의의 환경경제학은 외부성의 내부화는 경제학적으로 환경문제를 해결하기 위한 유일한 수단으로 본다. 반면에 생태경제학에서 환경문제는 외부성의 내부화만으로 해결할 성질이 아니라는 것이다. 셋째, 데이터분석에 대한 관점의 차이이다. 이는 경제성의 데이터해석을 할 때 미시와 거시의 차이이다. 이 세 번째 특성의 차이는 첫 번째, 두 번째의 차이만큼 명확하지는 않다. 협의의 환경경제학은 미시적이고, 생태경제학은 거시적이라고 할 수 있다.

엔트로피경제학과 생물경제학은 소수의 선구자가 있어 그들이 만든 이론이 중심이 돼 있다. 그 이론은 생태경제학의 토대가 되고 있는데 엔트로피경제학과 생물경제학은 생태경제학에 포함되고 있다고 볼 수 있다. 엔트로피경제학은 엔트로피의 흐름이나 엔트로피의 활용방안이 이론의 중심이 돼 있는데 입력이나 출력의 엔트로피가 다르기 때문에 '인간활동이나 자연활동은 불가역, 즉 처음으로 돌아가지 않는다'는 것이다. 이 엔트로피의 성질을 생각하면 '고립계가 아니라 개방계의 사회시스템이 되지 않으면 안 된다'라고 하는 결론이 나온다.

생물경제학(바이오경제학)은 에콜로지경제학의 선구적인 논의가 다양해지고 있음을 보여주고 있다. 특징으로서는 생태계와 경제계를 융합한 시스템을 검토하는 것으로 볼 수 있다. 생물다양성경제학은 생물다양성의 문제의식에 집중하고 있다. 생물다양성경제학은 협의의 환경경제학의 일부로도 생각할 수 있을 것이다.

끝으로 녹색경제학이란 생태계의 구성요소라고 경제가 생각되는 경제학의 어떤 이론으로 매우 느슨하게 정의되고 있다. 주류 경제학에서 벗어나 녹색경제로 전환을 도모하는 녹색경제학은 페미니즘, 포스터모더니즘, 생태학운동, 평화운동, 그린정치, 녹색무정부주의와 반세계화운동의 지지자가 이 용어를 사용했다.

이러한 면에서 저탄소경제학이란 넓은 의미로 환경경제학의 한 분야로 기후변화로 인한 지구온난화문제의 핵심인 저탄소사회 만들기를 위해 필요한 자원배분과 환경적 가치를 존중하고 이를 바탕으로 대안을 찾는 경제학의 새로운 분야라고 할 수 있겠다.

4.2.2. 저탄소경제학의 과제

저탄소경제학은 저탄소사회를 만들기 위한 대안을 모색하는 환경경제학의 한 분야라고 할 수 있다. 우에다 가즈히로(植田和弘)는 '환경경제학(1996)'에서 현대의 환경문제는 공해, 자연보호, 경관 등 영역이 다양화하고 있을 뿐만 아니라 공간적으로도 국소적 스케일에서 지구적 규모까지 중층적이 돼 있으며, 구체적인 형태는 환경오염, 어메니티 파괴, 자연파괴의 3가지 범주로 나뉘어진다는 것이다. 경제학 입장에서 보면 환경문제는 아래와 같은 특징이 있다고 했다. 첫째, 환경은 공공재로 공동 소비의 성격이 있고, 비배제성이 있다는 것이다. 둘째, 환경은 토지고착성이 있고, 지역 고유재(local-specific goods)로서의 성격을 갖고 있다는 것이다. 셋째, 환경은 일단 파괴되면 복원이 되지 않는다고 하는 불가역적인 성격을 갖고 있다는 것이다. 그는 또 지속가능한 발전을 가능하게 하기 위해서는 아래 3가지 과제를 제기했다. 첫째, 사회적 형평, 특히 남북간 격차의 해소, 둘째, 환경 및 자원에 대한 배려, 셋째, 경제학적 효율을 넘은 사회적 효율의 추구가 그것이다. 결국 자원·에너지 다소비·환경파괴형의 경제성장 패턴을 전환해, 자연적 조건을 바탕으로 인간의 생존과 인간사회의 풍요로움을 지속가능한 것으로 만들 대체적인 경제발전 패턴을 실현해가는 것이다. 또한 환경파괴의 원인으로 아래 3가지를 들었는데 첫째, 환경이 무료로 무한히 이용가능한 재화인 자유재로 인식되고 있다는 것이다. 둘째, 환경의 피해자가 사회적 약자나 미래세대라는 것이다. 셋째, 환경에 대해 과학적 지혜가 부족하다는 것이다. 결국 환경파괴를 외부성으로 인식하면 환경문제란 시장의 실패의 문제이다. 외부불경제가 있을 때 사회적 한계비용은 사적 한계비용을 상회하기 때문에 후생수준이 저하된다는 것이다.

구리야마 고이치(栗山浩一)도 '환경경제학(2008)'에서 환경문제의 원인을 명확하게 해 대책을 검토하기 위해서는 경제학적 접근방식이 중요하다고 강조했다. 첫째, 환경은 공짜로 지켜지지 않는다는 것이다. 환경문제의 대부분은 경제와 밀접한 관계가 있다. 지구온난화대책이 잘 추진되지 않는 배경에는 온난화대책에 비싼 비용이 필요하기 때문이다. 환경문제에 대한 사회의 관심이 높고 대부분의 사람들이 환경대책의 필요성을 느끼고 있지만 환경은 그냥 지켜지지 않는다. 가령 아무리 우수한 온난화대책 기술이 개발됐다고 해도 그 비용이 너무 높으면 보급될 수가 없다. 환경대책을 실현하기 위해서는 보다 낮은 비용으로 환경대책을 실시할 방법을 검토하는 것이 중요하다는 것이다. 둘째, 환경에는 가격이 없다는 사실이다. 환경을 지켜도 기업이나 소비자는 직접적인 이익을 얻을 수가 없다는 것이다. 가령 기업이 온난화대책을 위해 CO_2를 흡수하는 산림을 식재하는 사업에 투자했다고 하자. 이렇게 온난화방지대책에 공헌했다고 해도 이 기업의 이익으로 직접 연결되지는 않는다. 왜냐하면 환경에는 가격이 존재하지 않기에 따라서 환경은 거의 공짜 비슷하게 취급되고 있는 것이다. 이 때문에 환경을 지켜도 이익이 되지 않는다. 반대로 기업은 스스로의 이익을 추구해 생산을 확대해 환경을 오염시키면 시킬수록 기업의 이익이 증가하는 역설이 발생한다. 이처럼 환경을 지키는 데는 비용이 필요하고 반대로 환경을 지켜도 이익으로 연결되지 않기에 환경문제가 심각해지고 있다. 결국 환경문제의 배경에는 우리들의 왜곡된 경제시스템이 있는 것이다.

에반 굿스타인(Eban S. Goodstein)은 '경제학과 환경(2005)'에서 지구온난화과 관련한 4가지 경제적 질문으로 ①어느 정도 오염이 돼야 지나친 것인가 ②정부가 제대로 일을 잘 하고 있는가 ③어떻게 하면 더 잘할 수 있을까 ④과연 글로벌한 문제를 해결할 수 있을까 하는 것을 들고 있다. 이는 바로 저탄소경제학에서 관심을 가져야 할 주요 분야이기도 하다.

첫째, 어느 정도 오염이 돼야 지나친 것인가 하는 물음은 오염이 주는 혜택과 오염방지에 드는 비용간의 비교를 하는 문제이다. 이는 가치관에 따라 차이가 나고 비용 측정이 어렵겠지만 오염 비용이 얼마인가를 결정하는데 가장 중요한 것은 바로 비용편익분석이라는 것이다. 이는 오염감축에 대한 효율성기준(efficiency standard), 비용부담과 관련한 공평성, 안전기준(safety standard), 생태적 지속가능성(ecological sustainability), 세대간 윤리 등의 문제를 다뤄야 한다는 것이다. 둘째, 정부가 제대로 일을 잘 하는가 하는 문제는 오염 통제를 위한 경제계획의 개발 및 실천과정에서 막대한 비용 확보와 관료주의적 의사결정의 과오를 어떻게 막을 것인가 하는 것으로 귀결된다는 것이다. 이와 관련해 불완전한 정보와 정치에 영향력을 미치는 행위에 대한 이해가 필요하다는 것이다. 셋째, 어떻게 하면 더 잘할 수 있을까 하는 문제는 정부가 규제, 과세, 기술적 보조금, 연구 인센티브, 인프라 투자, 제품 라벨링, 벌과금 등 다양한 방법을 통해 어떻게 성공적으로 기업과 소비자로 하여금 오염 감축 목표달성을 이끌어낼 수 있는가 하는 방법에 관한 것이다. 넷째, 과연 글로벌한 문제를 해결할 수 있을까 하는 문제는 국경을 넘는 지구온난화 문제 해결에 있어 무임승차를 어떻게 극복하느냐는 문제이기도 하다. 온실가스 감축은 다른 나라가 동참하지 않으면 참여하는 나라만 피해를 볼 것이라는 불신과 우려가 깔려 있다. 인구성장률과 1인당 자원사용량이 어느 정도 수준이어야 환경문제가 관리될 수 있을까에 대해 답을 찾는 노력이 필요하다는 것이다.

이렇게 보면 환경경제학은 경제학의 관점에서 환경문제를 분석하는 학문이다. 환경경제학에는 왜 환경문제가 발생하는가, 환경문제를 해결하기 위해서는 무엇이 필요한가, 환경보전과 경제발전을 양립하기 위한 방법은 무엇인가라는 3가지의 목적이 있다는 것이다.

이러한 면에서 종합적으로 저탄소경제학은 첫째, 환경문제 가운데 기후변화, 특히 지구온난화문제가 발생하는 메커니즘을 해명하고, 온난화문제의 발생 원인을 명백하게 추구해야 한다. 온난화문제를 대상으로 소위 '시장의 실패'라는 현상이 어떻게 발생하는가를 탐구하고 지구온난화문제의 메커니즘을 해명하는 것이 과제라고 할 수가 있다. 기후변화, 지구온난화의 개념 및 영향, 지속가능한 발전의 이론적 고찰, 가치론, 시장메커니즘에 대한 이해, 미래세대에 대한 윤리, 경제성장과 행복론 등 기존 주류경제학에 대한 비판적 이론 고찰이 포함된다.

둘째, 저탄소경제학은 지구온난화문제를 해결하기 위한 경제학적 방법을 명확히 탐구하는 것을 목적으로 하고 있다. 지금까지의 공해대책 등은 주로 오염량을 직접규제하는 방법으로 대책이 행해졌지만 근래 온난화문제나 쓰레기문제에서는 종래 방법으로는 한계가 있다. 여기서 환경세 탄소세 배출권거래제 부과금 보조금 인센티브 등의 다양한 경제적 수단의 효율성을 주로 다룰 필요가 있다. 이러한 경제적 수단을 토대로 한 저탄소 환경정책의 제시를 포함한다.

셋째, 저탄소경제학은 환경보전과 경제발전이 양립하는 지속가능한 사회, 또는 저탄소사회를 실현하기 위한 방법을 명확하게 하는 것을 목적으로 한다. 지금까지 환경과 경제는 대립하는 것으로 보아온 시각을 넘어 지속가능성을 바탕으로 한 저탄소사회 만들기의 다양한 실천대안을 모색하는 것이 또 하나의 과제라고 할 수 있다.

제2부 지속가능성과 경제학

1. 경제성장 찬반론

1.1. 경제성장론

1.1.1. 성장옹호론

경제성장이란 시간이 지남에 따라 총체적인 경제활동의 규모가 커지는 것을 말한다. 경제활동의 규모를 측정하는 일반적인 지표로는 GNP(Gross National Product: 국민총생산), 특히 실질GNP를 들 수 있다. 따라서 실질GNP 증가율을 경제성장률과 동의어로 사용하는 경우가 많다.

경제성장론은 총체적인 생산량의 증대에 분석의 초점을 맞추고 있다. 이에 반해 경제발전론은 경제적·사회적·문화적·정치적 측면에서 발전의 원인을 분석하려는 것이다. 경제성장론은 선진국의 경제적 성장을 다루는데 반해, 경제발전론은 개발도상국의 경제적 성장을 주로 다룬다. 경제성장은 양적 성장에만 치중하고 산업구조의 개선이나 기타 질적 개선을 상대적으로 중요시하지 않는다. 그러나 경제발전론은 개발도상국의 전근대적인 산업구조가 개선되는 조건이 무엇인가에 대해 큰 비중을 둔다. 경제성장이란 생산능력의 향상에 의해 실질GNP가 장기적으로 증대해 가는 현상을 말한다. 총생산량은 노동·토지·자본·경영조직 등의 생산요소의 투입량과 기술진보에 의해 증대될 수 있다. 그러므로 노동·자본·토지·경영조직·기술진보 등을 경제성장의 공급측 요인이라고 할 수 있다(권오철, 1993).

국민경제가 1년 동안 생산한 재화와 서비스의 총 시장가치를 보통 국민총생산 혹은 GNP라고 한다. 이 GNP의 증가율을 경제성장률이라고 한다. 일반적으로 경제성장과 환경보전 사이에는 상충(trade-off) 관계가 있는 것이 보인다. 그러나 환경보전이란 어떤 구체적인 단일지표로 표현될 수 없기 때문에 그 성과를 잴 수 있는 가측적인 목표는 아니다. 경제성장의 문제에 대해서는 두 가지 상반된 견해가 있다. 그 하나는 지속적 경제성장은 꼭 필요하다는 소위 성장옹호론이고, 다른 하나는 이제는 경제성장의 득보다는 실이 크다고 생각하는 소위 반(反)성장론이다. 반성장론은 크게 성장불가론과 성장불능론의 두가지로 나눠볼 수 있다(이정전, 2004).

이정전(2004)은 성장옹호론은 크게 ①경제성장은 가능하다 ②경제성장은 필요하다 ③경제성장과 환경오염은 차원이 다른 문제다 ④자원이용의 효율이 급선무라는 점을 강조하고 있다고 한다.

첫째 경제성장은 가능하다는 것은 예를 들면 과거에는 인구증가가 여러 가지 문제들을 초래하였지만, 그 결과 인구증가를 억제하는 힘이 작용하여 이제는 많은 선진국들이 오히려 인구감소를 걱정해야 할 판이라는 것이다. 자원고갈이 문제화되자 자연자원의 가격이 뛰기 시작했고 한편으로는 자연자원에 대한 수요의 증가율이 크게 줄어들었으며, 또 다른 한편으로는 자연자원을 절약하는 기술진보와 폐자원을 재활용하는 기술진보가 눈부시게 진전된 바 있다는 것이다. 즉 경제성장옹호론은 경제성장에 어려움이 있을 때 이를 제도적으로 개선해 갈 수 있다고 믿는 것이다.

둘째, 경제성장은 필요하다는 것이다. 환경개선에는 막대한 자금이 소요되는데, 그러한 자금은 경제성장을 통하지 않고는 조달할 도리가 없다는 것이다. 또한 사회가 안정되기 위해서도 경제성장은 꼭 필요하다는 입장이다. 경제성장이 인위적으로 정지되는 순간 언젠가는 잘 살게 되리라는 희망이 사라져 빼어오려는 가난한 사람들과 뺏기기 않으려는 부자들 사이의 투쟁은 곧장 사회의 붕괴로 이어질 것이라는 것이다. 안정된 사회분위기에 빈부 격차를 줄이기 위해서라도 경제성장이 꼭 필요하다는 것이 성장옹호론자들의 논리이다.

셋째, 경제성장과 환경오염은 차원이 다른 문제라는 것이다. 경제성장과 환경보전은 얼마든지 양립가능하다는 것이다. 경제성장의 정도를 좌우하는 직접적 요인과 환경오염의 문제를 일으키는 직접적 요인이 서로 다르다는 점을 강조한다. 예컨대 경제성장은 제대로 이루지도 못하면서 환경만 잔뜩 오염시킬 수도 있는 반면에 높은 경제성장을 이루면서도 환경을 깨끗하게 보전할 수도 있다는 것이다. 경제성장의 높고 낮음을 결정하는 주요인은 투자의 많고 적음이며 투자란 미래의 보다 많은 소비를 위한 현재 소비의 희생을 의미하는 것으로 투자를 많이 하면 경제성장률은 높아지고 투자를 적게 하면 경제성장률은 낮아지게 돼 있다는 것이다. 따라서 경제성장이란 우리에게 주어진 한정된 자연을 현재와 미래에 어떻게 배분하느냐에 직결된 문제라는 것이다. 한편 환경오염의 문제는 어떤 주어진 시점에서 경제에 주어진 자원들의 효율적 이용을 어떻게 하느냐와 관련된 문제라는 것이다. 요컨대 환경오염의 문제는 보통상품에 비해 환경파괴적 상품을 얼마나 많이 소비하는가 그리고 상품의 생산과정에서 환경파괴적인 방법을 얼마나 많이 사용하느냐에 직결된 문제로 생산기술과 산업구조 그리고 소비구조와 직결된 문제임을 강조하고 있다.

넷째, 자원이용의 효율이 급선무라는 것이다. 예컨대 법제도상의 미비점이나 또는 행정집행상의 요인 등으로 인해 우리에게 주어진 자원들이 효율적으로 이용되고 있지 못한 상태라고 하면 그러한 요인을 적절히 제거하여 자원들의 효율적 이용의 길을 틈으로써 보다 더 높은 경제성장률도 달성하고 동시에 환경도 개선하는 일석이조의 효과를 기대할 수 있다는 것이다.

결국 성장옹호론의 요지는 경제성장과 환경오염 사이에는 대립관계가 있는 것이 아니라는 점을 강조한다. 이론적으로는 이 둘 사이에는 직접적인 관계는 없다는 것이다. 경제성장은 미래를 위해서 현재를 얼마나 희생하느냐에 직결된 문제이고 환경오염문제는 현재에 있어서 주어진 자원을 효율적으로 이용하지 못함으로 인해 발생하는 문제이다. 따라서 환경을 심하게 오염시키지 않으면서도 얼마든지 높은 경제성장률을 달성할 수 있다는 것이다.

이러한 경제성장론 가운데는 '영(0)의 경제성장론'과 '영(0)의 인구성장론'을 주장하는 경우도 있다. 역사적으로 볼 때 고전파[15]에 속하는

15) 권오철은 '고전학파' '신고전학파'로 표기하고 있으나 여기서는 '고전파' '신고전파'로 통일하기로 한다.

밀이나 최근의 갤브레이스(J.K.Galbrith)은 경제성장정책으로 말미암아 환경파괴와 생태계의 파괴가 초래되는데 환경파괴와 생태계 파괴의 비용은 경제성장으로부터 얻는 이익보다 훨씬 크다는 것이다. 그러므로 최소한의 경제성장 또는 영(0)의 경제성장정책을 채택하는 것이 우리 인류를 위해 필요하다는 주장이다. 로빈슨(J.Robinson)은 인구성장률과 비슷한 경제성장률을 적정성장률로 유지하면 이상적인 황금시대가 온다고 하며 '황금시대적 성장률'을 중시하고 있다(권오철, 1993).

한편 경제성장을 통해 환경오염을 극복할 수 있다는 입장이 환경쿠즈네츠가설로 나타난다. 환경쿠즈네츠가설이란 경제성장과 환경오염과의 사이에 역 U자형의 관계(이 관계를 나타낸 곡선을 환경쿠즈네츠곡선이라 함)가 존재한다고 하는 가설이다. 경제성장 초기 단계에서는 오염이 증대하지만 1인당 GDP(국내총생산)가 어느 수준을 넘으면 그 경향이 바뀌어 환경 개선이 일어난다는 것이다. 소득이 일정 수준에서 전환점을 넘어서면 환경지표가 개선되는 관계를 나타내는 이 가설은 지속가능한 개발의 가능성을 시사하고 있다.

일반적으로는 지역적인 오염인 산성비의 원인이 되는 이산화황(SO_2) 등은 현 세대에 심각한 건강피해를 낳는 요인으로 오염이 인식되기에 쉽게 대책을 취할 수 있어 환경쿠즈네츠가설이 성립된다는 것이다. 실제 세계 전체 이산화황의 상황을 보면 지역적으로 영향을 미치는 오염물질의 경우에는 상대적으로 GDP가 낮아도 환경오염을 억제하는 효과가 발휘된다는 것이다. 이러한 가설이 성립하는 이유는 우선 경제성장 초기단계에서는 사람들은 물질적 풍요에 보다 큰 가치를 보이는데 만약 오염 증가로 인해 소비가 증가한다면 사람들은 그것을 받아들이게 된다는 것이다. 그러나 사람들은 장기적으로는 물질적 풍요를 희생해도 환경개선을 바라게 된다는 것이다. 만일 전 산업부문에서 생산에 오염이 따른다면 환경규제 강화로 인해 경제성장은 멈추게 되지만 실제는 청정한 산업부문이 탄생하고 그것이 경제성장의 주요한 부문이 된다면 그 경제는 지속적인 경제발전과 환경개선의 양쪽을 실현할 수 있다는 것이다.

환경쿠즈네츠가설이 성립한다면 경제발전에 따라 개도국의 오염물질 배출량이 감소할 가능성이 있는데 이러한 경우 개도국의 오염물질의 배출 감축을 촉진하기 위해 그 경제발전을 억제하지 않도록 선진국으로부터 경제협력을 실시하는 것이 환경부하의 감축의 유효성을 높인다는 의미에서 중요한 의미를 가진다는 것이다. 이 때문에 이 가설을 바탕으로 개도국의 경제성장이 환경부하를 저감시키는 효과를 갖는지 여부를 확인하는 것도 중요하다고 한다.

1.1.2. 경제성장이론

경제성장이란 어떤 형태로 나타나는 것일까. 영국의 경제학자 칼도(K.Kaldor)는 20세기 초기 약 70년간의 선진자본주의경제의 장기과정을 분석해 다음과 같은 몇 가지의 공통점을 발견해 이를 경제성장의 '정형화된 사실'이라고 불렀다(권오철, 1993).

첫째, 노동자 1인당 자본사용량은 계속 증가해 왔다. 즉, 인구증가율에 비해서 자본사용량의 증가율이 더 크기 때문에 자본의 심화현상이 나타나고 있다. 둘째, 자본-생산량의 비율이 대체로 일정하며, 따라서 자본량의 증가율과 생산량의 증가율은 대체로 같다. 셋째, 노동과 자본의 상대적 분배율도 대체로 일정하다. 노동과 자본의 상대적 분배율이란 노동소득을 자본소득으로 나눈 것을 말한다. 넷째, 이윤율은 장기적으로 일정할 뿐만 아니라 시장이자율보다 높게 유지돼 왔다. 그러므로 마르크스(K.Marx)가 말하는 이윤율저하현상은 나타나지 않을 것이다. 즉, 마르크스의 이론은 타당하지 않다. 다섯째, 잠재적 GNP의 성장률과 노동의 성장률은 장기적으로 일정하다. 그러나 잠재적 GNP의 성장률이 노동인구의 성장률보다 크다. 예컨대 잠재적 GNP의 성장률이 4%로 일정하고, 노동인구의 성장률이 3%로 일정하다면 잠재적 GNP의 성장률과 노동인구의 성장률은 일정하지만 잠재적 GNP의 성장률이 더 크다. 그래서 노동자들의 실질임금수준이 계속 상승해 노동자들의 생활수준은 개선돼 왔다. 여섯째, 국민소득에 대한 저축률은 장기적으로 거의 일정하다는 것이다.

권오철(1993)은 이상과 같이 칼도가 발견한 자본주의경제 성장과정의 정형화된 사실을 설명하는 것이 경제성장이론의 과제로 삼고 있다며 여러 가지 성장이론을 소개하고 있다.

먼저 고전파의 성장이론은 스미스·리카도·밀 등과 같은 고전파 경제학자들이 경제가 진보상태(progressive)로부터 정상상태(定常狀態: stationary state)로 이동해 가는 장기성장과정을 연구한 것이다. 고전파는 경제성장의 공급 측면, 즉 생산능력의 증대만을 중요시했는데 고전파의 성장이론은 자본축적을 경제성장의 기본적 원동력으로 간주했으며, 자본축적과 인구증가가 서로 영향을 미치면서 인류의 경제사가 끊임없이 전개되고 있는 과정을 기본주제로 삼았다는 것이다.

근대적 경제성장이론은 케인스의 저축·투자 및 소득결정이론에 시간의 개념을 도입시킴으로써 장기동태적인 성장이론으로 발전시킨 해로드(R.F.Harrod)와 도마(E.D.Dormar)의 이론에서부터 시작됐다. 해로드-도마이론은 불안정성장이론인데, 여기에 대한 비판으로서 고전파의 안정적 균형성장이론이 대두됐다. 케인스학파의 해로드-도마모형에서는 자본계수·저축률이 일정하다고 가정돼 있는 데 반해, 신고전파의 안정적 균형성장이론에서는 자본계수가 변화하는 것으로 돼 있다. 솔로(R.M.Solow)에 의해 대표되는 신고전파 성장이론에서는 생산요소간의 대체가 가능한 생산함수를 통해 안정적인 장기균형성장이 달성될 수 있음을 보여주고 있다(권오철, 1993).

한스 푸트노키·보도 힐거즈(2009)는 1987년 노벨 경제학상을 받은 솔로가 성장이론 발전에 큰 역할을 한 것으로 평가받았는데 솔로의 경우 순환성장 모형같은 다면적 지속성장을 연구하기에 좋은 접근방식이라고 밝혀졌다. 그는 솔로가 '경제성장은 어떤 나라의 잠재적 국내총생산의 증가 또는 생산능력의 증가'라며 어떤 나라의 생산 가능성이 높아지면 경제성장이 이루어졌다고 볼 수 있다는 것이라고 한데 동의하며 특히 '기술진보는 자본 속에서 구현될 수 있고, 제한을 받지 않는다'고 한만큼 솔로의 경우 교육과 기술진보가 경제성장의 핵심요소라는 것은 확실히 했다는 것이다.

이처럼 솔로의 성장이론에서는 안정적인 장기균형성장이 가능함으로 증명하고 있지만, 경제적 후생의 극대화를 위한 조건, 즉 최적성장조건을 찾아내지는 못했다고 평가받고 있다. 그 뒤 펠프스(E.S. Phelps)는 자본-노동비율이 증가함에 따라 1인당 소비수준이 어떻게 변화하는가를 분석함으로써 최적성장조건을 찾아냈다.

한편 토빈(J.Tobin)과 패틴킨(D.Patinkin) 등은 경제성장이론에 화폐부문을 도입하는 새로운 '화폐적 성장이론'을 제시했다. 토빈-패틴킨의 화폐적 성장이론은 화폐를 자산으로 취급함으로써 신고전파의 성장모형을 확대분석해 경제가 균형상태에 있다는 가정을 도입함으로써 성장이론을 전개하고 있다.[16] 그러나 케인스-빅셀의 성장모형은 경제가 불균형상태에 있을 수 있다는 가정을 도입하고 있다.

칼도는 소득분배율이 저축률을 변동시킬 수 있다고 가정해 균형성장의 가능성을 주장했다. 자산소득자의 변화는 노동소득자의 저축률보다 높다고 가정함으로써 소득분배율의 변화는 전체 저축률의 변화를 초래할 수 있다고 했다. 저축률이 신축적으로 변함으로써 황금시대적 균형성장경로로 접근한다는 것이다. 따라서 칼도의 성장론은 안정적인 균형성장의 가능성을 제시하고 있다(권오철, 1993).

1.2. 반성장론

1.2.1. 성장불가론

성장불가론은 더 이상의 경제성장은 사회적 이익보다는 사회적 손실을 더 많이 초래하므로 경제성장에 더 이상 집착하지 말아야 한다는 주장을 핵심으로 하고 있다. 영국의 저명한 경제학자 케인스는 우리

16) 그렇다고 토빈과 패틴킨을 신고전파 경제학자로 분류해서는 안 된다. 토빈과 패틴킨은 신고전파적인 가정을 도입해 화폐적 성장이론을 전개하였을 뿐이라는 것이다(권오철, 1993).

인간의 필요(needs)를 절대적 필요와 상대적 필요의 두 가지로 나눠보았다(J.M.Keynes, 1963; 이정전, 2004). 절대적 필요란 주위의 다른 사람이 어떤 상태에 있는가에 관계없이 느끼는 필요를 말한다. 대개 생계유지에 필수적인 것들이 절대적 필요에 해당한다. 상대적 필요란 충족되는 순간 주위 사람들보다 낫다는 기쁨 또는 다르다는 기쁨을 느끼고 싶어하는 욕구에서 나온 필요를 말하는데 사치품들이 상대적 필요의 대표적인 것들이라고 할 수 있다.

흔히 인간의 욕망은 무한하다고 말하지만 인간의 모든 욕망이 무한한 것은 아니라는 것이다. 케인스에 의하면 절대적 필요를 충족시키려는 욕망은 유한하다. 인간의 욕망이 무한하다고 했을 때의 욕망이란 상대적 필요를 충족시키려는 욕망이라는 것이다. 둘째, 이러한 인간의 욕망이 자본주의 사회에서는 고도의 상술에 의해 인위적으로 조장되고 부풀려진다는 점이다. 특히 상대적 필요를 충족시키려는 욕망이 그런 조작의 대상이 된다는 것이다. 광고 등 전시효과적 소비가 우리의 욕망을 부추긴다. 인위적으로 조장된 많은 욕망들은 향락성 욕망이요, 퇴폐성 욕망들이며 우리의 경제성장은 그런 욕망을 충족시켜 주기 위해서 해마다 막대한 자원을 소모하게 된다는 것이다.

결국 인간이 추구하는 것은 개인의 행복이라고 한다. 인간의 행복은 다음과 같은 행복방정식이 보이듯이 소비에 비례하고 욕망에 반비례한다고 한다(송병락, 1992).

행복=소비/욕망

이 방정식이 나타내듯이 GNP가 증가해 소비가 증가한다고 하더라도 고도의 기술적인 욕망조작에 의해 욕망이 한없이 부푼다면 결과적으로 경제성장은 인간의 행복을 별로 증진시키지 못할 뿐만 아니라 오히려 인간을 더 불행하게 만들 수도 있다는 것이다.

이와 같이 더 이상의 경제성장은 인간의 행복을 증진시키지도 못하면서 각종 환경오염을 초래할 뿐만 아니라 인류의 생존의 기반이 되는 각종 자연자원들을 급속도로 고갈시키며 또한 각종 사회악을 초래한다는 것이다. 또한 어느 나라나 경제성장은 필연적으로 빈부격차를 가져오기 마련이고 생산방법이 극도로 기계화되고 분업화되면서 인간소외를 낳는다는 것이다. 경제성장은 또한 필연적으로 도시화를 촉진하는 데 이와 같은 빈부격차, 인간소외 그리고 도시화는 범죄, 마약, 알콜중독, 교통지옥, 정신병 등 각종 사회악의 온상이며 사회불안의 원인이 되면서 사회붕괴로 이어질 수 있다는 것이다. 그래서 성장불가론은 이와 같은 경제성장의 사회적 득과 실을 따져 보면 우리는 더 이상의 경제성장을 굳이 고집할 필요가 없다는 주장이다.

요약하면 성장불가론은 경제성장의 사회적 득과 실을 따져보면 우리는 더 이상의 경제성장을 굳이 고집할 필요가 없다. 결국 우리에게 중요한 것은 행복이다. 그 동안 지속적인 경제성장은 우리에게 엄청난 물질적 풍요를 가져다 준 것이 사실이다. 이제 분배만 잘 하면 우리 인류는 빈곤에서 완전히 벗어날 수 있게 됐다. 그럼에도 불구하고 한쪽에서는 잘 사는 사람의 하찮은 욕구충족에 막대한 자원을 물 쓰듯 하는 반면 다른 한쪽에서는 수많은 사람들이 기아에 허덕이고 있는 게 현실이다. 이제 더 이상의 빠른 경제성장은 물질적 풍요를 통한 행복

증진보다는 환경오염, 자원고갈, 사회갈등, 인간소외, 범죄 등으로 인한 불행의 측면을 더 크게 한다. 자본주의는 우리의 욕망을 끝없이 부추김으로써 우리로 하여금 끊임없이 부족감에 시달리게 하고 고달프게 한다. 이제 경제성장보다는 분배의 정의, 환경개선 등 다른 더 중요한 가치를 추구해야 한다는 것이 성장불가론의 기본적인 생각이다.

1.2.2. 성장불능론

이에 비해 성장불능론은 반성장론이라는 면에서는 성장불가론과 같지만 성장을 보는 시각이 다르다. 성장불능론은 경제성장의 좋고 나쁨을 떠나 도대체 이 유한한 지구에서 끊임없는 경제성장이란 그 자체가 물리적으로 불가능하다는데서 출발한다.

고전파 경제학을 확립한 리카도의 장기정체이론, 맬서스의 인구론, 1972년 로마클럽보고서인 '성장의 한계' 등이 이런 주장을 내용으로 한다는 것이다. 200년전 경제학이란 학문의 이론적 기초를 닦은 리카도와 맬서스의 이론은 경제학에 '음울한 과학(dismal science)'이라는 별명이 붙여질 정도로 경제성장의 지속성에 대해 매우 비판적인 결론을 도출했다. 맬서스는 '인구론'에서 인구는 기하급수적으로 증가하고 식량생산은 산술급수적으로 증가하기 때문에 장기적으로 보면 대다수의 인구는 기본생계의 수준을 벗어날 수 없음을 설득했다. 맬서스의 인구론에 의하면 임금상승은 노동자에게 생활의 여유를 줌으로써 인구증가를 낳게 된다. 인구증가는 노동력 공급의 증가를 의미하므로 임금은 다시 떨어질 것이다. 그러나 인구증가는 다른 한편으로는 식량수요를 증대시킨다. 식량수요가 증가하면 종전보다 더 많은 땅을 경작해야 하고 덜 비옥한 토지의 이용은 노동 및 자본의 생산성을 떨어뜨림으로써 생산비를 높인다. 생산비가 높아지면 이윤이 줄어들 것이다. 이윤이 줄어들면 자본축적의 규모도 줄어들 것이다. 다시 줄어든 자본이나마 이윤추구를 위해서 자본가들이 생산에 재투자하면 이윤은 더욱 감소하는 상황이 반복돼 결국 더 이상 경제성장이 없이 단순반복되는 장기정체성장상태가 오게 된다는 것이다.

리카도의 경제성장이론이나 맬서스의 인구론의 한 가지 공통적인 점은 경제성장의 결정적인 걸림돌은 경제 내부에 있지 않고 경제의 밖에 있다는 것이다. 리카도이론의 경우 경제성장의 한계는 궁극적으로 비옥한 토지의 부족이라는 자연적 제약이며, 맬서스의 경우에도 식량생산의 자연적 한계가 경제성장의 궁극적 제약이 된다는 것이다. 그러나 이러한 리카도나 맬서스의 비관론은 산업혁명이후 인류의 물질적 풍요에 의해 퇴색되어 버렸고, 기술진보의 가능성을 과소평가했다는 비판 앞에 무릎을 꿇게 됐다. 그래서 리카도의 뒤를 이은 고전경제학의 거두 밀(J.S.Mill)은 기술진보와 국제무역이 장기정체의 돌파구가 되어 지속적 경제성장을 가능하게 한다는 낙관론을 폈고, 그의 이러한 경제성장 낙관론은 현대의 경제학에 이어져 내려오고 있다.

그러나 로마클럽보고서인 '성장의 한계'는 인구, 산업생산, 환경오염, 자연자원이용, 식량생산의 다섯 가지 변수를 중심으로 방대한 범지구모형을 구축하고 이 변수들에 관계되는 전 세계적인 자료들을 입력하여 컴퓨터로 인류의 미래를 점쳐 본 것이라 할 수 있다. 그 결과에 의하며 지금 당장 인구증가와 산업생산증가를 멈추기 위한 어떤 극적인 조치를 취하지 않는다면 인류는 21세기 초에 파멸을 면할 수 없다는 이야기이다.

대체로 자연자원 고갈의 문제에 대한 성장옹호론자들의 낙관론은 두 가지 전제를 바탕으로 하고 있다. 그 하나는 자연자원과 자본 및 노동 사이의 대체성이 매우 크기 때문에 자연자원이 부족해질 때는 이를 자본이나 노동으로 대체함으로써 그 부족을 얼마든지 메워 나갈 수 있다는 것이요, 다른 하나는 기술진보, 특히 자연자원을 절약하는 기술진보가 끊임없이 이루어질 것이라는 것이다. 그러나 성장불능론자들은 이런 전체들은 자연자원 특히 에너지자원이 풍부해서 그 가격이 매우 쌀 때나 가능한 전제들이라고 강조한다.

이어서 나타난 엔트로피이론에 의하면, 인간의 거의 모든 행동은 이 지구의 엔트로피를 불가역으로 높이는 요인이다. 그 중에서도 인간의 경제활동이 지구의 엔트로피를 급속도로 높이게 되는데 폐쇄된 체계의 엔트로피는 낮아질 수 없으므로 범지구적인 경제성장은 지구의 엔트로피를 끊임없이 급속도로 높이다 보면 끝장이 나는 때가 오게 될 것은 뻔하다는 것이다. 우리 인류로서 할 수 있는 일이란 경제성장을 최소한도로 줄임으로써 되도록 지구의 엔트로피를 천천히 높이는 것이다. 엔트로피론자들이 볼 때 성장옹호론은 우리 인류의 기술진보가능성을 과신하는 경향이 있다는 것이다. 실제로 커머너(B.Commoner)의 가설[17]이 보이듯이 과거의 수많은 기술진보가 환경파괴적인 것이었

17) 커머너는 환경오염물질이 많이 배출될수록 환경오염은 그만큼 더 심해진다고 보고 환경오염물질의 배출량을 환경파괴의 지수로 삼아 다음과 같은 항등식을 제시했다. 환경파괴지수=인구X상품생산량/인구X오염물질배출량/상품생산량 커머너의 항등식은 국민경제의 환경에 대한 악영향을 최소화하기 위해서는 인구, 물질적 풍요도, 생산기술의 세 가지 요소들을 통제해야 함을 보이

다는 것이다(이정전, 2004).

반경제성장론자들의 공통점은 생태계의 파괴를 최소화하며, 자연자원의 보전을 극대화하고 인구증가를 극력 억제하는 것이 중요하다고 보고 있다. 소위 정상상태(steady-state)의 경제가 바로 반성장론자들이 지향하는 대표적인 모습이라고 할 수 있다. 정상상태란 인구증가가 정지되고 기계, 기구 등 자본재의 총량이 일정하게 유지되는 상태를 말한다. 사망자의 수와 출생자의 수가 같아지고 자본재는 자연적 소모분이나 생산과정에서 소모되는 부분만 보충된다. 그렇다고 정상상태는 정체된 경제를 의미하는 것이 아니라는 것이다. 즉 양적 팽창은 없으되 질적 향상을 추구하는 사회라고 할 수 있다는 것이다. 정상상태사회는 물질적으로는 더 풍부하지는 못해도 모든 사람들이 시간을 풍부하게 즐기는 사회임을 특징으로 한다는 것이다.

2. 환경에 대한 경제학적 관점의 변화

2.1. 신고전파 경제학과 환경

2.1.1. 피구의 후생경제학

21세기의 심각한 지구환경문제에 대처하기 위해 저탄소사회 만들기가 매우 중요함은 주지의 사실이다. 그런데 저탄소사회 만들기를 위해

고 있다.

서는 환경문제의 근본원인에 대한 인식이 매우 중요하다고 볼 수 있다. 그 동안 주류 경제학은 경제활동과 환경문제를 상충되는 것으로 보아왔다. 이정전(2004)은 환경오염은 경제법칙의 지배를 받는 현상이라며, 종래의 자연과학적 접근방법이나 환경윤리적 접근방법의 한계를 지적하고, 경제학 차원에서 환경문제를 해결하되 효율적으로 해결하는 것이 환경경제학의 일관된 사고라고 강조한다. 시장은 돈으로 상과 벌을 주는 상벌체계이다. 환경문제의 원인은 거꾸로 된 상벌체계가 원인인데 그런데 이 시장이 환경을 오염시키는 행위에 상을 주고, 환경개선행위에 오히려 벌을 주는 경향이 있어 이러한 잘못된 상벌체계를 바로 잡는 것이 환경정책의 핵심이라는 것이다. 이런 점에서 볼 때 경제학 차원에서 환경문제를 접근하는 것은 인간과 환경의 상호작용을 해명하고, 환경 파괴의 근본 원인과 이를 방지하기 위한 대안을 정책적으로 논할 수 있는 이점이 있다. 이에 환경에 대한 경제학적 관점의 변화를 파악하는 것은 저탄소사회 만들기를 위한 메커니즘을 이해하는데 필요하다고 볼 수 있다.

모로토미 토루(2003)는 경제학이 지금까지 어떻게 환경을 다루어왔는지, 즉 환경과 경제의 상호작용을 둘러싼 경제학의 접근을 크게 3가지로 나눠 정리하고 있다. 첫째는 신고전파 경제학, 둘째는 마르크스 경제학과 제도학파, 셋째는 물질대사론이다.

신고전파 경제학은 1953년 피구(A.C.Pigou)의 '후생경제학'에 나오는 '외부성(externality)' 개념으로 환경을 정리하려고 했다. 외부성이란 시장의 '바깥'을 의미한다. 가령 생산과정에서 환경오염으로 인해 건강피해를 입은 지역주민 전원의 피해비용을 모두 합한 것이 '외부비용'이라 할 수 있다. 문제가 되는 것은 제품의 가격에는 인건비, 원료재료 등 통상의 의미에서의 생산비용은 포함되어 있지만 그것이 환경에 미치는 영향, 즉 외부비용은 전혀 반영되어 있지 않다는 것이다. 외부비용이 해당제품의 생산 소비 폐기와 전혀 관계없는 제3자, 결국 지역주민에게 전가되어 버리는 것이다. 신고전파 경제학에서는 이러한 상황을 '외부불경제가 발생하고 있다'고 한다. 따라서 환경문제에 대한 신고전파 경제학의 처방전은 '외부불경제를 내부화한다'는 것이다. 결국 외부비용의 발생원인자에게 세금을 부과하여 그 제품가격을 인위적으로 끌어올림으로써 생산량을 적절한 수준으로 억제하는 것이 필요하다는 것이다. 이러한 세금은 그 제창자의 이름을 따서 '피구세' 혹은 '환경세'라고 한다. 외부불경제가 발생하고 있는 상황에서는 경제학의 용어로 말하는 '후생손실' 즉, 자원배분 상의 비효율성이 발생하고 있기에 그것을 내부화함으로써 사회적으로 최적의 자원배분을 달성할 필요가 있다는 것이 그 배경에 있는 생각이다. 이러한 신고전파 경제학은 외부성 개념을 바탕으로 환경을 분석해 '외부불경제의 내부화'라고 하는 방법으로 강력한 정책적 함의를 이끌어낼 수 있다는 점에 특징이 있다. 그러나 외부성 개념의 최대 결점은 '외부성'이란 시장을 통하지 않는 부(負)의 영향을 가리키고 있을 뿐 거기에는 환경에 대한 구체적인 개념이 없다는 것이 문제점으로 지적되고 있다.

2.1.2. 신고전파 경제학의 문제점

신고전파는 경제현상의 배후에 있는 시장참여자의 '최적행동'이 있다고 보고, 가격이나 임금 등을 매개로 그 최적행동이 어쨌든 균형상태로 자동조절된다고 보고 있다. 신고전파의 방법론은 경제학이라고 하는 분야에 있어 가장 큰 성과를 거두었다고 평가되고 있다. 우선 '최적행동'을 전제로 하기에 논의를 꼬이게 하는 방향을 잘못 이끄는 논점이 사전에 배제된다는 점이다. 또한 모든 경제요소가 수학적인 변수나 계수로 치환되고 그들의 관계가 형식논리에 의해 연결돼 어떤 귀결도 '가정과 결론으로부터 성립되는 정리'로 상세하게 기술되기에 사상신조나 감정을 배제하고 신사적인 논의를 하기 쉽다는 것이다. 증명을 모두 체크할 수 있다면 그 뒤엔 '가정'의 부분이 현실과 어느 정도 맞는가를 논의하면 되기 때문이라는 것이다.

신고전파가 이러한 수리적인 방법론을 구축했다는 것이야말로 경제학이 '과학'으로 인정받게 된 것이라고 말할 수 있게 된 것이다. 그 이전의 경제에 관한 논의는 전제도 논리적인 연결도 명확하지 않고 데이터를 말로 연결해놓은 듯한 수준에 머물러 있었다는 것이다. 그러나 고지마 히로유키(2006)는 이러한 신고전파의 방법론도 환경문제에 관해서는 2가지 점에서 적절하다고는 말할 수 없다고 한다.

첫째는 신고전파의 논리에서는 어떻게 하든 '모든 자원의 사유화가 문제를 해결한다'는 결론으로 귀착된다는 것이다. 환경문제라는 것은 '이익구조의 충돌'의 문제라고 할 수 있는데 가령 공해문제는 '생산에 의해 공해가 발생하는 경우 그 오염에 의해 피해자와 생산물에 의해 이익을 얻는 사람들이 다르다'고 할 수 있다. 따라서 모든 자원이 사유화되면 그 사유물을 어떠한 대가로 생산자에게 빌려줄 것인가, 그 가격조정에 의해 문제는 해결된다는 식으로 신고전파 경제학은 해결한다는 것이다. 가령 대기오염에 있어서는 오염된 대기를 소유자가 가격을 매겨 빌려주고, 기업은 그 요금을 지불해 생산하면 된다고 하는 것이다. 결국 극단적으로 말하면 '모든 환경자원이 사유화돼 자유롭게 시장거래가 이뤄진다면 환경문제라는 것은 사라지게 된다'는 것이다. 그러나 이러한 전제는 현실성이 결여돼 있다. 공해문제에서 오염된 공기나 물이나 태양광이나 정적, 그것을 만들어내는 대기나 산림, 하천이나 해역은 소유권이 원리적으로 명확하지 않는 것이다. 이것들은 지구라고 하는 거대한 순환계 가운데의 요소이며 인류가 이 순환을 이용해 생명을 영위하고 있기에 분할해 개인소유하는 것은 불가능한 것이다. 또 기술적인 면만이 아니라 인권적인 견지에서 그럴 수 없는 것이다. 공기를 특정인이 소유하고 나머지 사람들은 비용을 지불해야 공기를 마실 수 있다는 것이 얼마나 비인간적인 것인가 하는 것은 말할 필요도 없다. 결국 환경에 관한 소유권 문제는 법이나 인권이라고 하는 경제이익에 우선하는 개념과 관련된 것이기에 신고전파가 자랑하는 분석의 틀로 분석할 수 없는 면이 많다는 것이다.

둘째, '추측'과 관련된 문제이다. 신고전파 경제학에서 경제의 성립을 설명할 때 최적행동을 전제로 한다. 그런데 여기에 '최적'의 행동을 취하는 전제로 당연히 있을 수 있는 모든 선택지를 비교검토하지 않으면 안 된다. 그 경우 곤란한 것은 '불확실한 미래'에 대한 가능성의 예측이다. 미래가 어떻게 될 것인지 알지 못하는 한 최적행동을 선택할 수 없을 것이다. 이에 대해 신고전파는 2가지 수법을 취하고 있다. 하나는 미래를 완전히 예견할 수 있다고 설정하는 것이다. 결국 시장참여자가 '전지전능'하다는 가정을 하는 것이다. 또 하나는 미래는 알 수 없지만 그 확률은 알 수 있다며 확률적인 의미로서의 최적성을 전제로 틀을 설정하는 것이다. 이는 확률적 기대치를 최적화한다고 표현을 한다. 가령 지구온난화문제를 경제학에서 생각할 때 '지구의 글로벌환경에 관한 미래 추측'이라는 것을 피해갈 수 없다. 결국 이대로 화석연료를 소비해가면 정말 지구가 온난화로 인해 지구의 기후가 격변한다는 가설이 정말인지가 열쇠이다. 그러나 이런 문제는 '완전예견'이 불가능하다는 것은 더말할 나위도 없고, '확률적 추측'조차도 불가능하다는 사실이다. 이러한 문제에 대해서는 전통적인 신고전파 경제학의 수법은 매우 적용하기 어렵다는 것을 알 수 있다.

2.2. 마르크스 경제학 및 제도학파와 환경

2.2.1. 마르크스의 '자본축적 과정론'

마르크스 경제학과 제도학파는 자본주의 경제시스템에 대해 근원적으로 비판적인 관점을 보이고 있다는 점에서 공통점을 보이고 있다. 칼 마르크스(Karl Marx)의 '자본론' 가운데 '자본주의적 축적의 일반적 경향'이라고 하는 제1권 제23장과 '불변자본의 충당에 있어서 절약'이라고 하는 제3권 제5장을 통해 공장이나 노동자주택의 위생상태, 빈곤에서 오는 노동자의 건강상태의 악화문제 등을 거론하면서 현대에서 말하는 환경문제를 분석하고 있다.[18] 모로토미 토루(2003)는 환경과

18) 칼 마르크스는 1818년에 태어나 1883년에 사망하였다. 자본론은 모두 3권으로 구성돼 있는데 제1권은 1867년에 마르크스 자신이 간행했고, 사후에 프리

관련한 마르크스 경제학의 특징은 자본축적이라는 자본주의 경제시스템의 동태분석과의 관계에서 위생·환경문제의 발생 원인을 해명하려고 하고 있다고 강조하고 있다. 자본축적에 따라 생산의 기술적 구성이 고도화하고 임금으로 충당되는 자본부분(가변자본)의 비율은 생산설비 등에 충당되는 자본부분(불변자본)에 비교하여 상대적으로 낮아진다. 그러면 자본축적은 기계설비의 증가만큼은 고용을 증가시키지 못하게 된다. 만일 자본축적에 따라 서서히 감퇴해가는 고용증가율이 노동인구의 증가율을 밑돈다면 과잉노동인구가 발생하고 실업자가 늘어나게 된다. 이러한 실업자의 축적(산업예비군)이 현역노동자에 대한 임금저하 압력이 돼 노동자는 다시 거주환경이나 위생상태의 악화와 빈곤에 빠지게 된다는 것이다. 자본축적의 과정에서는 이렇게 해서 불변자본의 가변자본에 대한 비율이 높아져 감으로써 결과적으로 이윤율이 저하하는 경향에 있는데 이윤율을 높이기 위해서는 불변자본 가운데 직접이윤의 창출에 기여하지 않는 항목을 가능한 한 삭감할 필요가 있다. 그 결과 노동자의 위생·안전상태를 유지하기에 필요한 불변자본 등 간접적으로는 이윤창출로 연결되지 않는 지출을 절약하려는 동기부여가 작동한다는 것이다.

이정전(1997)은 마르크스 경제학도 주류경제학처럼 효율의 문제가 매우 중요하다는 것 그리고 시장경제체제가 이 효율의 문제를 해결함에 있어 매우 효과적인 것을 인정하지만 효율보다 더 근원적인 경제문제로 인간과 인간 사이의 갈등의 문제, 더 구체적으로 말하면 계급과 계급 사이의 갈등의 문제를 중시한다는 것이다. 마르크스 경제학은 노

드리히 엥겔스가 1885년에 제2권, 1894년에 제3권을 편집하여 간행했다.

동을 통한 인간과 자연의 상호작용 그리고 이를 바탕으로 한 인간과 자연의 일체성을 강조하면서, 자본주의 사회의 환경문제를 자본주의라는 특정 생산양식과 결부된 체제상의 모순으로 인한 현상으로 보며, 따라서 체제의 근본적 개혁이 없이는 환경문제를 해결할 수 없다고 주장한다는 것이다. 자본주의의 이윤추구 동기는 끊임없는 확대재생산을 필요로 하며, 이는 또한 끊임없는 수요의 창출을 필요로 하기에 가령 담배·술·화장품 등 쓸데없는 욕망, 하찮은 필요가 끊임없이 창출되면서 자본주의 사회 특유의 소비풍조가 끊임없이 부풀어오르게 되고 이러한 소비풍조는 엄청난 쓰레기를 발생시키면서 환경오염을 가속화시킨다는 것이다.

미야모토 겐이치(1989)는 마르크스의 이러한 이론적 전개는 어디까지나 19세기 영국 자본주의의 모델화로서 건강이나 안전에 대한 권리가 보장되고 환경정책이 정비돼가고 있는 현대자본주의와는 다르다는 것을 전제를 하고 있다고 한다. 그러나 시간축을 통해 진행하는 자본의 축적과정이 노동자의 위생상태나 생활조건을 어떻게 변화시킬 것인가 하는 마르크스 경제학의 관점은 신고전파의 정태적인 분석 틀에서는 얻을 수 없는 유용한 관점을 제공하고 있다. 또한 경제의 글로벌화나 경제개발에 따른 개도국의 환경문제가 왜 심각해지는가를 이해하는데 많은 시사점을 주고 있다고 평가하고 있다.

김성훈·권광식(2003)은 마르크스가 자본주의 생산양식은 그 모순 대립적인 본성 때문에 기업은 이익을 보다 크게 하기 위해, 가변자본 부분(노동자 임금 등)에 비해 불변자본 부분(기계, 설비 등)을 지속적으로 증대시킨 결과 자원고갈과 환경오염 그리고 기층민의 빈곤이 확대

재생산되고, 궁극적으로 사회주의 혁명에 의해 자본주의체제는 종말을 맞이하게 된다고 했으나 모든 생산수단이 국유화되고 중앙계획에 의해 관리된다고 해서 사회주의 경제체제에서는 환경문제가 없는 것이 아니라고 말한다. 오히려 사회주의 국가일수록 중화학공업에 치중한 결과 대기오염과 수질오염 현상이 극심하고, 도시화에 의한 인구집중이 진행됨에 따라 환경문제와 공해문제는 자본주의사회 못지않게 심각하다는 것이다. 예컨대 1986년 소련의 체르노빌원전사고를 보면, 사회주의 경제체제 사회에서의 환경문제가 얼마나 심각한지 알 수 있다는 것이다. 환경문제는 실업문제와 같은 자본주의체제 현상과는 달리 마르크스 사회주의체제가 미처 예상하지 못한 문제였다는 것이다.

2.2.1. 제도학파 카프의 사회적 비용론

한편, 제도학파의 입장에서 환경분석을 행한 것이 1950년 카프(K.W.Kapp)의 '사적 기업과 사회적 비용-현대자본주의에 있어 공해문제'이다. 카프는 환경파괴에 의해 일어나는 사회적인 손실을 비용 개념으로 나타내 '사회적 비용'이라는 용어를 사용했다. 카프는 사회적 비용을 '생산과정의 결과, 제3자 또는 사회가 받고, 그것에 대해서는 사적 기업가에게 책임을 지우는 것이 곤란한 모든 유해한 결과나 손실'이라고 정의하고 있다. 카프의 주장이 피구의 외부불경제와 다른 것은 사회적 비용이 신고전파에서 암묵적으로 가정되고 있듯이 우발적이고 예외적인 현상이 아니라 오히려 현대 경제시스템에 있어서 그것이 상태(常態)라는 점, 그리고 그것은 점점 누적하는 경향이 있다는 것을 강조하고 있다는 점이다. 그는 자본주의 경제시스템이 반드시 신고전파가 생각하듯이 균형상태로 나아가는 것이 아니라 경기변동을 반복하면서 균형에서 멀어져 불균형상태에 빠지기 쉽다는 인식을 갖고 있다. 카프는 환경문제를 현대 자본주의경제가 가져다주는 다양한 형태의 사회적 손실에 있어서 주요한 한 형태로 보고 있다. 따라서 사회적 비용의 연구를 계속하는 것은 그에 있어서 현대 경제시스템을 비판하는 것이다. 카프의 사회적 비용 연구는 환경문제에 경제학이 어떻게 접근하면 좋은가를 다양한 연구자가 나름대로 탐구해온 시대에 행해진 선구적 공헌이라고 평가받고 있다.

카프(1950)는 환경파괴와 사회적 비용이란 현상은 경제분석의 범위가 심각한 도전을 받고 있다는 것을 거듭 실증하고 있다는 것이다. 신고전파 경제학이 무시 내지 고려하지 않았던 거시경제적이고 누적적이며 한 때 시장외부 및 산업외부의 인과관계와 관련이 있는 것에서부터 시작하고 있다. 환경파괴와 사회적 비용의 제 문제의 양화(量化)와 정확한 취급방법의 필요성을 고려할 가치가 있다는 것이다. 따라서 이들 제 현상을 생기게 하고 폐쇄적 모델을 가진 경제이론이 분석할 능력이 없는 상호의존관계는 어느 복합성에 의해 특징지어지고 다양한 요인에 의해 제어된다는 것이다. 이들 '복합성과 다양한 요인'에 대해 우리들은 수학적 기법을 포함한 적절한 분석적 도구를 한층 발전시켜가야 한다고 강조한다.

카프가 환경파괴와 사회적 비용이 경제학적 이론화에 관해 제기하고 있는 것은 한층 더 제 문제의 전체 계가 있다는 것이다. 환경파괴와 사회적 비용은 경제분석의 범위만이 아니라 무엇보다도 가격기구에 의해 제공되는 지침 내지 징후에 비추어보아 다양한 거시적 경제단위 내지 기초기구의 결정을 조종하고 또한 조정하는 메커니즘으로서의 시장의 유효성도 문제로 제기하고 있다. 그 이유는 만약 기업의 경비나 기업가 이득 등의 가격도 우리들의 환경을 파괴한, 우리들의 건강생활 및 유형재산에 부정적 방법으로 영향을 주는 시장외부의 물적 흐름을 표시할 수 없다면 그 때 가격의 표시자로서의 기능은 그들이 잘못 인도하고 있다는 의미에서 불완전하고 불충분하다고 강조한다. 요약하면 거시적 경제단위에 의한 최적해는 사회적 최적조건을 만들어내지 않으며 반대로 최적해는 자연적 사회적 환경의 파괴가 따를 것이라는 것이 카프의 주장이다. 기업과 가계 사이의 시장 거래와 그 결과로서의 유통은 총유통의 단지 일부분에 불과하며, 특히 기업이나 가계의 잔여물 처리의 경우와 같이 시장외부에서의 물적 유통이나 효과를 측정하지 않기에 GNP와 그 파생물은 경제성장의 척도로서는 부적당하다고 주장했다. 게다가 환경파괴와 사회적 비용이 절대적으로나 상대적으로나 증대해가는 것을 간과함으로써 GNP와 그 파생물은 점점 부적절하게 된다는 것이다. 다시 말하면 우리들은 변함없이 높은 성장률을 표시할지는 모르지만 대체로 비극적인 환경파괴의 정도(수질오염 및 대기오염의 정도의 증가, 만성적 기관지염 및 기타 질병의 증대, 소음수준의 증가, 사고 및 노동재해의 발생률 증가 등)를 설명할 수가 없다는 것이다. 가격기구가 기능을 잃을 경우, 산출고와 소득이라고 하는 부적당하고 불충분한 지표에 의해 이끌리는 경제성장정책에 편중될 때 폐쇄적 분석으로 '의성장(疑成長)의 추구'[19]를 하고 있다는 것을

19) 이 경우 소비 내지 투자의 증대는 순생산의 성장에 의한 것이 아니라 자원이나 쾌적함이라는 형태에서의 우리들의 자연재산을 피폐시키는 대가를 지불함

알 수 있다. 잔여 부산물의 주변에 대한 폐기로 인해 이러한 '자연재산의 피폐'와 인류나 사회에 대한 '부(負)의 서비스'나 손해의 '흐름'을 수반하는 그 결과로서의 환경파괴는 전통적인 시장유통과는 다르다. 그것들은 시장가치를 갖지 않기 때문에 환경을 파괴하고 또한 환경악화의 매개를 통해 인류를 위협하게 된다고 강조했다.

이에 대응하기 위해서 카프는 환경파괴와 사회적 비용에 의해 제기된 이론적 실천적 제 문제는 경제이론으로 하여금 인류의 필요와 요구의 현실적 충족 수준에 관계없는 효용 효율 및 최적성의 순수로 공식적인 정의를 내리는 것을 사정없이 버려야 한다고 주장한다.

김성훈·권광식(2003)은 카프가 피구의 사회적 비용 개념의 한계를 극복하기 위해 공해현상을 사적 기업의 사회비용(사회적 손실)으로 규정하고 이것이 자본주의적 사기업 제도의 모순이라는 점을 명확히 밝혔다는 점을 높아 사고 있다. 다만 이와 같은 사회비용을 없애기 위해 사회주의체제를 선택하지 않고, 민주주의적 공공사업과 공공서비스를 실천하는 것을 바람직하게 보았고 기본적으로 이는 교환가치가 아니라, 사회비용을 내부화한 사회적 가치론을 채택한 것이기 때문에, 이른바 국민복지 향상을 위해 공해대책을 제도화해야 한다고 주장했다는 것이다. 제도주의자들은 환경문제를 현대 산업경제에서 경제성장에 따른 불가피한 결과로 보았고, 따라서 환경문제를 비롯해 경제정책 시행과정의 다국적기업 활동의 통제와 새롭게 등장한 이익단체 사이의 조정을 위해 국가 개입의 필요성을 주장하고 있다는 것이다.

이러한 면을 종합할 때 어쨌든 카프는 환경파괴 현상을 경제학의 이

없이 취해진다는 것이다.

론체계에 넣기 위해서 '사회적 비용' 개념을 확장하는 것을 포함한 경제학 방법론을 새롭게 할 것을 주장했다는 점에서 의의가 크다고 하겠다.

2.3. 물질대사론 경제학과 환경

2.3.1. 조제스쿠 뢰겐의 엔트로피론

환경과 경제의 관계를 시장분석의 확장을 통해 다루는 것이 아니라 '인간과 자연의 물질대사관계'로서 다루는 학설을 물질대사론이라고 한다. 물질대사론은 인간사회가 자원으로 물질을 자연계로부터 뽑아내 그것을 가공해 이용하고, 최후에는 그것을 폐기함으로써 자연계에 돌려주는 일련의 물질대사 과정을 분석의 대상으로 한다. 과잉으로 자연계에서 물질을 뽑아내면 자연계가 제공해온 자원은 고갈해버리고, 자연계가 처리할 수 있는 능력 이상으로 폐기물을 배출해버리면 그것은 동화·흡수되지 않고 환경을 악화시켜버린다.

물질대사론에 있어서 이론적 전개는 물리학에 있어서 엔트로피론을 경제학에 적용해온 1993년 조제스쿠 뢰겐(Nicholas Georgescu-Roegen)의 '엔트로피(entrophy)법칙과 경제과정'에 커다란 영향을 받고 있다고 한다. 조제스쿠 뢰겐은 현대사회는 일관되게 저(低)엔트로피 상태의 자원을 자연계로부터 부단히 채취·가공해 고(高)엔트로피화한 폐기물의 형태로 자연계로 되돌려주고 있다고 주장한다. 생태계는 기본적으로 계내(系內)에서 발생한 엔트로피를 부단히 계외(系外)로

버림으로써 물질순환을 유지하는 개방정상계(定常系)로서의 특성을 갖고 있다. 따라서 이러한 처리능력을 넘는 엔트로피를 인간계가 자연계에 방출해가면 언젠가는 자연계의 동화 흡수능력은 파괴되어 생태계의 위기에 이르는 데 이를 회피하기 위해서는 생태계가 불가역적인 파괴를 받지 않도록 물질순환의 시스템을 제어할 필요가 있다는 것이다(諸富徹, 2003).

조제스쿠 뢰겐은 생산과 소비의 시장원리를 기초로 성립하는 경제학에 대해 생명적 자연의 체계와 순환의 논리라는 관점에서 경제학을 주장하고 있다. 즉 자원·에너지낭비형의 경제에서 지구의 생물권과 조화를 이루는 규모의 경제로 가자는 것이다. 경제학의 패러다임 전환을 가져다 주었다고 할 정도로 엔트로피론은 인간의 사고와 사회의 변화에 큰 영향을 주었다고 할 수 있다. 물질적 우주에 있어 엔트로피는 끊임없이 증대해가는데 질서에서 혼돈으로 계속적으로 불가역한 질적 열화(質的劣化)가 진행되고 있다. 그중에는 자연자원을 낭비해 환경을 오염시키는 경제과정의 엔트로피적 성격과 경제적 발전에 의한 그 과정의 증가의 가속이 오늘날 절박한 문제가 돼 있다. 엔트로피법칙을 바탕으로 다시 돌아오지 않는 시간의 흐름 속에 있는 경제과정을 분석함으로써 본질적으로 기계론적·무시간적인 구성을 취하고 있는 신고전파 경제학에 대해 방법론적 비판을 시도하고 있다고 볼 수 있다.

한편 이 이론의 문제점은 위기적인 현상에서 물질대사론을 제창하는 이상적인 상태로 이행하기 위한 구체적 길을 제시하고 있지는 못한 점이다. 법적, 행정적, 경제적 수단에 의한 환경제어가 제안되고 있으나 이론에서부터 내재적으로 끌어내지 못하고 오히려 그 내용은 신고전파의 정책제언과 큰 차이가 없다는 점이다. 모루토미 토루(2003)는 최근에는 지역적인 물질 경제순환을 지지하는 경제사회시스템을 구축하는 수단으로서 지역화폐에 관한 연구가 물질순환론의 흐름에서 나오고 있는 것이라고 보고 있다.

2.3.2. 제레미 리프킨의 엔트로피론

엔트로피론에 대해 근래 전 세계적으로 영향을 준 사람이 제레미 리프킨(Jeremy Rifkin)이다. 그는 펜실베이니아 대학의 워튼경영대학원(Wharton School)에서 경제학을 공부하고 터프츠(Tufts)대학의 플레처 법외교학 대학원에서 국제관계학을 공부했다. 1994년부터는 워튼경영대학원 최고경영자 과정의 교수로 재직하면서 전세계의 최고경영자와 고위 간부들에게 과학, 기술의 새로운 조류와 이것이 글로벌 경제, 사회, 환경에 미치는 영향에 대해 강의하고 있다.

제레미 리프킨이 1980년 펴낸 '엔트로피'는 우리나라에선 번역본만 4차례 나올 정도로 널리 알려져 있다. 그는 '엔트로피는 인류가 발견한 유일한 진리'라고 주장한다. 저자가 말하는 엔트로피란 열역학의 제2법칙, 즉 '모든 물질과 에너지는 사용이 가능한 것에서 사용이 불가능한 것으로, 혹은 이용이 가능한 것에서 이용이 불가능한 것으로, 또는 질서 있는 것에서 무질서한 것으로 변화한다'는 것이다. 엔트로피는 모든 경제활동을 지배하는 기본 원리이며, 이 궁극적인 원리를 인식하고 이것에 의해 경제정책의 새로운 방향을 잡지 못하면 앞으로 세계는 파국을 재촉할 뿐이라고 경고하고 있다(제레미 리프킨, 1998).

엔트로피라는 개념은 1850년에 독일의 물리학자인 루돌프 클라우지우스에 의해서 처음 제안되었는데 때때로 열역학 제2법칙의 형태로 표현된다. 이 법칙에 따르면 고온과 저온의 기체가 저절로 혼합될 때나 기체가 진공내로 확산하여 갈 때 또는 연료가 연소할 때와 같은 비가역 과정에서는 엔트로피가 증가한다.

열역학 법칙은 열역학적 과정에서 열과 일에 관한 법칙이다. 열역학 법칙은 물리학뿐만 아니라 다른 열역학을 이용하는 과학에서 매우 중요하게 다루어진다. 열역학에서 열역학적 계를 구성하기 위한 기본적인 물리적 양을 정의하는데 있어 4가지의 법칙이 있다. 이러한 법칙들은 다양한 조건에서 어떻게 물리적 양들이 변하는지를 설명하거나 영구기관과 같은 특정한 자연현상이 불가능함을 보인다. 4가지 열역학 법칙은 다음과 같다.

첫째, 열역학 제0법칙이다. 이는 만약 두개의 계가 다른 세 번째 계와 열적 평형상태에 있으면 이 두개의 계는 반드시 서로에 대해 열적 평형상태이어야 한다는 것이다. 이 법칙은 온도를 정의하는 하나의 방법이다.

둘째, 열역학 제1법칙이다. 이 법칙은 고립된 계에 에너지는 일정하다는 것이다. 에너지는 다른 것으로 전환될 수 있지만 생성되거나 파괴될 수는 없다. 열역학적 의미로는 내부에너지의 변화가 공급된 열에 일을 빼준 값과 동일하다는 말이다. 이 법칙은 제1종 영구기관이 불가능함을 보인다.

셋째, 열역학 제2법칙이다. 만약 어떤 닫힌 계의 엔트로피가 열적 평형상태에 있지 않다면 엔트로피는 계속 증가해야 한다는 법칙이다. 닫힌 계는 점차 열적 평형상태에 도달하도록 변화한다. 즉 엔트로피를 최대화하기 위해 계속 변화한다. 이 법칙은 제2종 영구기관이 불가능함을 보인다.

넷째, 열역학 제3법칙이다. 이 법칙은 온도가 0으로 접근하면, 계의 엔트로피가 일정한 값을 가진다는 법칙이다.

제레미 리프킨는 '엔트로피(1980)'에서 엔트로피법칙을 근거로 현대 물질문명의 문제점을 통렬하게 비판을 하고 있다.

그는 종래의 기계론적 세계관이 엔트로피세계관으로 바뀌어야 한다고 강조했다. 기계론적 세계관이란 발전이란 더 많은 풍요를 구가하는 것이고 이것이 더욱 질서있는 세계를 만든다는 것이다. 과학과 기술은 이러한 작업을 할 수 있는 도구가 된다는 것이다. 이 경우 적용되는 것이 열역학 제1법칙 즉 에너지보존의 법칙이라는 것이다. 이는 우주의 물질과 에너지총량은 일정해서 사라지거나 소멸할 수 없고 오직 형태만 바뀐다는 것이다. 이에 비해 엔트로피세계관은 인류의 에너지환경이 거의 종말에 다다름에 따라 기계론적 세계관의 해악을 지적하면서 1850년경에 등장한 것인데 물질과 에너지는 사용할 수 있는 형태로부터 사용할 수 없는 형태로, 질서가 있고 값어치 있는 상태에서 무질서하고 값어치 없는 상태로 한 방향으로만 변할 수 있다는 것이다. 이는 어느 한곳에 질서가 더 생기면 다른 한곳에 이보다 더 한 무질서가 생기는 것을 의미한다는 것이다.

그는 저엔트로피사회의 가치와 제도로 다음과 같은 것들을 주장했다. 첫째, 소비의 패러다임의 변화이다. 소비는 더 이상 인간의 풍요가 아니며, 당초의 생물학적 기능으로 돌아가야 한다. 사유재산에 대해서도 소비재와 서비스에 한정될 뿐 토지와 기타 재생가능 및 불가능한 자원을 포함해선 안 된다는 것이다. 둘째, 노동집약적 농업으로의 점진적 변화이다. 소규모 노동집약적 시스템으로 바뀌면 도시의 대규모 사람들이 농촌으로 이동할 것이라는 것이다. 셋째, 수송시스템의 변화이다. 승용차와 트럭에서 대중교통수단 및 장거리철도를 이용하고, 자전거와 걷기가 중요한 교통의 수단이 될 것이라는 것이다. 넷째, 산업생산 및 서비스 분야의 축소이다. 노동력의 대부분은 식량생산에 투입되며 기존의 산업체계는 에너지 부족으로 유지가 불가능하게 될 것이다. 다섯째, 탈집중화와 지역화이다. 기업은 노동자가 관리하는 민주조직으로 변화하고 생산과정에서는 재생불가능한 자원의 소비를 최소화하게 될 것이라는 것이다(제레미 리프킨, 1998).

2.4. 휴머니즘 경제학[20]과 환경

2.4.1. 슈마허의 불교경제학

슈마허(E.F.Schumacher)는 인간성 회복을 위한 대안의 경제학으로 경제성장 지상주의에 대한 성찰과 반성의 근거를 제공하고 있다. '작은 것'의 가치와 인간 중심의 새로운 경제 대안을 주장해온 슈마허는 1973년 '작은 것이 아름답다(Small is Beautiful)'라는 책을 통해 기존의 경제학에 대한 패러다임의 전환을 주장했다. 이는 1972년 유엔환

20) 여기서는 슈마허의 '작은 것이 아름답다'와 빌 게이츠의 '창조적 자본주의'를 넓은 의미에서 휴머니즘 경제학으로 분류했다.

경회의를 계기로 '하나뿐인 지구' '성장의 한계' 등이 발표된 이후 슈마허의 이 책은 신경제학 태동의 배경이 되기도 했다. 이처럼 슈마허는 1776년 애덤 스미스의 '국부론'이래 200여년 간 대형화와 '규모의 경제'를 지향해온 주류 경제학 담론에 대한 전복적 도전을 했다. 그는 유한한 자원을 무작정 써버리고 인간의 노동력을 제대로 활용하지 않는 등의 현대 공업문명을 그 근저부터 비판하고 있다. 경제체제에 속박돼버린 인간을 다시 주역으로 끌어올려 파멸의 길로부터 구해내자는 것이 그의 주장이다. 1973년 당시 향후 지속적으로 다가올 오일쇼크와 글로벌리제이션을 예고하고 원전문제를 근본적으로 지적한 슈마허의 이 책은 '제2차 세계대전 이후 영향력 있는 책 100권'에 선정될 정도이다.

슈마허는 독일 태생 영국 경제학자로 미국 뉴욕 콜럼비아대학에서 경제학을 강의했고 2차대전 중 영국 시골서 농업에 종사하기도 했다. 1946년 독일의 영국 점령지역 통제위원회 경제고문, 영국 석탄공사 경제고문, 영국 토양협회의장, 스코드바더사 이사를 역임했다. 1955년 경제자문관으로 미얀마 여행 경험을 바탕으로 불교경제학을 정리했는데 그것이 슈마허의 경제학을 '불교경제학'으로도 부르는 이유이다. 1964년에는 중간기술 개념을 창안했고, 1966년 중간기술개발집단을 설립해 의장으로 활동하는 등 제3세계의 경제개발에도 관심을 쏟았다. 정부의 재정정책에 따른 유효수요의 증가를 강조해 신고전파 경제학을 창시한 영국의 경제학자 케인스(1883-1946)가 슈마허의 논문을 적극 인용해 영국 정부백서에 활용했다고 한다. 그러나 케인스가 '경제적 진보는 종교와 전통적인 지혜가 언제나 거부하도록 가르치는 인간의 강한 이기심을 이용하는 경우에만 비로소 실현될 수 있다'고 주장한데 대해 슈마허는 'GNP의 지속적 성장은 불가능하고 이 경우 다양한 현실도피 유형으로 비협조행위가 증가하면 사회 마비 가능성이 있다'고 경고했다. 그는 경제적으로 볼 때 지혜의 핵심은 영속성이며 영속성을 위한 경제학 공부를 할 것을 강조했다. 그는 또 캐나다 출신의 미국 경제학자 갈브레이드(1908-2006)와도 함께 일했으나 신고전파 경제학에는 반대했으며 특히 산출에 지나치게 집중하는 것과 기술의 비인간화를 지적했다.

슈마허는 만약 경제학이라는 것이 국민소득이나 성장률이라고 하는 추상개념을 지금까지도 넘을 수 없다면 그리고 빈곤, 좌절, 소외, 절망, 사회질서의 분해, 범죄, 현실도피, 스트레스, 혼잡, 추함, 그리고 정신의 죽음과 같은 현실의 모습을 다룰 수 없다면 그러한 경제학은 버리고, 새로운 대안을 찾을 수 없는가라고 묻는다. '우리는 기술의 발전에 새로운 방향을 부여해 기술을 인간의 참된 필요물로 되돌릴 수 있을 것이라고 믿고 있다. 그것은 인간의 키에 맞추는 방향이기도 하다. 따라서 작은 것이 아름답다'는 것이다(슈마허, 1987).

'작은 것이 아름답다(Small is Beautiful)'란 말은 원래는 슈마허의 스승 레오폴드 코어(Leopold Kohr)의 말에서 나왔다고 한다. 이는 '큰 것이 아름답다(Bigger is Better)', '보다 빠르게, 보다 높게, 보다 강하게(Citius, Altius, Fortius)'와 같은 성장주의, 속도주의, 거대물량주의에 대한 대응 개념이며, '인간은 작은 존재이므로 작은 것이 아름답다는 것'으로 거대주의 추구는 자기 파괴로 나아가는 것이기 때문이라고 했다.

그리고 불교경제학이라고 했지만 불교의 선택은 순전히 우연이라고 한다. 이는 기독교, 이슬람교, 유대교 등의 가르침도 이용될 수 있다고 언급했는데 1950년대 미얀마, 인도 여행 등 개인적 경험의 영향이 있었다고 볼 수 있다. 정신건강과 물질적 풍요로움은 대립이 아니라 공존하는 것이고 불교 관점에서의 노동의 역할로서 인간의 노동화를 강조한 것이며 불교경제학의 핵심은 소박함과 비폭력이라는 것이다. 슈마허는 적절한 소비양식으로 인간 만족의 극대화에 공감하자며 불교의 입장에서 일의 기능은 적어도 3가지인데 첫째, 인간에게 능력을 개발, 발휘할 기회를 제공하는 것이고, 둘째, 공동으로 다른 사람과 함께 일함으로써 자기중심성을 극복할 가능성이 있고, 셋째, 생존을 위해 필요한 재화와 서비스를 생산하는 것이라는 것이다. 근대경제학의 최적생산양식이 소비의 극대화라면 불교경제학은 적절한 소비양식을 통한 인간 만족의 극대화를 추구하는 것이라고 한다(슈마허, 1987).

슈마허는 산업문제의 기본적 오류로 대체불가능한 자연자본을 계속해서 소득으로 취급하고 있는 것이라고 지적했다. 근대 경제학은 '재생가능한 물질'과 '재생불가능한 물질'을 구분하지 않고, 그 방법론이 모든 것을 동질화시켜 화폐가격으로 수량화하는 것이기 때문에 문제가 발생한다는 것이다. 재생불가능한 재화는 불가피한 경우에만 제한적으로 이용돼야 하고 보전을 위한 최선의 관심과 노력이 수반돼야 한다고 주장했다. 경제성장은 그 자체가 목적이 아니라 인간의 행복을 위한 수단에 불과한 것으로 재생불가능한 자연자원(화석연료)은 비싼 소득이 아닌 자본으로 취급돼야 한다는 것이다. 또한 슈마허는 GNP로 인간의 본질을 측정할 수 없다고 말했다. 경제규모 또한 인간이 자신의 행복을 위해 스스로 조절 통제할 수 있을 정도여야 하며 이럴 때 쾌적한 자연환경과 인간의 행복이 공존 가능하다고 주장했다. 경제학의 당면과제는 성장이 아니라 '인간성의 회복'이라는 것이다. 지역노동과 지역자원을 이용한 소규모 작업장의 형성, 공공 소유와 작은 노동단위에 기초한 경제구조 등을 제시했다.

또한 슈마허는 대량실업과 대규모 인구의 도시 이주문제의 출발점이 빈곤으로 극단적인 빈곤의 원인이 교육, 조직, 규율 등의 결함에서 나온 것으로 보고 이러한 것을 극복하기 위해 '적정기술(Appropriate Technology)'의 필요성을 제기했다. 적정기술은 인간중심주의로 노동의 인간화를 위해 필요한 기술로 저비용에 단순장비로 가능하며 생산성 감소는 있어도 삶의 수준은 감소되지 않는 것이라고 말했다. 실업이란 인력 절감의 나쁜 결과로 과도한 기술적 진보로 인한 실업은 사회문제라고 지적했다. 적정기술과 관련된 적용방안은 대도시가 아니라 농촌과 소도시에 '농업관련 산업구조'를 만들어내는 일과 직결돼야 하며, 작업장은 대도시가 아닌 현재 살고 있는 지역에 만들어야 하고 작업장 건설비용도 평균적으로 저렴해야 한다고 강조했다. 그래야 엄청난 자본금이나 수입에 의존하지 않고도 가능하다는 것이다. 그리고 비교적 단순한 생산방법을 이용해 높은 숙련에 대한 요구를 최소화하는 것이 중요하며 생산은 주로 그 지역 원료를 이용하고 소비도 그 지역에서 주로 이뤄져야 한다고 강조했다. 그는 또 세계의 빈곤은 200만 촌락, 20억 농민의 문제라고 강조하고 GNP성장 추구는 사람을 현혹시키는 용어로 필연적으로 대외채무가 늘어 부국에 대한 종속, 신식민지주의를 초래할 우려가 높다는 것이다. 그리고 최상의 원조는 지식원조, 즉 유용한 지식의 증여라고 강조했다. 결국 실업이란 이용가능한 노동을 이용하지 않거나 불완전하게 이용하는 것이라는 것이다.

슈마허는 농업이 기본이고 공업은 부차적이라는 사실을 알아야 한다고 강조했다. 농업생산에는 소득 산출과 비용절감 이상의 그 무엇이 포함돼 있기 때문에 인간과 자연의 모든 관계, 사회의 모든 생활방식, 인간 거주지의 아름다움만이 아니라 인간의 건강, 행복, 조화 등이 포함된다며 인간의 토지관리는 ①건강 ②아름다움 ③영속성이라는 세 가지 목표를 지향하면 ④생산성은 부산물로 달성될 것인데 전문가들은 생산성만을 목표로 삼고 있어 이것이야말로 현실이 전도된 것이라고 강조했다.

슈마허는 민간기업은 이윤이 자신의 노력의 대가라고 생각하고 당국이 세금으로 빼앗아간다고 주장하지만 진실은 비용의 많은 부분, 특히 사회간접자본의 비용 부담을 국민이 하고 있다는 사실을 잊어선 안 된다고 강조하고 있다. 실제로 슈마허는 1920년에 화학제품 생산회사인 스코트바더사를 창립해 수익성을 잃지 않으면서 자유, 행복, 인간 존엄성을 최대로 느낄 수 있도록 조직을 만들었고, 1963년 소유권을 공동체에 양도하고 조직내 보수격차를 최소화하고 해고금지, 납세 재투자 자선단체 기부 등을 실천했다. 그는 공공부문의 대개혁을 강조하며 공공기관이 민간 대기업의 배분이윤 중 절반을 수령해야 하며, 그 방법은 이윤세가 아니라 기업 주식의 50%를 소유하는 것이어야 한다고 주장했다. 아무리 세율을 높이고 온갖 법률을 제정하더라도 기존의 대기업 구조로는 공공복지에 기여하지 못할 것이라고 덧붙였다.

슈마허는 석유 고갈 및 자원분쟁을 예언하기도 했다. 1970년대에 석유 소비량을 매년 7%이상 늘려간다면 1980년대 이후에는 새로 발견한 원유량을 포함해도 석유를 소비하는데 40년이 안 걸릴 것이며 고도성장의 지속은 불가능할 것이고 원유 공급 확보를 위한 무력투쟁이 발생할 우려가 크다고 지적했다. 또한 원자력발전이 미래 에너지의 대안이 아니라고 강조했다. 원자력발전 비중이 1970년 당시 영국, EU, 미국이 2.7%, 0.6%, 0.3%에 불과하지만 무슨 연료를 사용하든지 소비를 5~6배 늘이면 해답이 없다는 것이다. 특히 핵에너지의 평화적 이용이 인류에게 훨씬 더 큰 위험을 초래할 수 있는데 방사능 폐기물의 문제가 심각해 후손을 기형으로 만들 수도 있는 물질을 통해 유일한 지구가 오염되고 있다면 경제적 진보, 높은 생활수준이 무슨 의미가 있냐는 것이다. 핵폐기물처리 문제 해결시까지 원자력계획 실행을 늦추는 것이 유일하게 신중한 태도이며 에너지절약사회로 가야한다고 거듭 주장했다.

2.4.2. 빌게이츠의 창조적 자본주의

창조적 자본주의(Creative Capitalism)란 용어는 마이크로소프트의 전 회장 빌 게이츠(Bill Gates)가 만들었다. 2007년 하버드대학 명예졸업식장에서 그는 사회에서 가난한 사람들에게 관심을 갖고 그들의 빈곤퇴치에 기업의 자원과 기술을 이용해야 한다고 역설했다. 그것이 창조적 자본주의의 모습이라는 것이다. 세계 제일의 부자가 가난한 사람들을 도와주면서 함께 공존해야 한다는 것을 주창했다. 그는 가난과 빈곤은 전통적으로 정부가 복지프로그램을 이용해 도와주었는데, 빈곤

문제 해결에는 이제 혁신적인 방법이 필요하다는 것이다. 기업이 갖고 있는 자원과 기술을 빈곤퇴치에 활용해야 한다는 것이다. 특히 오늘날의 정보통신기술(IT)은 가난을 해결하는 데 많은 도움이 될 것이라는 것이다. 동시에 기업에게는 가난한 사람들이 새로운 시장이 될 수 있음을 강조했다. 지금까진 부자들을 상대로 비즈니스를 하였지만 이젠 가난한 계층도 기업에겐 새로운 비즈니스의 기회가 될 수 있기에 서로 윈윈할 수 있다는 것이다.

빌 게이츠는 2008년 1월 스위스 다보스의 세계경제포럼(WEF)에서도 창조적 자본주의 필요성을 주창하면서 창조적 자본주의는 자본주의에 내재된 모순을 해결할 수 있는 제3의 길이라고 역설했다. 이제는 기업의 이윤추구와 사회적 책임이 상호 배타적인 것이 아니라는 주장이다. 그는 정부와 비영리단체도 빈곤층 지원에서 중대한 역할을 맡고 있지만 이들 기관의 힘으로는 역부족이니 기업의 참여와 지원이 절실하다고 강조했다. 게이츠가 주장하는 창조적 자본주의는 초보단계이지만 이미 발아되고 있다. 대표적인 사례로 록그룹 U2의 리더인 보노를 들 수 있다. 보노는 2006년에 설립된 공동브랜드인 '레드(RED)'를 통해 창조적인 방법으로 사회 취약자를 돕고 있다. 보노의 취지에 공감하는 많은 기업들-마이크로소프트, 델, 모토로라, 갭 등-이 참여해 '레드' 브랜드로 제품을 출시하고 있는데, 제품이 한 개 팔릴 때마다 일정 액수의 돈이 아프리카 에이즈 환자 지원에 쓰이게 된다. 기업으로선 제품을 팔아서 이윤을 남기니 좋고, 아프리카 에이즈 환자들은 의료서비스를 받게 되니 좋은 셈이다. 방글라데시의 유뉴스가 만든 그라민은행도 창조적 자본주의의 성공적인 사례라 할 수 있다(이윤재, 2010)

빌 게이츠의 '창조적 자본주의'는 다보스 세계경제포럼에서의 연설문을 바탕으로 다음과 같이 요약할 수 있다(빌 게이츠, 2011).

오늘날의 기적 같은 기술발전의 혜택은 오로지 그것을 구매할 여유가 있는 사람들을 위한 것이다. 시장은 필요(need)가 아니라 오로지 수요(demand)에 반응하는데 이것은 자유시장체제의 시스템 오류이다. 게다가 이러한 오류를 개선하기 위해서는 시스템 혁신이 기술혁신보다 더 중요하다. 기술의 위대한 진보는 불평등을 더욱 악화시키고 있다. 수많은 사람이 소외되고 있다. 예를 들어 기후변화는 가장 관련 없는 사람들에게 가장 나쁜 결과를 가져올 것이다. 사익추구는 인간 본성에 담긴 두 가지 힘 중 하나이다. 다른 하나는 '타인을 돌보는 마음'이다. 자본주의의 정수는 사익 추구가 일반 이익에 이바지할 수 있도록 만드는 것이다. 수정된 자본주의 시스템은 이익을 창출하는 동시에 가진 것 없는 사람의 삶을 개선시킬 것이다. 가능하다면 수정된 시스템은 이익 인센티브를 이용해야 한다. 그러나 이익 인센티브 이용이 불가능하더라도 이용할 수 있는 시장 기반의 인센티브가 있다. 바로 사회적 인정이다. 긍정적인 인정은 기업 평판에 도움이 되고, 고객을 모으는 데나 인재를 불러오는 데 도움이 된다. 창조적 자본주의는 이익과 사회적 인정이라는 두 가지 인센티브가 사익 추구와 타인을 돌보는 마음이라는 두 가지 인간본성에 동기를 부여하는 시스템이다. 창조적 자본주의 아래서는 정부와 기업, 비영리단체가 함께 일한다. 사익 추구와 타인에 대한 관심이 녹아있는 창조적 자본주의라는 하이브리드 엔진은 사익 추구만으로 또는 타인을 돌보는 것만으로 도달할 수 있는 범위보다 훨씬 더 넓은 범위의 사람들을 위하여 작동한다. 예를 들면 돈이나 제품을 기부하는 기업이 있다는 사실이다. 훨씬 더 좋은 것은 가난한 나라에서 새로운 시장을 찾기 위해 돈을 쓰거나 기술을 활용하는 기업이 있다는 것이다. 가격 차별화도 의미가 있다. 어떤 제약회사는 값비싼 특허를 보유해 선진국에서는 완전히 독점가격을 매기지만 가난한 나라의 제조회사에는 회당 1달러 이하 가격으로 제품을 생산할 수 있게 해준다. 가끔은 정부의 직접적인 역할도 있는데 가난한 사람을 돕는 기업을 위해 시장 인센티브를 반드는 것이다. 예를 들어 FDA(미 식품의약국)는 소홀히 취급되는 질병의 치료약을 개발한 제약회사의 다른 약품에 대해 우선 심사를 해준다. 또 다른 접근방식으로 가난한 나라의 기업이 선진국에서 사업을 하도록 돕는 것이다. 보노 모델(레드 캠페인)이 그것인데 수익의 일정 비율을 가난한 나라에서 가치있는 목적에 사용하는 제품을 팔면 사람들은 이러한 목적을 담고 있는 상품에 돈을 더 지불할 것이다. 여러 형태의 창조적 자본주의를 하나로 묶는 공통점은 우리에게 당연하다고 여겨지는 것을 쉽게 얻을 수 없는 사람들에게 그것을 시장을 통해 제공하려는 활동이라는 점이다. 기업은 회사의 최고의 혁신가가 업무 시간의 일부를 너무 가난해 고객이 될 수 없는 이들이 직면한 문제에 할애할 수 있도록 허락해야 한다. 이것은 아주 부유한 사람을 조금 더 잘살게 해주는 일을 하는 두뇌집단을 모든 이의 삶을 향상시키는 일에 투입하는 일이다.

이에 대해 마이클 킨슬리는 '창조적 자본주의에 대한 비판적 고찰(빌 게이츠, 2011)'에서 빌 게이츠의 창조적 자본주의에 대한 몇 가지 의문을 제기했다.

첫째, 기업의 단순한 자선활동으로 기업이 물건이나 돈을 꼭 필요로 하는 사람에게 기증하는 것에 대한 주된 비판은 기업 경영진은 주주의 돈을 자선활동에 사용할 권리가 없다는 것이다. 둘째, 존재하지만 서비스가 충분하지 못한 가난한 나라의 시장을 기업들이 더 열심히 찾아나서야 한다는 것에 대해선 이런 시장을 발견하고 개척하는 것이 지나치게 비싸고 그래서 전통적 자본주의 입장에서 정당화될 수 없다는 반대 의견도 있다는 것이다. 셋째, 가난한 나라에는 선진국에서 판매하는 가격보다 현저히 낮은 가격에 제품을 공급하는 다중가격정책에 대해서는 기업들이 한계비용에 가까운 가격에 판매되고 있는 전통적인 상품의 가격을 더 낮추는 것은 주주의 돈을 이렇게 활용하는 것을 어떻게 정당화할 것인가 하는 문제에 봉착한다는 것이다. 넷째, 기업이 가난한 사람들과 가난한 나라를 돕도록 정부가 시장 인센티브를 창출하는 데 대해선 정부의 무능을 무기로 협박을 하는 것과 같다고 비판하고 있다. 다섯 번째, 보노 모델로 보노의 레드 캠페인같이 훌륭한 목적을 표방하는 상품을 프리미엄이 붙은 가격에 판매하고 그 수익을 세계의 가난한 사람들을 위해 사용하는 것에 대해서도 광고와 프로모션에 사용되는 비용을 빼고 나면 실익이 없는 것 아닌가하는 비판이 있다.

이에 대해 에드 글레이저는 '창조적 자본주의를 위한 변론(빌 게이츠, 2011)'에서 창조적 자본주의가 효과를 발휘하기 위해서는 먼저 이익 극대화를 목적으로 하는 기업들이 세상의 모든 문제를 해결할 수 없다는 점을 인식할 필요가 있고, 더 중요한 것은 공공부문의 실패, 특히 개발도상국에서 발생하는 정부 실패를 인식하는 것이라는 것이다. 창조적 자본주의자들의 독립성과 그들이 보유한 자원은 이 같은 실패를 교정할 가능성을 제공한다는 점을 강조하고 있다.

2.5. 환경에 대한 경제학적 관점의 변화 요약

앞에서 살펴본 것처럼 환경에 대해서는 신고전파 경제학, 마르크스 경제학·제도학파, 물질대사론, 휴머니즘 경제학의 흐름으로 나눌 수 있다. 신고전파 경제학의 경우 환경문제의 발생원인을 외부불경제의 발생으로 보고 이에 대한 대책을 '외부불경제의 내부화'를 들고 있다. 이에 대한 대표적인 정책이 환경세 부과라고 할 수있다. 마르크스 경제학와 제도학파는 임금 등 가변자본 비율의 저하로 위생환경이 악화되고, 사회적 비용의 전가가 환경문제의 원인이라고 강조한다. 이에 대해 마르크스 경제학은 자본주의 경제제도를 타파하자고 주장하고 제도학파는 자본주의 경제제도의 개선을 강조한다. 물질대사론의 경우는 생산과정을 통해 저엔트로피가 고엔트로피로 변환하기에 자연흡수능력을 고려한 물질순환시스템을 구축해야 한다고 강조한다. 그리고 휴머니즘 경제학은 환경문제의 발생원인이 재생가능·불가능자원의 무차별적 대량소비와 필요가 아닌 수요 과잉창출로 인한 것이라고 보고 적정기술의 활용과 노동의 인간화, 그리고 지역과 농업을 중시하고, 자유시장체제의 개선, 기업의 사회적 책임 확산 등을 대안으로 제시하고 있다.

환경에 대한 경제학적 관점의 변화를 정리하면 <표 2-1>과 같다. <표 2-1>에서와 같이 신고전파 경제학을 비롯한 제학파의 공통점이 있다면 그것은 어떤 학파라도 자본주의 경제제도에는 환경보전에 대한 내재적인 메커니즘이 갖춰져 있지 않다는 점을 인정하고 있다는 사실이다. 자본주의 경제체제에서 환경문제는 결국 '시장의 실패'에서 비롯된 것으로 왜곡된 시장을 바로잡을 수 있는 정책 대안을 찾느냐는 문제이기도 하다.

<표 2-1> 환경에 대한 경제학적 관점의 변화

학파	신고전파 경제학	마르크스 경제학·제도학파	물질대사론	휴머니즘 경제학
주요 개념 및 대표적 학자	외부성(Pigou)	가변자본·불변자본(Marx) 사회적 비용(Kapp)	엔트로피(Georgescu-Roegen)	적정기술(Schmacher) 사회공헌(Bill Gates)
환경 문제의 발생 원인	외부불경제 발생	임금 등 가변자본 비율저하로 위생 환경 악화 사회적 비용의 전가	생산과정을 통하여 저엔트로피가 고엔트로피로 변환	재생가능·불가능자원의 무차별적 대량소비 필요 아닌 수요 과잉창출
대책	외부불경제의 내부화(환경세 부과)	자본주의 경제제도 타파 자본주의 경제제도 개선	자연흡수능력을 고려한 물질순환 시스템의 구축	적정기술 활용 노동의 인간화, 지역, 농업 중시 자유시장체제 개선, 기업의 사회적 책임 확산
한계점	환경에 대한 구체적인 개념의 부재	현대자본주의와는 사회적 조건이 다름	구체적인 방안 부재	현대자본주의 기업 현실 무시
공통점	자본주의 경제제도에서 환경보전을 위한 내재적 메커니즘의 부재를 지적, 시장의 실패·왜곡을 바로 잡는 정책의 필요성 제기			

3. 경제학적 관점에서 본 발전 개념의 변천

3.1. 경제성장=발전

3.1.1. 경제성장의 지표 1인당 GDP

환경과 경제가 대립한다고 하는 고전적인 명제는 지금도 기본적으로는 타당하고 환경문제를 경제와의 관계에서 해명해 나갈 때 기본적인 관점을 제공한다고 볼 수 있다. 그러나 21세기 오늘날에는 기업은 환경과 경제가 반드시 대립하는 것이 아니라 오히려 환경보전에 적극적인 기업일수록 경쟁력을 높이고, 결국은 시장에서 승자가 된다고 하는 인식이 확산되고 있다. 이러한 기업행동의 변화의 배경에는 시장구조의 변화가 존재한다. 소비자가 소득수준의 상승뿐만 아니라 생활의 질의 향상을 추구하고 보다 깨끗한 공기나 물, 쾌적한 거주공간이나 경관을 추구하게 됨에 따라 각국 정부의 환경규제도 강화됐다. 따라서 기업이 시장에서 승리하기 위해서는 이러한 환경규제를 충족한 뒤에 다른 기능에서 경쟁상대를 넘어서지 않으면 안 되게 된 것이다. 환경배려 없는 경제성장은 경제시스템의 기반인 환경을 악화시켜서 그것이 오히려 경제활동의 걸림돌이 되고 결국은 경제발전의 기반을 붕괴시켜버릴 수 있다. 따라서 협의의 '경제성장'이나 '발전' 개념에서 환경을 배려한 '지속가능한 발전'으로 어떻게 자본주의경제의 발전경로를 전환시킬 수 있을 것인가 하는 것이 21세기 자본주의에 있어 커다란 과제가 되고 있다. 따라서 경제학적 관점에서 지속가능성을 어떻게 보고 이것이 사회의 변천과 어떤 관계가 있는지를 파악하는 것이 의미가 있다.

지금까지 '발전'이라고 하면 곧 '경제성장'을 의미하는 것으로 1인당 국내총생산(GDP: Gross Domestic Product)의 상승이야말로 그 지표라고 보았다.

국민총생산(GNP: Gross National Product)은 일정 기간중 국민에 의해 생산된 최종생산물의 시장가치이다. 국내에서 생산하든 국외에서 생산하든 그 나라 국민에 의해 또는 그 나라 국민이 소유하는 생산요소에 의해 생산된 것이면 GNP에 포함된다. 그러나 국경 내에서 생산되는 총생산을 국내총생산이라고 하는데, 국경 내에서 생산된 것이면 외국인에 의해 생산된 것이라도 GDP에 포함된다. 이를 식으로 나타내면

GDP=GNP-해외에서 수취하는 요소소득+해외에 지불하는 요소소득
=GNP-해외순(純)수취 요소소득

봉쇄경제에서는 GDP=GNP이지만 개방경제에서는 GDP와 GNP는 다르다. 해외투자를 많이 하는 나라에서는 GNP가 GDP보다 크지만, 반대로 외국인에 의한 국내투자가 많은 나라에서는 GNP가 GDP보다 오히려 작다. 일반적으로 선진국의 경우는 GNP가 GDP보다 크고, 외국인투자가 많은 개도국의 경우는 GNP보다 GDP가 크다(권오철, 1993).

GDP는 경제성과를 가장 잘 측정하는 방법으로 알려져 있다. GDP를 측정하는 목적은 일정기간 동안 발생한 경제활동의 화폐적 가치를 간단하게 숫자로 나타내는 데 있다. GDP는 두 가지 관점에서 볼 수 있다. 하나는 경제 내 모든 사람의 총소득이란 관점에서 보는 것이며,

다른 하나는 일국 경제 내 재화 및 용역 생산에 대한 총지출이란 관점에서 보는 것이다. 어떤 관점에서 보아도 GDP가 왜 경제적 성과를 측정하는 표준이 되는지 쉽게 알 수 있다. GDP는 일반인들이 중요시하는 소득을 측정한다. 이와 유사하게 재화 및 용역의 생산규모가 큰 경제일수록 가계, 기업, 정부의 수요를 더욱 만족시킬 수 있다. GDP가 한 경제의 소득과 생산량에 대한 지출을 어떻게 측정할 수 있는가 하면 소득과 생산량에 대한 지출이 실질적으로는 동일하며 일국 경제에서 소득과 지출은 같아야만 한다는 데 있다. 이는 훨씬 더 근본적인 사실, 즉 모든 거래에는 매수인과 매도인이 관련되며 매수인의 지출액은 각각 매도인에게 소득액이 된다는 사실에서 비롯된다(N.G.Mankiw, 2006).

경제성장률을 보여주는 중심지표는 1970년대 이전에는 시장이 국내로 제한됐던 시대로 우리나라 사람의 총생산을 나타내는 개념인 GNP를 사용했지만 1970년대 이후 세계적으로 노동이나 자본의 국가간 이동이 확대됨에 따라 소득지표에 가까운 GNP 기준 성장률이 국내경기 및 고용사정 등을 제대로 반영하지 못하게 되면서 각국은 경제성장의 중심지표를 GDP로 바꾸는 것을 검토하게 됐고, 우리나라 국민들(특히 기업들)의 해외진출이 늘어나게 되면서부터 대외수취소득을 제때에 정확하게 산출하는 것이 점점 어려워졌기 때문에 GNP의 정확성이 전보다 떨어졌다는 것이다. 또한 실제로 유럽의 OECD국가들은 1970년대 중반부터, 미국·독일·일본은 각각 1991년·1992년·1993년에 경제성장의 중심지표로 삼았는데 우리나라도 이같은 국제추세에 맞춰 1995년부터 경제성장의 중심지표를 GNP에서 GDP로 변경해 발표하게 됐다고 한다(이투데이, 2011.8.19).

경제성장률은 실질GDP 성장률과 동의어가 되고 있는데 1인당 GDP는 국가들 사이의 경제력과 생활수준을 비교할 수 있는 지표로 사용된다. 그런데 GNP 또는 GDP 개념은 측정상 여러 가지 문제 때문에 어떤 국가의 경제활동수준을 나타내는 완전한 지표가 되지는 못한다 것이다(권오철, 1993; 권오상, 1999; 이정전, 2004; Eban S. Goodstein, 2005).[21]

첫째, GDP에는 시장을 통해 거래되지 않는 재화와 용역은 포함돼 있지 않다. 농가에서 생산해 자가소비되는 것도 GDP에 포함되는 반면, 가정주부의 가사활동은 시장에서 거래되지 않는다는 이유로 GDP에서 제외된다. 반면에 가사도우미 가정부 등의 가사활동은 GDP에 포함된다.

둘째, GDP에는 여가가 추계되지 않는다. 이는 GDP가 국민들의 후생을 충분히 반영한다고 볼 수 없다.

셋째, GDP는 물질적 생산만을 계산하고 생산과정에서 파생되는 수질오염 공기오염 교통혼잡 등의 공해를 도외시하고 있다. 공해를 증가시키는 물질의 생산은 포함하지만 공해발생으로 인한 사회적 비효용을 공제하지 않는다.

넷째, GDP는 밀수 사채놀이 도박 등 지하경제의 규모를 전혀 반영하지 못한다. 생산활동으로 발생한 생산물이 아니기 때문에 밀수 도박은 물론 상속 증여 자선적 기부 등도 GDP에서 제외된다. 또한 부동산

---

21) GNP 추계방식을 최초로 개발한 쿠즈네츠도 GNP계산에서 제외되는 것들이 많기에 GNP가 어떤 국가의 경제생활을 완벽하게 나타내 줄 수는 없다고 했다.

가격변동 주가변동에 따르는 자본이득도 역시 제외된다.

다섯째, GDP는 주식이나 채권과 같은 금융자산의 매매를 포함하지 않는다. 금융자산의 매매는 자산의 단순한 교환으로 보기 때문이다.

여섯째, GDP는 정부 및 기업의 이전지출을 포함하지 않는다. 이전지출이란 정부 및 기업으로부터 개인에게 반대급부 없이 지급된 것을 말하는데 이는 당기의 생산활동을 반영하지 않기 때문에 GDP에는 포함되지 않는다.

3.1.2. 녹색GDP

GDP의 상승이 발전이라는 개념은 환경배려를 추구하는 '지속가능한 발전(Sustainable Development)' 개념의 등장에 의해 커다란 도전을 받고 있다. 결국 환경을 희생한 1인당 GDP의 증대는 '발전'이라고 부를 수 없는 것 아닌가 하는 점에서 폭넓은 합의가 형성되고 있다. 이는 종래의 '경제성장(economic growth)=발전(development)'이라는 도식이 붕괴되고 있다는 것을 보여주고 있다. 확실히 경제성장 개념은 유용하지만 특히 고도성장의 과정에 심각한 공해문제를 야기하여 왔기에 1970년대경부터 1인당 GDP의 상승이 반드시 복지수준의 향상에 공헌한다고는 말할 수 없는 것 아닌가 하는 의문이 생겼다. 여기서 NNW나 녹색(Green) GDP 등 환경에 미치는 영향을 고려한 지표의 개발이 시도된다. GNP가 갖고 있는 환경적 측면의 문제점을 개선하는 새로운 경제지표를 통틀어 녹색GDP라고 부른다.

NNW는 Net National Welfare의 약자로 국민순복지, 국민복지지표, 후생국민소득이라고도 한다. 후생지표에 가까운 형태로 GNP를 보완하기 위해 만들어진 개념이다. NNW는 GNP를 기초로 해 ①개인소비 ②재정지출 ③공해방지 ④여가 등 4개 항목을 주축으로 추진되고 있다. 구체적으로는 GNP에서 공해, 방위비, 통근시간 등 복지에 관계되지 않는 항목을 삭감하고 여가, 주부노동을 GNP에 가산해 화폐가치로 나타낸다.

그린GDP는 경제활동이 천연자원의 소비나 환경파괴를 수반한 경우 그 가치만큼 빼고 산출한 GDP를 말한다. 석유, 석탄, 가스 등 재생불능한 자원을 소비한 경우 그 손실만큼 계산에 집어넣고 그 뒤 삼림·수자원·어자원·신선한 공기 등의 경제적 가치를 분석하여 그 피해액을 그린GDP의 산출에 반영한다.

구체적으로는 성장과정에서 생기는 환경악화의 화폐평가액이나 공해방지를 위해 지출된 비용을 통상의 GDP에서 차감함으로써 이들 지표는 작성된다. 이들 지표에 따르면 경제성장이 환경파괴를 수반하면 할수록 실질적인 GDP는 저하한다. 그러나 이들 지표는 환경 관련 정보의 통계 자체를 입수하거나 정확성을 확보하기에 어려움이 있음에도 불구하고 이들 지표작성을 향한 노력은 1인당 GDP의 상승만이 발전의 지표는 아니라고 하는 사실을 구체적으로 보여주는 점에서 매우 귀중한 시험이라고 볼 수 있다.

기존의 GDP의 문제점을 시정하고 새로운 지표를 구성하기 위한 노력은 크게 2가지 다른 방향으로 진전돼 왔다. 그 하나는 사회복지의 측면에 큰 비중을 두고 새로운 경제복지지표를 개발하는 방향으로 전개된 일단의 노력으로 가령 노드하우스(W.Nordhous)와 토빈(J.Tobin)이

개발해 1972년에 발표한 MEW(Measure of Economic Welfare: 경제후생지표)를 비롯해 댈리(H.E.Daly)와 콥(J.B.Cobb)의 ISEW(Index of Sustainable Economic Welfare: 지속가능한 경제복지지수)에 이르는 일련의 경제복지지표들을 들 수 있다.

여기서 MEW는 NNP(국민순소득)를 수정해서 구한 것이다. 우선, NNP에서 다음과 같은 것들을 공제했다. ①인구증가에도 불구하고 1인당 소비수준을 일정하게 유지하기 위해 필요한 투자액 ②국방비, 치안유지비, 공중위생유지비 등 각종 유감스런 방어적 지출 ③도로유지관리비 ④도시인 소득과 농촌소득 사이의 차이 ⑤도시인의 통근비용이 그것이다.

ISEW는 개인의 소비를 복지의 핵심요소로 삼고, 여기에 사회복지증진요소로서 ①가사노동의 가치 ②내구성 소비재의 서비스 ③도로의 서비스 ④교육과 보건에 대한 공공지출 ⑤순자본형성 ⑥해외순투자를 더한 값에서 사회복지를 감소시키는 요소로 ①정부의 각종 방어적 지출 ②내구성 소비재구입비 ③광고비 지출의 일부 ④통근비 ⑤도시화비용 ⑥교통사고피해 ⑦환경오염 및 환경파괴로 인한 사회적 손실 ⑧자연자원 고갈로 인한 사회적 손실 등을 공제한 것이다. ISEW는 일단 국가 개인 소비 지출을 구한 후 분배 불평등에 맞춰 조정한다. 그런 후에 무급 가사노동처럼 비시장 영역이지만 복지에 기여하는 부분을 더한 후, 경찰의 보호와 공해 관리와 같은 방어지출과 천연자원과 환경자산의 감가상각을 차감한다.

ISEW는 그 뒤 GPI(Genuine Progress Indicator: 진정한 진보지수)로 이름을 바꾼 후에도 계속 발전했다. GPI는 1970년대 초부터 성장이 미국인들의 복지에 미치는 긍정적인 영향은 GDP로 판단할 수 있는 것보다 훨씬 빈약하다는 점을 알려주고 있다. 이어 마크 미링고프(Marc Miringgoff)와 마끄루이자 미링고프(Marque-Luisa Miringoff)가 1970~2005년에 미국의 최신 동향정보를 수집해 종합지수화한 ISH(Index of Social Health: 사회적건강지표)를 들 수 있다. 이들이 만든 지수는 '사회적 안녕(Social well-being)'을 측정하는 방법 16가지를 결합한 것이다. 여기에는 영아 사망률, 고교 중퇴자, 빈곤, 아동학대, 10대 자살, 범죄, 평균 주급, 약물 중독, 알코올 중독, 실직률과 같은 분야의 자료가 포함된다. 미링고프의 사회적 건강지표는 1인당 GDP가 비약적으로 성장했지만 사회적 조건들은 오히려 나빠지고 있음을 보여주고 있다고 한다(브루노 프라이·알로이스 스터처, 2008).

또한 디너, 셀리그만 그리고 노벨상 수상자인 프린스턴대학의 다니엘 카네만(Daniel Kahneman)이 개발을 제안한 NWI(National well-being index: 국민행복지수)는 인구의 표본집단에 대해 핵심적인 행복 변수를 체계적으로 측정하는 것이다. 이 경우 측정 변수에는 긍정 및 부정적 감정, 몰입, 목적과 의미, 낙관주의와 신뢰, 삶의 만족도에 대한 광범위한 측정 등을 반드시 포함시켜야 한다는 것이다.

또한 영국의 신경제재단(New Economics Foundation)에서 만든 HPI(Happy Planet Index: 행복한 지구지수)는 객관적인 자료와 주관적인 자료를 모두 활용하는데 이 지표는 국가의 삶의 만족도 점수와 기대수명을 곱해서 행복 수준을 측정한다. 이 때 나온 수치는 그 나라의 생태발자국으로 나눈다. 즉, 이 지표는 한 나라가 지구의 유한한 자원을 국민의 행복으로 얼마나 잘 바꾸는지 보여준다. 한 나라의 국민들이 환경에는 최소한의 영향을 미치면서 행복한 삶을 오랫동안 영위할수록 HPI는 올라간다. 현재 대부분의 나라의 HPI지수를 알 수 있다고 한다. 미국은 서유럽 국가들, 아시아와 라틴아메리카보다 아래인 최하위권에 위치해 있다는 것이다. 코스타리카의 순위는 정상에 가까우며 짐바브웨가 가장 낮다고 한다. 한편 부탄은 HPI가 매우 높은데, 세계에서는 13위며 아시아에서는 2위이라고 한다. HPI는 휴가를 어디에서 보낼지 고민할 때도 좋은 참고 자료가 된다고 제임스 구스타브 스페스는 덧붙이고 있다(제임스 구스타브 스페스, 2008).

기존의 GDP의 문제점을 시정하고 새로운 지표를 구성하기 위한 노력 중 다른 한줄기는 사회복지를 잘 측정하려 하기보다는 좀 더 정확한 소득의 개념에 의거해서 소득을 보다 더 잘 계측해보려는 쪽으로 수행돼온 일단의 노력이다. 최근 유엔과 세계은행이 중심이 돼 개발하고 있는 소위 SEEA(The System of Integrated Environmental and Economic Accounting: 환경경제통합회계체계)에 따른 소위 EDP(Eco-Domestic Product: 생태적 국내생산)가 대표적인 녹색GDP의 사례라고 할 수 있다. SEEA는 기존의 국민회계체계의 구조와 논리를 최대한 유지하면서 환경을 고려한 새로운 국민회계체계를 작성하는 방법으로 기존의 GDP계정에 보조계정(Satellite Accounts)을 덧붙이는 방법이다. 보조계정체계는 크게 국민경제로의 물자의 투입을 기록하는 계정, 인공자산(고정자산)의 소모, 자연자산(자연자원)의 사용내역, 정부의 환경개선 활동 등을 기록하고 이를 바탕으로 생태적 국민총생산을 계산해 보이는 계정, 그리고 인공자산과 자연자산의 총재고량에 있어서 변동을 점검하는 계정 등 3가지 계정으로 구성돼 있다. 물자투입을 기록하는 계정에는 농작물, 수산물, 임산물 등 자연증식작물의 공급, 환경이나 자연적 자산의 질을 보전하거나 개선하기 위한 활동들, 그리고 국외로부터의 폐기물유입량 등이 기록된다. 두 번째 계정에서 자연자산의 사용내역에는 자연자원의 양적 고갈, 토지의 감손, 폐기물에 의한 환경오염 등이 포함된다. 세 번째 계정에는 자연자산 총재고량으로 자연적인 생물상, 토지, 지하자원 각각에 대한 부존량이 기록된다. 이렇게 추계된 감손분을 NNP로부터 빼줌으로써 생태적 국민생산을 계산하게 되는데, SEEA를 개발한 연구팀은 이 생태적 국민생산을 환경적으로 건전하고 지속가능한 개발, 즉 ESSD의 취지에 합당한 국민생산이라고 주장하고 있다(이정전, 2004).

3.1.3. 경제성장 효용체감의 법칙

'경제성장이 안되면 우리는 풍요롭지 못할 것인가'(2002)라는 책의 저자인 더글러스 러미스(Douglas Lummis) 박사는 경제성장을 계속하며 풍요로운 사회를 추구해 갈 것이 아니라, 경제성장이 없는 '제로성장' 상태로도 풍요로운 사회를 만들 수 있다고 주장한다. 우리 사회는 빈부 격차가 커지면 그 해결책을 정당한 분배가 아닌 외형적 경제성장 추구에서 찾아왔다. 풍부한 파이를 재분배하려고 하지 않고, 파이 자체를 키우는데 만 신경을 써왔다. 그러나 러미스는 세계경제체제 면에서 보면 파이를 크게 키우는 것은 작은 쪽의 파이를 가로채고 있다는 사실을 간과하고 있다고 지적한다. 오늘날 자본주의의 소비지향적 경쟁사회를 지탱하는 기본적인 감정은 직장에서 잘리면 이 소비사회에 어떻게 적응하느냐 하는 일종의 두려움에 기초하고 있다고 말한다. 그래서 돈을 벌기 위해서는 수단과 방법을 가리지 않는 세상이 됐으며 이러한 것이 궁극적으로 유한한 지구의 자원을 낭비하고 파괴하는 난개발시스템의 근원이라는 것이다. 따라서 앞으로는 중앙집중식 대규모 프로젝트형 사업이나 원전 건설 등에서 벗어나 지역분권의 정치체제, 지역분산형 경제 및 에너지구조, 그리고 지역공동체의 상호부조 체제를 정부와 시민이 협력해 만드는 일이 중요하다는 것이다.

우리는 늘 지금까지 언론 등을 통해 경제성장률에 대한 이야기를 많이 들어왔다. 그런데 경제성장이 멈추면 어떻게 될까. 제임스 구스타브 스페스는 '미래를 위한 경제학-자본주의를 넘어선 상상(2008)'에서 '경제문제가 해결된 시점에 도달하기 오래전부터 경제성장에 집착하는 것만이 진정한 행복이자 모든 문제의 해결책인지 자문해 보아야 했다'고 말한다. 케인스는 사회가 필요 이상으로 성장한 세상을 예상했고 그 성장을 위해 환경이 희생하는 사회가 아니라 성장을 추구함으로써 인간이 덕성과 도덕을 왜곡하는 사회를 예측했다는 것이다. 그리고 우리는 이미 케인스가 말한 '그로부터 100년'이 지난 '8배나 잘사는' 세상을 앞두고 있는데 그렇다면 이제 끝도 한계도 없이 경제성장만을 우선시하는 가치관에 의문을 제기해보아야 할 때가 아닌가 하고 묻고 있다.

예를 들어 유엔개발계획(UNDP)는 '1996 인간개발보고서'에서 회원국의 경제성장을 분석해 다음과 같은 유형으로 분류했다. ①고용없는 성장(전반적으로 경제는 성장하지만 고용의 기회는 확대되지 않는다) ②무자비한 성장(경제성장의 열매를 대부분 부자들만 누린다) ③무언의 성장(경제에서의 성장이 민주주의나 권력의 위임으로 이어지지 않는다) ④뿌리없는 성장(경제성장으로 사람들은 고유의 문화적 정체성을 상실한다) ⑤미래없는 성장(현재의 세계가 후손이 써야 할 자원까지 모두 낭비해버린다)

'우리는 행복한가-경제학자 이정전의 행복방정식(2008)'에는 '국민의 행복은 소득순이 아니다'라는 얘기가 나온다. 미국의 경제학자 리처드 이스털린(R. Easterlin)이 1974년 전 세계 30개 지역에 걸쳐 소득수준과 행복 사이의 관계에 대한 기존의 조사들을 종합 정리한 결과 거의 예외 없이 모든 나라 모든 지역에서 소득수준과 개인의 행복감 사이에는 정(正)의 관계가 있는 것으로 나타났다는 것이다. 다시 말해서 소득수준이 높을수록 행복감도 커진다는 것이다. 여기서 사람들이 생각하는 행복의 첫 번째 구성요소로는 경제적 안정이 꼽혔고 그 다음이 원만한 가족관계와 사람들과의 어울림 그리고 건강이었다는 것이다. 그러나 이스털린의 연구에서는 또한 부유한 나라와 가난한 나라 간에 행복하다고 느끼는 사람의 비율은 별반 차이를 발견할 수가 없었다고 한다. 소득수준이 올라가면 분명히 개인은 더 행복해지지만, 그렇다고 소득수준이 높은 나라의 국민이 소득수준이 낮은 나라의 국민보다 더 행복하지는 않다는 것이다. 미국 스탠퍼드대학 경제학 교수인 아브라모비츠(M.Abramovitz)는 이를 '이스털린의 역설(Isterlin's Paradox)'이라고 불렀는데 이것이 옳다면 한 나라의 높은 경제성장 그리고 이로 인한 물질적 풍요가 그 나라 국민을 전체적으로 더 행복하게 만든다는 보장은 없다는 결론에 이르게 된다는 것이다.

미시건대 정치학 교수인 로랄드 잉글하트(R.Inglehart)는 소득수준과 행복에 관한 많은 연구결과들을 바탕으로 둘 사이 관계를 곡선으로 요약해 표현했는데 그림의 곡선을 전체적으로 보면, 경제성장의 효력이 매우 큰 단계를 지나 일단 어느 수준에 이르면 그 효력이 급격하게 감소하는 양태를 보인다는 것이다. 잉글하트는 이를 '경제성장 효용체감곡선'이라고 불렀는데 소득과 행복에 관한 그간의 연구들을 종합해 보면 평균적으로 대략 1만 달러 내지 1만5000달러의 개인소득을 기준으로, 이보다 낮은 수준에서는 소득이 늘어남에 따라 개인의 행복지수가 큰 폭으로 높아지지만 일단 이 기준점을 넘어서면 소득이 늘어나더라도 개인의 행복이 별로 높아지지 않는다는 것이다(요하네스 발라허, 2011)

그 대표적인 사례로 잉글하트는 미국을 들었는데 미국의 경우 1963년부터 2006년 사이에 물가상승 기준 평균소득이 15,121달러에서 37,674달러로 2배 이상 증가한 반면, 삶의 평균 만족도는 같은 기간 동안 조금도 높아지지 않았다는 것이다. 독일과 다른 선진국들도 비슷한 양상을 나타냈고 특히 일본에서는 1950년대 말 이후 평균소득이 6배 이상 증가했음에도 불구하고 국민들의 평균 만족도는 더 나아지지 않았다는 것이다. 이 때 우리의 만족도에 지대한 영향을 미치는 것은 절대적인 소득 수준이 아니라 소득의 상대적 지위라는 것이다. 그것은 바로 사람들은 대부분 자신을 특정 준거집단과 비교하는 경향이 있기 때문이라는 것이다. 놀랍게도 전통경제학은 경제행위자의 이러한 태도를 설명하지 못하고 있다는 것이다.

한편 심리학자인 데이비드 마이어스(David Myers)는 부는 증가하면서 정신이 사라지는 현상을 '미국인의 역설'이라고 표현했다. 그는 '21세기가 시작되자 미국인들은 커다란 집과 박살난 가정, 높은 소득과 낮은 도덕수준, 권리 수호와 사라진 시민정신만 남았음을 깨달았다. 종종 우리는 먹고사는데 급급해서 인생을 사는데 실패했다. 우리는 우리가 이룬 부를 찬양했지만 목적을 갈망하게 되었다. 우리는 자유를 소중히 여기지만 관계를 그리워하게 되었다. 풍요의 시대에 우리는 정신적 기갈이 들었다. 이런 현실이 우리를 놀라운 결론으로 이끈다. 물질적 부를 이룬다고 정신까지 풍요로워지는 것은 아니다.'라는 것이 그의 결론이라는 것이다(제임스 구스타브 스페스, 2008).

이제 경제학을 GDP나 여타 지표만이 아니라 우리들의 삶의 행복과 사회적 안전망으로 확대해서 생각을 해볼 필요가 있다.

1998년 노벨경제학상 수상자인 아마티아 센(Amartya Kumar Sen)은 사람들이 삶의 기회를 더 많이 가질 수 있게 하기 위해서는 경제적, 사회적 그리고 정치적 전제조건이 필요하며 서로 의존하며 보완하는 다섯 가지 기본 자유로 ①시장기회 ②사회보장 ③사회적 기회 ④정치적 참여권 ⑤투명성 보장을 제시했다(요하네스 발라허, 2011; 아마티아 센, 2008).

첫째, 시장기회이다. 시장은 상품과 서비스를 교환하고 사회적 분업에 참여해 그 이점을 나눌 수 있는 가능성을 확대시켜 주지만 전 세계적으로 셀 수 없이 많은 사람들이 정규 시장에 접근하기란 불가능한 실정이라는 것이다. 개도국과 신흥국 가운데에는 취업 인구 중 비정규직 근로자가 차지하는 비율이 50~90%에 이르는 나라들이 수도 없이 많다. 또한 비정규직 근로자들이 체류 허가를 받지 못했다는 이유로 노동 착취와 학대로부터 보호를 받지 못하는 경우가 많은데 이런 폐해를 근절시키기 위해서는 유엔 협약과 같은 국제법상의 약정을 자국의 국내법에 도입해 시행하는 일을 선행해야 한다는 것이다. 또한 마이크로크레디트를 통해 가난한 자 또는 경제적 약자들의 시장 접근이 가능하도록 해야 한다는 것이다.

둘째, 사회보장이다. 복지시스템에 관한 논의는 흔히 경쟁력과 사회정책이 원칙적으로 양립할 수 없다는 가정에서 출발하지만 아마티아 센은 그런 생각은 잘못된 것이라고 말한다. 신뢰할 만한 사회보장제도야말로 여러 위험에 맞설 수 있는 중요한 집단안전장치인데 글로벌 경제위기가 독일 노동시장에 큰 타격을 주지 않고 독일 기업들이 신속하게 원상복귀해 세계의 경제 상황을 유리하게 이용할 수 있었던 가장 큰 요인이 글로벌 베스트에 속하는 독일의 사회보장제도라 할 수 있다는 것이다. 사회시장경제의 관점에서 볼 때, 모든 사회국가적 조치의 일차적 목표는 경제위기에 대해 보장을 해주는 것과 교육 및 직업적 전문자격 취득을 가능하게 해주는 것 그리고 누구나 정당한 방식으로 경제 분업 효과의 덕을 볼 수 있는 여건을 조성하는 것이라고 강조한다.

셋째, 사회적 기회이다. 사회적 기회는 시장 참여자가 경제적 경쟁에서, 그리고 기계가 간단한 일을 모두 도맡아 하고 초현대적 커뮤니케이션 및 정보 테크놀로지가 업무 과정에 비집고 들어오는 세상에서 살아남을 수 있을지에 결정적인 역할을 하기 때문이라는 것이다. 경제학적 관점에서만 보더라도 좋은 기초교육과 직업교육 그리고 포괄적인 대학교육에 투자하는 것은 개인에게나 사회 전체에나 대단히 가치 있는 일이다. OECD의 2010년 교육보고서에 의하면, 대학 졸업생 한 명에게 들어가는 OECD 회원국의 평균 국가지출이 4만 유로(우리돈

약 5500만원)인 반면, 더 높은 세금 수입과 사회보험 개인 분담금 그리고 낮은 실직 위험 부담으로 인해 차후에 발생하는 사회의 경제적 이익은 19만 유로에 이른다고 한다. 그러니까 대학 졸업생 한 명당 사회에 평균 15만 유로의 이익을 가져다 주는 셈이라는 것이다.

넷째, 정치적 참여권이다. 인간다운 경제의 열쇠는 사람들을 정치과정에 적절히 참여시키는데 있다는 것이다. 정치적 참여권이 정치적 경쟁을 유발한다. 정치적 경쟁은 다양한 정당과 언론의 자유, 민주적인 선거가 행해지는 나라에서 정치가들로 하여금 국민의 행복을 위해 행동하도록 한다. 민주주의가 어떤 힘을 지니고 있느냐는 여러 정당과 자유로운 언론이 있는 민주주의 국가가 지금까지 한 번도 기아를 겪은 일이 없었다는 아마르티아 센의 간단한 지적에서 여실히 나타난다는 것이다.[22)]

다섯째, 투명성 보장이다. 1980년대 이후의 자금 비공개 현상은 사실상 전 세계적으로 금융 및 환율 위기의 빈도와 그 강도가 증폭되는데 중대한 기여를 한 셈인데 최근의 금융위기뿐만 아니라 어느 위기에서나 은행이나 투자기관 등의 금융센터와 금융기관에 대한 감독소홀이 주원인 가운데 하나였다는 것이다.

이상에서 보았듯이 GDP의 성장은 어느 수준에 오르면 더 이상 우리를 행복하게 해주지 않는다는 사실이다. 더 나아가 GDP의 성장이

---

22) 센은 기아의 핵심원인이 현존 식량의 부족에 있지 않고 구매력이 떨어진 데 있다고 단언한다. 굶주림에 시달리는 계층은 물가상승이나 소득감소 때문에 식량을 살 수 없다는 것이다. 역사를 통해 볼 때 기아의 예는 제대로 돌아가는 민주주의 체제에서는 볼 수 없고 오늘날 서유럽이나 북아메리카처럼 부유한 나라나 독립 후의 인도, 보스와나, 짐바브웨처럼 상대적으로 가난한 나라에서만 볼 수 있다고 했다(한스 푸트노키·보도 힐거즈, 2009).

오히려 환경, 사회, 심리적으로 우리를 더 불행하게 만들고 있다는 사례도 많다. 이제부터 성장주의에서 벗어나 가족과 지역, 사회 공동체의 보이지 않는 순기능을 키우고 사회안전망을 구축하는 대안적 경제론이 절실히 필요한 때라 할 수 있다.

3.2. 지속가능한 발전

3.2.1. 내발적 발전

경제성장과 다른 발전 개념을 추구하려고 한 중요한 이론적 공헌으로는 '내발적 발전' 개념을 들 수 있다. 내발적 발전 개념의 기원은 스웨덴의 하마솔드재단이 1975년 유엔경제특별총회 때 작성한 보고서 '무엇을 해야할 것인가'에서 구하고 있다. 그 내용은 사람들의 기본적인 필요를 충족시키고 내발적으로 자립적일 것, 생태적으로도 건전하고 경제사회의 구조 변화에 유연하게 대응해 스스로도 변화해갈 것이라고 한 제요소를 포함하고 있다. 내발적 발전(內發的發展)이란 목표에 있어서 인류공통이며 목표달성에 대한 경로나 창출해야 할 사회의 모델에 관해서는 다양성이 풍부한 사회적 변화의 과정을 말한다. 내발적 발전의 공통목표로는 지구상 모든 사람과 집단이 의식주의 기본적 요구를 충족하여 인간으로서의 가능성을 충분히 발현시킬수 있는 조건을 만들어내는 것으로 그것은 현존하는 국내 및 국제간의 격차를 낳는 구조를 변혁하는 것을 의미한다는 것이다(宮本憲一, 1989; 西川潤, 2000).

미야모토 겐이치는 '지속가능한 사회를 향하여'라는 글(宮本憲一, 2004)에서 다국적 기업의 진출에 의해 대량생산, 대량소비의 사회를 만들기 위한 경제개발을 추진하는 것과 같이 외래기업이나 ODA(해외개발원조)에 지역 개발을 맡기는 방법을 '외래형 개발(Exogeneous Development)'라고 정의하고, 이러한 외래형 개발은 서구형 근대화와 미국 문명을 쫓아가는 꼴이 되어, 간디의 예언[23]과 같이 경제적, 문화적 독자성을 잃을 뿐만 아니라 지구환경과 자원은 위기에 빠질 것이며, 일본에서도 이러한 외래형 개발은 경제의 대도시 집중과 중앙집권을 불러오고 지방도시와 농촌을 피폐시켰다고 지적하고 있다. 이에 대해 1980년대 이후 '내발적 발전(Endogeneous Development)'이라는 대안이 요구되고 있다는 것이다.

여기서 내발적 발전이란 개발의 목적을 GNP의 증가에 두는 것이 아니고 지역의 환경·복지·교육·문화 등의 종합적인 향상을 추구해 지역의 자원과 기술을 최대한으로 활용하려는 것이다. 외래형 개발은 대규모의 환경파괴를 가져오지만 내발적 발전은 환경을 보존한다는 것이다.

내발적 발전의 개발방법은 지역에 산업연관성을 긴밀하게 해 가능한 한 지역내에서 부가가치를 창출해내는 것이다. 외래형 발전에서는 이윤이나 조세가 대도시에 흡수돼 정치적 이익도 중앙정부와 정당에

---

23) 마하트마 간디는 'Hind Swaraj(1909)'에서 인도 독립에 대한 미래상으로 '영국의 번영은 세계의 반을 개발해 얻어진 것이지만, 만약 인도가 똑같이 소비한다면 지구가 몇 개 있어도 부족할 것이다. 대도시에서는 사람들은 행복할 수 없고 갱이나 창녀가 나오고 가난한 사람이 부자에게 착취될 것이다.'라고 말했다. 간디는 독립 후 작은 마을 단위인 자급자족 사회를 이상으로 생각해 물레를 돌리면서 그의 생각을 스스로 실천하였다고 한다(宮本憲一, 2004).

지속되는 데 반해 내발적 발전은 사회적 잉여(이윤+조세+여유자금)는 그 지역에서 분배돼 복지·교육·문화에 기여한다는 것이다.

또한 개발 주체를 볼 때 외래형 개발의 경우 대기업 중앙정부와 그에 기생하는 지방자본·지방자치단체라면 내발적 발전는 지역기업·자치단체·NPO·NGO 등이라는 것이다. 개발이 진행되면 전자는 중앙의존이 진행되는데 비해 후자는 지방자치의 발전이 진행된다는 것이다.

이런 과정에서 환경보전과 경제발전의 관계가 어떻게 돼야 하는가에 대한 관심에 부응한 개념으로 제기된 것이 바로 '지속가능한 발전(Sustainable Development)' 개념이다. 그 계기가 된 것이 1987년 '환경과 발전에 관한 세계위원회(WCED: World Commission on Environment and Development, 통칭 블룬트란트위원회, Brundland committee)'의 보고서인 '우리의 공통된 미래(Our Common Future)'이다.[24] 이 보고서는 '지속가능한 발전' 개념을 다음과 같이 정의했다. 지속가능한 발전이란 '미래세대가 스스로의 필요성을 충족시키는 능력을 해치지 않고 현재 세대의 필요성을 충족시킬 수 있는 발전'을 의미한다.[25] 이 보고서의 공표 이후 지속가능한 발전 개념을 둘러싸고 폭발적인 논란이 있었다. 지속가능한 발전 개념은 지금까지 대립관계로만 보아왔던 경제성장과 환경보전의 관계에서 벗어나 환경보전의 틀 내에서 어떻게 발전을 해나갈 수 있는가 하는 새로운 문제의식을 제기했다는 데 의미가 크다. 특히 지속가능한 발전 개념은 환경배려를 '세대

24) 이 보고서는 전세계의 에너지이용량이 지금의 2배만 되어도 이로 인한 환경오염이 지구의 수용한계를 초과하리라고 추산하였다(WCED, 1987).

25) 원문은 "Sustainable Development is development that meets the needs of the present without comprising the ability of future generations to meet their own needs."(WCED, 1987) 이다.

간 형평성(inter-generational equity)'이라는 형평성 개념에 바탕을 두고 파악한 점이 새롭다. 또한 '세대내 형평성' 개념을 만들어냄으로써 양 형평성 개념의 균형을 도모한 점이 특징이다. 반면, 지속가능한 발전 개념은 '현 세대의 필요'를 어떻게 정의하느냐에 따라 내용이 엄청나게 달라지는 등 명료성이 부족하여 그것을 둘러싼 다양한 해석의 여지를 안고 있다는 지적이 있다(이정전, 2004).

이정전(2004)은 지속가능한 발전의 이념은 환경성, 효율성, 형평성을 지향하는 이념으로 모든 경제활동이 환경의 수용능력의 범위 안에 제약돼야 함을 강조한다. 지속가능한 발전의 이념을 실천하기 위한 행동강령서인 '의제 21(Agenda 21)'은 이 이념을 실현하기 위한 4가지 원칙을 제시하고 있는데 ①오염원인자 부담의 원칙 ②사용자 부담의 원칙 ③예방의 원칙 ④최근접 결정의 원칙이 그것이다. 이를 경제학적으로 보면 모두가 시장의 실패를 교정하기 위한 원칙이라 할 수 있다는 것이다. 오염원인자 부담의 원칙은 환경오염을 사회적으로 허용가능한 수준으로 통제함을 주된 목적으로 삼는 원칙이지만 자원고갈문제와 미래세대의 이익을 제대로 고려하지 못한다는 문제점을 안고 있다. 따라서 이를 보완하기 위한 원칙이 미래세대에 대한 외부효과를 강조하는 사용자 부담의 원칙이라 할 수 있다. 예방의 원칙은 불확실성이 많은 환경문제에 대처하기 위한 원칙이며 최근접 결정의 원칙은 작은 단위나 규모에서의 결정이 큰 단위나 규모에서의 결정보다 더 효율적임을 전제한 원칙으로 앞의 세 원칙에서 빠져 있는 의사결정과정의 민주성을 강조하는 원칙이라는 것이다.

3.2.2. 지속가능한 발전과 자연이용

경제학에서는 흔히 파레토기준 또는 파레토효율이라는 말을 많이 쓴다. 각 개인의 효용이 최대한 달성됐기 때문에 어떤 특정인의 효용을 증진시키기 위해서는 반드시 다른 사람의 효용을 희생시켜야만 하는 상황을 가리킨다. 즉, 모든 사람들의 만족도를 다른 누군가가 불리하게 만들지 않도록 하면서도 현재 얻는 것보다 더 커진 경우, 그러한 상태를 사회적으로 바람직한 것으로 보는 것이 파레토기준인 것이다. 그런데 이러한 파레도기준이 지속가능한 발전이라는 차원에서 볼 때 다른 세대간의 적용에는 어떻게 될까. 이 경우 현 세대와 미래세대간에 어떻게 효용을 배분하는 것이 바람직한가 하는 세대간 형평의 문제에 관해서는 아무도 명확하게 설명하지 못하게 된다.

발전이라는 개념은 1인당 실질소득, 건강과 영양상태, 교육, 자원에 대한 접근, 소득분배의 공평성, 기본적인 자유 등을 대상에 포함시킬 수 있을 것이다. 이들 지표가 전 기간에 걸쳐 감소하지 않는 상황을 지속가능한 발전이라고 생각할 수도 있다. 그러나 이 경우 어느 특정 지표가 정해져 왜 그 밖의 것이 선택되지 않는가에 대한 설명이 어렵고 수를 늘이면 늘일수록 지표 모두를 개선하기가 어렵게 된다. 이렇게 정의한 경우 지속가능한 발전의 상태는 실현하기 어렵게 된다. 특정 1개 지표가 개선되지만 다른 1개가 저하하는 경우는 지속가능한 발전의 상태를 어떻게 정의할 것인가 고민이 생긴다. 지속가능한 발전이란 '효용수준이 시간을 통해 저하하지 않는 상태'로 정의할 수 있을 것이다. 이는 현재 우리들 자신의 평균적인 생활의 질이 미래의 모든 세대에도 공유될 수 있도록 자원기반을 관리해가는 것으로 미래세대를 위한 현재 우리 세대에 대한 시대적 요청이기도 하다. 여기서 주의해야 할 점은 '효용수준'이지 '소비수준'이 시간을 통해 저하하지 않는 상태를 의미하는 것은 아니라는 점이다. 왜냐하면 각 개인은 직접적으로 환경으로부터 효용을 얻고 있지 자연자원에서 생산되는 소비재로부터 얻고 있는 것은 아니기 때문이다. 그리고 지속가능한 발전에서 중요한 것은 효용을 감소시키지 않는 것이 정책의 목표가 된다.

이 같은 정의 하에선 자원에서 효용이 나오기에 미래세대를 위해 넘겨주는 자원의 양에 대해 무언가 제약이 가해지게 된다. 다만 모든 지표를 계속적으로 개선하는 것은 요구되지 않도록 하는 대신 합산된 지표, 결국 자연자본과 물적 인적 자본의 합계가 감소하지 않는 것이 지속가능한 발전을 충족시키는 조건이 된다는 것이다.

자연자본이란 토지, 동물, 물고기, 식물, 재생가능(또는 불가능)자원, 광물자원 등 자연(천연)자본을 나타내고, 이용할 수는 있지만 스스로 창조할 순 없는 것들을 말한다. 합산된 지표로 생각한다는 것은 자연자본은 절대 감소시켜서는 안 된다는 것이 아니라 자연자본이 감소하더라도 그에 대응하는 효용의 감소분을 다른 인공자본의 증가로 보상(대체)하는 것이 가능하다고 하는 생각이다. 다만 다른 자본으로 대체 불가능한 자연자본이 있다고 하면 그 감소를 보상할 수가 없기에 그 자본 자체가 감소하지 않도록 하는 것도 지속가능한 발전을 유지하기 위한 조건이 된다는 것이다. 가령 목재를 피혁, 노동을 기계, 동(銅)을 플라스틱으로 대체하는 것은 가능하지만 울창한 숲을 도로로 대체하는 것은 안 된다는 것이다.

오염배출이나 자원의 과대한 이용으로 외부비용이 존재한다고 하자. 이 경우 오염으로 인한 환경피해 때문에 자연자본의 감소가 커지면 그 이상의 인공자본을 증가시킬 필요가 있다. 그리고 지속가능한 발전의 실현을 위해 기술을 개발할 필요가 있다. 개발과 기술의 보급을 추진하기 위해서는 오염물질 배출을 감축하는 것 자체가 비용 감축으로 연결되는 제도가 필요한데 결국 환경세와 같은 환경규제의 도입에 의해 오염물질을 감축하는 것이 가치를 높이는 것이 된다. 또 외부비용의 가격을 제대로 매길 필요가 있기에 지속가능한 발전과 외부비용의 취급이 밀접하게 관련돼 있음을 알 수 있다.

에너지는 크게 재생불능에너지와 재생가능에너지로 나눌 수 있다. 석탄, 석유 등 화석연료가 대표적인 재생불능에너지이다. 재생가능에너지는 재생가능자원에서 에너지용도로 이용되는 것으로 특히 태양광, 태양열, 수력, 지열, 풍력, 해양에너지(조력, 파력), 바이오매스 등 다양하다. 재생가능에너지는 화석연료보다 환경부하가 작기 때문에 청정에너지로 불린다. 화석연료는 에너지 이용시 온실가스인 CO_2를 배출하지만 재생가능에너지를 이용할 때는 CO_2를 배출하지 않는다. 특히 바이오매스자원의 경우는 광합성에 의해 CO_2를 흡수하면 순 CO_2배출은 제로가 된다. 그러나 재생가능에너지 중에도 에너지 이용시설의 건설과 관련해 간접적인 CO_2배출은 있다. 또한 대규모 유역의 환경피해를 수반하는 수력개발이나 산림파괴가 따르는 바이오매스 에너지의 이용 등 환경부하가 큰 재생가능에너지도 있을 수 있기에 주의가 필요하다(環境経済·政策学会, 2006)

한편 재생가능에너지와 자연에너지를 구별할 필요가 있다. 자연에너지에는 화석연료나 핵연료도 자연의 산물이라고 할 수는 있지만 일반적으로 이들은 제외된다. 재생에너지는 자연에너지의 틀을 넘어서는 내용을 갖고 있다. 재생가능에너지에는 현존하는 생태계에 확산이 문제가 되는 유전자조작에너지식물이나 지진이나 화산폭발의 유발이나 분출증기의 환경평가가 우려되는 고온암체발전 등의 기술을 배제할 수 없는 문제가 있다는 것이다.

이런 면에서 자연에너지란 자연과 하나된 에너지로 정의된다. 이 때 자연은 태양, 물, 흙, 공기 그리고 생명체 5가지를 필수 구성요소로 한다. 첫째로 중요한 것은 태양의 존재이다. 그 태양 아래 물 흙 공기가 존재하며 그들과 밀접하고 불가분의 관계인 생명체가 존재한다. 이들 가운데 어느 하나만 없어도 자연은 성립하지 않는다. 이러한 자연의 구성요소 각각에 에너지가 있다. 태양은 빛과 열로 에너지를 내고, 물은 하천이나 해양을 형성해 수력이나 파력 조력으로 수력에너지나 해양에너지뿐만 아니라 냉수나 설빙으로 냉열에너지의 매체도 된다. 흙은 지열이나 온천으로 에너지를 내고, 공기는 풍력에너지를 낸다. 그리고 생명체는 모두 바이오매스에너지가 된다. 가령 산림은 짚과 목탄, 펠릿과 칩 등의 연료가 되고 가축의 분뇨는 바이오가스화해 에너지가 된다. 사람이 살기 위해 구성하는 사회도 넓은 의미에서 자연에 들어가며, 거기서 배출되는 리사이클도 있다.

오토모 노리오(2012)는 자연에너지의 효용에 대해 ①자연과 하나되는 에너지 ②식량생산과 조화하는 에너지 ③지역산업과 조화하는 에너지 ④지역주민이 담당자가 돼야 할 에너지로서 자연에너지를 들고 있다. 생물이란 모두 자연 가운데서 자연과 하나가 돼 서로 '먹고 먹히는' 관계, 즉 먹이사슬로 그 정점이 인간이다. 이런 면에서 자연은 단순한 자연이 아니라 우리들의 먹을거리를 얻기 위한 장(場), 즉 식량생산의 장인 것이다. 그러나 농약, 화학비료의 남용, 다이옥신, 환경호르몬의 범람, 방사능오염 등 생물다양성을 잃어버리고 있는 전원 환경의 파괴, 게다가 휴경지로 인한 식량생산의 장의 황폐, 지나친 호안공사, 댐 공사로 인한 자연조건의 인위적 변경에 의한 생태계 착란 등이 이미 도를 넘었다. 이러한 가운데 가장 기본이 돼야 할 인간의 안전한 먹을거리 확보조차 어려워지고 있다는 사실이다.

오토모는 자연에너지는 지역고유의 자연현상과 밀접한 관계가 있기에 그것을 전제로 자연에너지기술도 지역 고유화해야 한다고 주장한다. 이것이 자연에너지생산이 지역산업이 돼야 하는 이유이다. 따라서 지역 특성에 맞게 소규모 분권형으로 설치·운영돼야 하고 또한 주민에 의한 에너지 생산수단의 공평한 소유가 되도록 지혜를 모아야 한다는 것이다.

모로토미 토루(2003)는 지속가능한 발전(SD)를 위해 필요한 자원이용의 규제의 원칙을 다음과 같이 밝히고 있다.

첫째, 환경 자원의 가격 매기기에 관한 시장의 실패는 시정돼야 한다. 둘째, 재생가능한 자연자본의 재생능력은 유지돼야 한다. 셋째, 기술진보는 재생불가능한 자연자본에서 재생가능한 자연자본으로의 전환이 촉진되도록 제도를 통해 추진돼야 한다. 넷째, 재생가능한 자연자본은 이용돼야 한다. 다섯째, 경제활동은 자연자본의 한계를 넘지 않는 범위로 제한돼야 한다.

3.3. 지속가능성

3.3.1. 강한 지속가능성과 약한 지속가능성

브룬트란트위원회 보고서 이래 경제학에 있어서도 지속가능성(Sustainability) 개념에 대한 관심이 매우 높아졌다. 솔로(1974)는 '세대간 형평성과 고갈성 자원'이란 제목의 논문을 통해 고갈성 자원을 채취·이용하면서 시간축을 통하여 1인당 실질소비수준 또는 효용수준을 어떻게 일정하게 유지할 것인가에 대하여 논했다. 여기서 '세대간 형평성'이란 소비수준이 세대간을 통하여 일정하게 유지되는 것이라고 해석되는데 소비수준을 일정하게 유지하기 위해서는 그 전제조건으로서 생산수준이 일정하지 않으면 안 된다는 것이다.

가령, 생산은 통상 '자본'과 '노동'을 생산요소로 투입함으로써 행하여지지만 다른 여건을 일정하게 하면 생산수준을 일정하게 유지하기 위해서는 투입자본량을 일정하게 유지하지 않으면 안 된다. 자본은 '인공자본(통상의 의미로서의 사적 자본과 사회자본, 그리고 인적 자본)'과 '자연자본'으로 이루어지기에 양자를 합친 자본총량이 일정하게 유지되는 것이 소비수준을 일정하게 하는 필요조건이 된다. 그런데 시간의 경과와 더불어 고갈자원의 채취가 진행되어 그 부존량은 감소해간다. 그러나 고갈성 자원을 효율적으로 이용함으로써 발생하는 수익을 인공자본에 재투자함으로써 인공자본을 증대시킬 수 있다면 자본총량은 더욱 일정하게 유지된다. 결국 고갈성 자원의 감소분을 좀 더 보충하는 것만큼 인공자본 투자를 행하면 소비수준을 일정하게 유지할 수가 있다는 것이다. 자연자본과 인공자본의 무제한적 대체가능성에 바탕을 둔 이 지속가능성 개념은 일반적으로 '약한 지속가능성(Weak Sustainability)'이라고 부른다. 약한 지속가능성은 신고전파적 이론이라 볼 수 있다(諸富徹, 2003).

모로토미 토루(2003)는 이러한 신고전파적 이론에 바탕을 둔 '약한 지속가능성'에 2가지 의문을 제기하고 있다. 첫째는 총자본량이 일정하게 유지되기 위해서는 자연자본과 인공자본이 완전히 대체가능하다는 전제조건이 성립할 필요가 있다는 것이다. 자연자본은 인공자본에 의해 대체될 수 있다는 입장의 윤리적 타당성은 차치해두더라도 과연 그렇게 원활한 대체가 기술적으로 가능한가 하는 점에서 의문이 생긴다는 것이다. 둘째, 이상의 이론적 틀에서는 자연자본이 생산을 위한 단순한 하나의 투입요소로서만 취급될 뿐이라는 것이다. 반면에 사람들의 효용수준은 일반적인 소비수준에만 기초해 결정된다고 보고 있다는 것이다. 그러나 현실에는 자연자본은 어메니티를 공급하는 기능을 갖고 있고 이 어메니티를 소비함으로써 사람의 효용수준은 올라간다는 것이다. 그런데 신고전파에서는 자연자본의 이 기능이 무시돼 있다는 것을 지적하고 있다.

바비에르(Barbier, 1990)는 이러한 '약한 지속가능성' 개념 대신에 자연자본의 수준을 그 가치액이 아니라 물리적인 의미에 있어 시간축을 통해 일정하게 유지하는 것을 지속가능성 개념의 공리로 채용하고 있다. 이 지속가능성에 바탕을 둔 개념을 '강한 지속가능성(Strong Sustainability)'이라고 부른다. 댈리(Daly, 1995)는 자원이용 기준을 제시했는데 배출기준은 폐기물 및 오염물질의 배출은 환경의 동화흡수능력의 범위 내이어야 한다. 그리고 투입 기준은 ①재생가능자원의 경우 채취율은 그 재생률을 상회해야 하고 ②고갈성 자원의 경우 그 채굴률은 다른 재생가능자원에 의해 그 고갈성 자원의 대체가 가능한 비율의 범위 내가 되어야 한다는 것이다.

'강한 지속가능성' 개념은 자연자본을 물리적인 의미에 있어 시간축을 통해 일정하게 유지하는 것을 무엇보다 우선시하였다. 피어스와 워포드(Pearce and Warford, 1998)는 지식의 불확실성을 고려해 극한치를 넘어서지 않은 수준에서의 규제치가 아니라 대폭 안전율을 가진 엄격한 수준인 '최소안전기준(Safe Minimum Standard of Conservation)'의 사고방식에 바탕을 두고 인공자본과 대체불가능한 자연자본 부분을 규정할 필요가 생기는데 그러한 자본 수준을 '결정적 자본(Critical Capital)'이라 불렀다. 즉, 결정적 자본이란 스톡(Stock)이 그 이하를 밑돌면 불가역적인 손실이 발생하는 것 같은 그런 수준을 가리킨다.

'강한 지속가능성'은 '심층생태주의(Deep Ecology)'[26]의 사고가 바탕이 돼 있다. 네스와 세션(Naess & Sessions, 1984)은 '심층생태주의'의 8가지 강령을 제시했다. 첫째, 인간과 인간이 아닌 지구상 생명의 번성은 본질적 가치를 지닌다. 인간과 인간이 아닌 지구상 생명의 가치는 인간이 보는 좁은 목적의 유용성과는 별개의 것이다. 둘째, 생명체의 풍부함과 다양성은 그 자체로 가치가 있고 지구상 인간과 인간

26) 1973년 노르웨이의 철학자 네스가 최초로 사용하고 정립화한 용어로 생태계 위기의 근본적인 원인은 모든 자연 가치관을 인간적 측면에서 평가하고, 자연을 인간의 욕망을 충족시키기 위한 자원 또는 물질로 파악하는 인간 중심적 사고방식에 있다고 주장하는 이론 또는 사상, 철학이다. 근본생태주의라고도 한다.

이 아닌 생명의 번성에 기여한다는 것이다. 셋째, 인간은 생존적 욕구 충족을 제외하고는 이러한 풍부함과 다양성을 감소시킬 권리가 없다. 넷째, 현재 인간의 비인간 세계에 대한 간섭은 지나치며, 상황은 급속히 악화되고 있다. 다섯째, 인간 생명과 문화의 번성은 본질적으로 인구감소와 양립하는 것이다. 인간이 아닌 생명의 번성을 위해서는 그러한 감소가 요구된다. 여섯째, 개선을 위한 생명 조건의 주요한 변화는 정책의 변화를 요구한다. 이러한 것은 경제적, 기술적, 이데올로기적 기반 구조에 영향을 미친다. 일곱째, 이데올로기적 변화는 주로 생활지표에 집착하기보다는 삶의 질(본질적 가치의 생활)의 평가에 있으며, '큰 것'과 '위대한 것'의 차이를 깊이 인식하는 것이 중요하다. 여덟째, 이러한 강령에 동의하는 사람은 직간접적으로 필요한 변화를 실천하는데 참여할 의무를 지닌다는 것이다.

모로토미 토루(2003)는 지속가능한 발전이란 '자연자본의 부존량이 최소안전기준에 바탕을 둔 결정적인 수준의 자연자본량을 밑돌지 않으면 안 된다고 하는 제약조건 아래, 세대내 형평성을 배려하면서 복지수준(well-being)을 세대간에 적어도 일정하게 유지하는 것'이라고 정의했다.

3.3.2. 지속가능성과 도시

유럽연합에서는 이 지속가능성 개념을 지역과 결부시키려는 지적 노력이 행해져왔다. 이 노력의 출발점은 1992년 브라질 리우데자네이로에서 개최된 유엔환경개발회의(소위 리우회의)에서 채택된 '의제

(Agenda) 21' 제 28 장에 나와 있는 '지방의제(Local Agenda) 21'에서 찾을 수 있다. 이는 환경문제 외에도 지역 문제의 해결을 위하여 지자체가 결정적으로 중요한 역할을 할 것, 그리고 지자체는 지역의 이해관계자와의 대화를 통해 지속가능한 사회를 만들기 위한 행동계획을 수립하도록 요구받고 있다. 이에 따라 유럽위원회는 지속가능성의 공리를 충족시키는 도시의 모습과 그것을 지탱하는 정책체계가 어떠해야 할 것인가를 모색하기 위해 1993년 '지속가능한 도시 프로젝트'를 발족시켰다. 이 프로젝트의 보고서는 '지속가능한 도시(sustainable cities)'로 알려진 새로운 도시의 개념과 정책체계를 내놓았다. 거기에는 다음과 같은 4가지 과제가 중심이 되고 있다(宮本憲一, 2004).

첫째, 자연자원의 지속가능한 관리이다. 도시 내에서 자연에너지의 도입이나 리사이클링을 추진해 자원의 완전순환사회를 지향한다. 둘째, 도시경제와 사회시스템의 혁신이다. 이를 위해 공적 규제와 환경세 등의 경제적 수단을 사용하고 환경비즈니스를 촉진한다. 환경비즈니스에 의해 고용을 확대한다. 셋째, 지속가능한 교통정책이다. 이를 위해 자동차교통의 억제와 공공수송기관의 확충이 추진된다. 더욱이 직장과 주거의 근접에 마을 만들기를 통해 교통 자체를 절약한다. 넷째, 공간계획이다. 도심에 주거공간을 유지해 경제기능 등에 과도한 집적을 피함과 동시에 교외로의 발전을 제한해 자연농지의 보전을 기한다는 것이다.

또한 ICLEI(자치단체국제환경협의회)는 리우회의 2년 후인 1994년에 덴마크의 올보시(Aalborg)에 모여, 지방의제 21 수립을 위한 구체적인 지침서인 '올보헌장'을 채택했다. 이 내용 중에 지속가능한 발전은 '경제·사회·환경의 지속가능성'의 사고방식으로 설명되고 그것을 실현해가는 지역의 역할이 강조되고 있다. 지속가능한 발전이란 단순히 환경을 보전하는 것 이상으로 자연자본의 손상 방지만을 가리키는 것이 아니라는 것이다. 환경이 지속가능하게 되기 위해서는 그 전제로서 경제시스템이 안정적으로 지속가능한 것이 되지 않으면 안 된다는 것이 바로 '경제적 지속가능성'의 의미이다.

또한 유럽의 여러 도시에는 시장통합에 의해 산업구조가 크게 변한 결과, 고용 상실로 인해 높은 실업률을 항시적으로 기록하는 지역이 많아졌다. 이러한 사회계층의 양극화는 공간적 분리의 결과, 도시에서 사회적인 차별성의 증대, 이민의 배척, 범죄 발생의 증대라고 하는 심각한 문제를 낳았다. 이러한 상태는 설령 환경이 보전되고 있다고 해도 지속가능한 도시라고는 말할 수 없다. 참된 의미에서 지속가능한 도시가 되려면 삶의 질이나 시민의 복지(well-being)에 관심을 두지 않으면 안 된다는 것이 '사회적 지속가능성'의 개념으로 볼 수 있다. 따라서 '환경과 경제'만이 아니라 '경제와 사회' 또는 '사회와 환경'의 상호연관을 포함하여 지속가능성 개념을 발전시켜가야 할 필요가 있다는 것이다(諸富徹, 2003).

이렇게 볼 때 경제학적 관점에서 살펴 본 '지속가능성' 개념은 협의의 환경보전을 넘어 사회경제적 측면을 포함한 보다 광의로 사용되게 되고 개념으로서도 깊어져왔다고 말할 수 있다. 이러한 사회경제 구조가 발현되는 공간인 도시는 이러한 지속가능성을 바탕으로 해서 유지·발전되고 있다고 할 수 있다. 환경의 지속가능성, 경제의 지속가능성, 사회의 지속가능성은 각각 따로 있는 것이 아니라 상호 밀접하게 연결돼 있다. 따라서 이들 3가지 지속가능성을 통합적으로 실현하는 점이야말로 실질적인 '지속가능한 발전'을 유지하는 길이라고 볼 수 있다.

이러한 지속가능한 발전 개념의 변화를 정리하면 <그림 2-1>과 같다. 종래의 발전(Development)의 개념의 지표가 1인당 GDP의 상승이라면, 지속가능한 발전(SD·ESSD)에서는 NNW나 녹색GDP가 주가 되고, 지속가능성(Sustainability)으로 나아가면 구체적인 수치보다는 삶의 질(Quality of Life)이나 웰빙(well-being)을 중시하게 된다고 볼 수 있다.

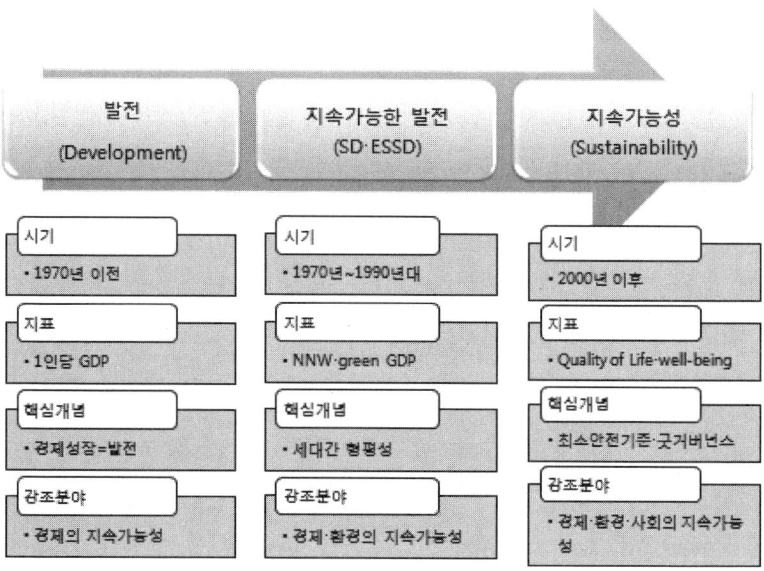

<그림 2-1> 지속가능한 발전 개념의 변화

4. 저탄소사회를 위한 경제적 정책 수단

4.1. 친환경적 조세구조 및 시장체제

4.1.1. 배출부과금

직접규제(Command and Control)란 사회적으로 바람직한 수준의 환경질을 달성하기 위해 정책당국이 오염자가 준수해야 할 행위를 구체적으로 법률로 정하고 사법권, 경찰력, 벌금, 행정조치 등과 같은 수단을 동원해 오염자가 법률을 준수토록 하는 환경정책을 의미한다(권오상, 1999). 직접규제는 정책당국이 설정한 환경기준을 오염자로 하여금 지키도록 요구하며, 만약 위반시 오염자를 처벌할 수 있도록 돼있다. 환경기준을 설정해 오염행위를 통제하는 것은 실행과정이 비교적 단순하고 직접적이며, 정책의 목표를 명확히 표현할 수 있다는 장점을 가진다. 또한 환경기준을 위반할 경우 위반자를 처벌하는 절차를 포함하고 있으므로 환경오염은 비도덕적이라는 사회적 윤리의식과도 부합되는 정책이라고 할 수 있다. 이런 이유로 인해 환경기준을 통해 시행되는 직접 규제는 각국이 가장 많이 사용하고 있는 환경정책이다.

반면 직접규제는 오염자에게 경제적 유인을 제공해 오염자 스스로 오염물질 배출량을 효율적으로 줄이도록 유도하는 것이 아니라, 정책당국이 설정한 기준을 오염자가 의무적으로 수행하도록 요구함으로써 오염자가 배출량 감소를 위해 취할 수 있는 선택의 폭을 매우 제한하는 정책이다. 이 제도는 오염자 입장에서는 매우 경직된 제도라고 할 수 있으며 효율성 측면에서 많은 문제점을 갖고 있는 정책이라고 비판을 받아왔다.

경제발전과 더불어 사람들의 생활이 풍요로워지게 되면 소득증가와 함께 소비량도 증가한다. 소비량의 증가는 다시 생산량의 증가로 이어지면서 쓰레기를 양산하게 되는데 가정에서 배출되는 쓰레기는 '일반쓰레기'라 부르며, 공장에서 배출되는 쓰레기는 '산업폐기물'이라고 부른다. 경제수준이 향상해 소비량이 증대하면 가정에서 배출되는 일반폐기물이 증가하고, 또한 생산량이 증대하면 기업으로부터 배출되는 산업폐기물이 증가하게 된다. 이러한 폐기물은 회수돼 소각시설에서 소각되거나 불연성의 경우는 최종쓰레기처리장에서 매립되는데 쓰레기량이 늘어나면 쓰레기 처리비용 또한 증가한다. 국토가 좁은 우리나라의 경우 쓰레기를 매립해 처분할 쓰레기장이 부족하다. 따라서 쓰레기를 감축하기 위해 리사이클을 추진하거나 쓰레기를 유료화하는 등의 정책이 실시되고 있다.

우리나라에서 배출부과금의 대표적인 것이 고형폐기물에 적용되는 배출부과금으로 흔히 쓰레기수거료로 알려져 있다. 보통 쓰레기수거료란 가정이나 상가 등 쓰레기의 최종배출자에게 부과되는 공공요금을 말한다. 이정전(2004)은 수거료를 산정하는 방법에 따라 다음과 같은 제도가 있다고 소개하고 있다.

첫째, 고정률제도이다. 이는 수거량에 직접 관계없이 일정률로 수거료가 징수되는 제도로 경제적 효율과는 거리가 멀지만 주로 비용충당의 원칙에 입각해 수거 및 처리비용을 염출하는 데 그 의의가 있다.

둘째, 종량수거료제도이다. 보통 주거량 단위당 수거료를 징수하는 제도로서 과표는 무게일 수도 있고 부피일 수도 있다. 대개는 수거된 쓰레기통의 수에 따라 요금을 정하기도 하지만 쓰레기통을 한 가지 종류로 규격화하거나 용량을 달리 하는 몇 가지로 구분하기도 한다. 쓰레기통 대신 합성수지나 종이로 만든 봉지를 사용하기도 하는데 이 가운데 부피를 기준으로 한 것이 우리가 매일 쓰고 있는 쓰레기종량제봉투이다. 종량수거료는 이름만 다를 뿐이지 내용은 배출부과금이며 따라서 배출부과금과 똑같은 효과, 즉 쓰레기배출을 억제하는 감량효과를 가진다.

셋째, 서비스기준제도이다. 수거의 난이도에 따라 요율에 차등을 두는 제도를 말한다. 난이도의 기준은 수거지점, 수거빈도, 수거시간 등에 의해서 결정된다. 종량수거료제도를 좀 더 발전시킨 제도이다.

부과금의 핵심은 자원을 많이 소모하고 쓰레기를 많이 배출하는 상품의 생산 및 소비를 억제하는 데 있다. 종량수거료는 쓰레기배출량뿐만 아니라 폐기물의 재활용에도 직접적으로 영향을 미치기 때문에 쓰레기의 수거 및 처리에 소요되는 사회적 비용을 정확하게 반영하도록 결정돼야 한다. 하지만 감량효과가 발생할 만큼 수거료 요율을 올릴 경우 불법투기와 같은 부작용이 발생해 오히려 막대한 사회적 손실을 초래할 수도 있다.

그런데 이러한 부과금제도는 딜레마가 있다. 쓰레기수거료 요율이 충분히 높지 않으면 수거료 본연의 기능, 즉 쓰레기배출량을 사회적 적정 수준으로 줄이는 기능을 다할 수가 없다는 것이다. 한편 감량효과가 현저하게 발생할 만큼 수거료가 비싸면 수거료 부담을 피하기 위한 불법투기가 성행하게 된다는 것이다. 이러한 쓰레기수거료제도의 대안으로 최종배출자대신 장차 쓰레기가 될 상품의 생산자에게 수거 및 처리비용을 부담시킬 수 있는데 이것을 상품 생산자 또는 유통업체에게 부과되는 제품부과금이라고 한다. 우리나라에서 폐플라스틱의 수거 및 처리비용의 일부를 조달하기 위해 플라스틱제품의 생산자에게 생산액의 일부를 부과금으로 징수해왔는데 이 부과금이 일종의 제품부과금이라 할 수 있다. 또한 지금 실시되고 있는 폐기물부담금 역시 제품부과금의 일종이다. 그런데 제품부과금은 부과당하는 기업이 이를 소비자에게 전가하기에 소비자 입장에서 보면 일종의 소비세 역할을 하므로 쓰레기를 많이 배출하는 경향이 있는 상품의 소비를 억제하는 효과를 가진다(이정전, 2004).

제품부과금보다 한발 더 나아간 것이 확대생산자책임제도이다. 이는 제품부과금이 적합하다고 생각되는 쓰레기에 대해서는 단순히 부과금만 징수하는 게 아니라 쓰레기가 될 상품의 원생산자에게 수거·운반·처리까지 일임하는 제도이다. 특히 가전제품 회사의 전국 판매망을 활용해 가능한 것으로 이들 기업의 연합체 또는 기존 전문폐기물관리업체 위탁계약 등을 통해 폐기물 수거 및 처리를 할 수 있게 하는 것이다.

쓰레기수거료의 약점을 보완하는 다른 한 가지 방안이 예치금(Deposit-Refund)제도이다. 이 제도의 하나가 소비자예치금인데, 주로 재활용할 수 있는 상품을 구매할 때 구매자로 하여금 일정금액을 예치케 하고 그 상품을 반환하면 예치했던 금액을 환불하는 제도이다. 또 하나는 생산자예치금인데 쓰레기가 될 상품을 생산하거나 유통시킨 기업으로 하여금 일정금액을 예치하게 하고 쓰레기를 수거하고 처리하는 경우에 그 예치금을 반환해주는 제도이다. 그런데 생산자예치금은 소비자예치금제도에 비해 효과가 떨어지기에 별도 쓰이지 않는 제도이다.

수질 및 대기오염물질을 일정 규모 이상 배출하는 기업에 물리는 돈으로 환경개선을 촉진하기 위한 경제적 제재수단인 배출부과금은 2가지 종류이다. 하나는 기본부과금으로 사업장 규모에 따라 부과되며 따라서 폐수배출량이 많거나 에너지 사용량이 많을수록 많은 돈을 내야 한다. 다른 하나는 처리부과금으로 규정된 배출허용기준을 초과했을 때 매기는 것으로, 배출허용기준을 넘긴 오염물질 처리비용을 사업자로부터 받아내기 위한 것이다. 산출방법은 다음과 같다.

배출부과금=오염물질 kg당 부과금액 × 배출허용기준 초과 오염물질 배출량 × 배출허용기준 초과율별 부과 계수 × 지역별 부과 계수 × 연도별 부과금 산정지수 × 위반횟수별 부과 계수

이 가운데 대기배출부과금은 허용기준을 넘는 오염물질을 배출한 업체에 환경부가 물리는 일종의 벌금인데 오염물질의 기준 초과 정도, 배출기간, 오염물질의 종류, 배출량, 위반횟수에 따라 부과금의 요율이 달라진다. 부과대상 오염물질은 아황산가스 등 대기오염물질 4종, 생화학적 산소요구량(BOD) 등 수질분야 13종, 악취 등 모두 18종이다(국가환경기술정보센터: www.konetic.or.kr).

뉴스와이어(2012.7.22)에 따르면 경기도는 2012년도 상반기 대기기본부과금 부과를 위해 7월 말까지 도 관할 대기배출사업장 158개소를

대상으로 먼지와 황산화물 배출량을 조사한다고 밝혔다. 대기기본부과금은 대기오염물질로 인한 환경 피해를 방지하고 감소시키기 위해 시행되는 제도로, 명령 및 통제방식의 환경규제 정책수단이 가진 한계점을 보완하고자 오염자부담원칙을 이용한 경제적인 유인에 목적을 두고 도입됐다는 것이다. 배출부과금을 부과할 때는 사업자로부터 오염물질 배출량에 관한 자료를 제출받아 배출허용기준초과여부, 오염물질의 종류, 오염물질 배출기간을 고려하여 배출량을 산정하여 부과한다. 만약, 배출허용기준을 초과하여 배출한 경우에는 초과배출부과금을 부과하고, 배출허용기준 이내로 배출한 오염물질에 대하여는 매년 2회 정기적으로 부과한다. 이를 위해 경기도는 대상사업장에게 2012년도 상반기 대기오염물질 확정배출량 명세서를 7월말까지 제출하도록 안내했으며, 제출된 확정배출량 명세서를 8월 말까지 검토해 9월 초 기본부과금을 부과할 예정이라는 것이다. 확정배출량 명세서를 제출하지 않거나 제출한 내용에 신뢰성이 결여되는 경우 대기환경보전법에 따라 부과금이 최대로 부과될 수 있다고 한다.

4.1.2. 환경세와 탄소세

환경세란 공장 등에서 배출되는 오염물질의 양에 맞춰 배출부과금을 부여하는 것으로 환경오염을 억제하는 방법의 하나이다. 대표적인 것으로 유럽 각국에서 실시되고 있는 탄소세가 있다. 탄소세는 지구온난화의 원인이 되는 CO_2의 배출량에 대해 부과금을 부여하는 것이다. 기업의 경우 오염을 증가시키는 만큼 환경세의 부담액도 증가한다. 반대로 오염을 줄이면 환경세의 부담액도 감소한다. 즉 환경세가 도입되면 기업은 오염을 억제하려고 노력하게 된다. 환경규제에서는 오염 배출량의 상한이 정해져 있기에 공장은 이 상한을 넘어서 오염을 내는 것이 불가능하다. 이에 대해 환경세에서는 공장은 스스로 오염배출량을 자율적으로 결정할 수가 있다.

가령 CO_2에 부과금을 부여하는 탄소세의 경우를 생각해보자. CO_2를 감축하기 위해서는 에너지절약 설비를 도입하거나 풍력발전 등 CO_2 배출량이 적은 에너지를 사용할 필요가 있다. 이 때문에 CO_2를 감축하기 위해서는 많은 비용이 필요하지만 기업에 따라서는 아직 에너지절약대책이 돼 있지 않는 상태라면 새로운 설비를 도입함으로써 비교적 쉽게 대책을 실시할 수 있는 경우가 있다. 반면에 이미 최신식 설비가 도입돼 있는 경우는 더 감축하려고 하면 막대한 비용이 발생한다.

여기서 환경세가 도입되면 어떻게 될 것인가? 감축비용이 비교적 낮은 공장에서는 자력으로 배출량을 감축함으로써 환경세의 부담액을 줄이는 것을 선택하게 될 것이고, 반대로 감축비용이 높은 공장에서는 자력으로 배출량을 감축하는 것보다도 환경세를 지불하는 것을 선택할 수도 있다. 이처럼 환경세가 도입되면 감축비용이 낮은 공장에서 우선적으로 감축이 실시되기에 모든 공장이 일률적으로 감축을 행하는 것보다 효율적으로 감축을 행하는 것이 가능하게 된다.

환경세의 구조를 자세히 알기 위해서 우선 기업의 오염대책과 감축비용의 관계를 살펴보자. <그림 2-2>는 CO_2의 한계감축비용곡선을 나타낸 것이다.

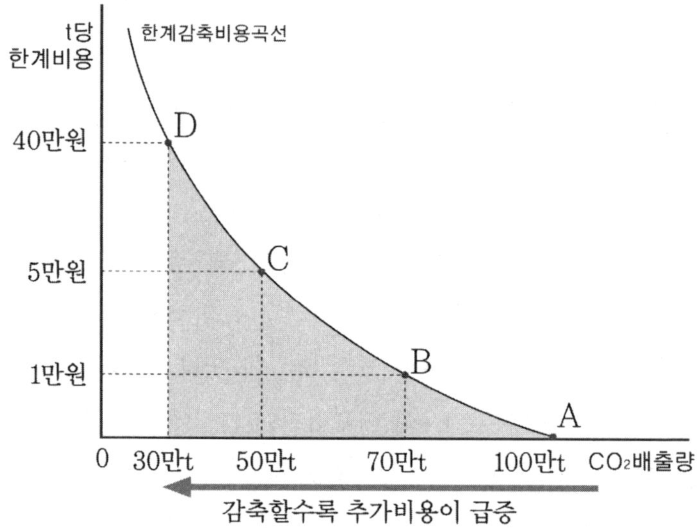

<그림 2-2> CO_2의 한계감축비용

한계감축비용곡선이란 오염배출량을 1단위 감축했을 때 비용이 어느 정도 증가하는가를 보여주는 것이다. <그림 2-2>의 가로축은 CO_2의 배출량, 세로축은 t당 감축비용을 보여주고 있다. 가령 어느 공장이 현재 100만t의 CO_2를 배출하고 있다고 하자. 배출량을 계속 감축해가면 자연히 감축비용도 상승해간다. 처음에는 전기사용량을 조금 절약만 해도 감축이 가능하기에 한계감축비용은 비교적 낮은 금액에 머물고 있다. 70만t까지 감축한 경우 감축비용은 1만원 증가하는 수준에 머문다. 그러나 가령 50만t까지 감축하고자 하면 최신의 에너지절약설비를 도입하지 않으면 감축할 수 없을지도 모른다. 그리고 50만t까지 감축한 상태에서 다시 1t을 더 감축하려고 하면 감축비용은 5만원 늘

어난다. 가령 30만t까지 감축했다고 할 때 다시 1만t을 감축하려고 하면 감축비용은 40만원으로 급증하게 된다. 이처럼 감축할수록 추가적인 비용이 급증하기 때문에 한계감축비용은 그림과 같이 좌상향 곡선이 된다. 곡선의 모양은 공장에 따라 다를 것이다. 가령 구식 설비를 사용하고 있는 오래된 공장에서는 신형의 에너지절약대응 설비를 도입함으로써 비교적 간단하게 CO_2 배출량을 감축할 수 있기에 한계감축비용곡선은 비교적 완만한 곡선이 될 것이다. 반면에 이미 최신 설비를 도입한 공장이라면 CO_2 배출량의 감축이 쉽지 않다. 이 경우 한계감축비용곡선은 훨씬 급커브를 그리게 될 것이다.

이어서 <그림 2-3>은 환경세가 도입된 경우이다.

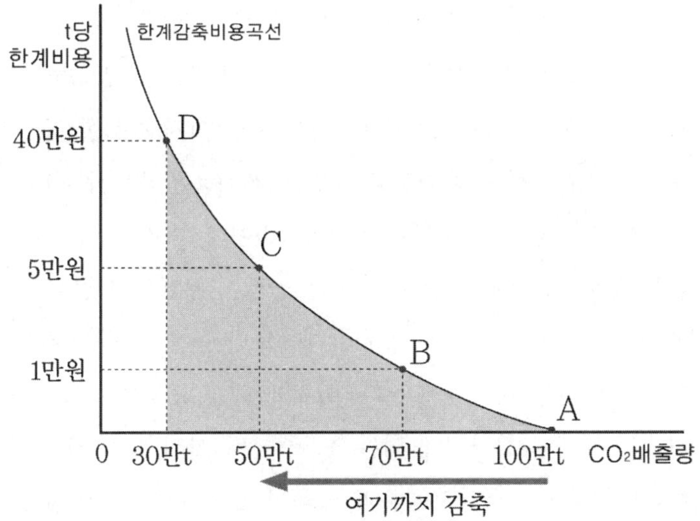

<그림 2-3> 환경세의 구조

그림에서는 CO_2의 배출량에 따라 부과된 환경세가 도입된 것을 나타내고 있다. 앞의 그림과 마찬가지로 그림 가로축은 CO_2배출량, 세로축은 t당 감축비용을 나타낸다. 가령 여기서 CO_2배출량 t당 5만원의 환경세가 도입됐다고 하자. 현재 100만t의 CO_2를 배출하고 있는 공장은 자력으로 배출량을 감축할 것인지 아니면 감축대신 환경세를 지불할 것인지를 스스로 선택할 수 있다. 이 때 이 공장은 어느 정도까지 배출량을 감축하게 될 것인가. 현재 이 공장이 70만t까지 감축했다고 하자(점 B). 여기서 다시 1t을 더 감소할 경우를 생각하면 스스로 감축할 경우는 그림의 점 B에 따르면 감축비용의 증가분은 1만원이 될 것이다. 한편 감축대신 환경세를 지불할 경우에는 t당 5만원을 지불해야 한다. 결국 스스로 감축하면 1만원, 환경세를 지불하면 5만원이기에 스스로 감축하는 방법이 부담액을 4만원 줄일 수 있다. 이처럼 한계감축비용이 환경세의 세율보다 낮을 때는 공장은 스스로 감축하는 방법을 선택하게 될 것이다. 이어서 이 공장이 30만t까지 감축한 경우를 보자(점 D). 이 때 다시 감축하려고 하면 한계비용은 40만원이다. 한편 감축하지 않고 환경세를 지불하면 t당 5만원이다. 따라서 이 때는 스스로 감축하기 보다는 환경세를 지불하는 방법이 부담액을 줄이는 것이 된다. 결국 한계감축비용이 환경세의 세율보다 높을 때 공장은 환경세를 지불하는 방법을 선택하게 된다. 이렇게 해서 공장은 한계감축비용과 환경세의 세율이 같아지게 되는 곳, 즉 점 C까지 감축한다. 이처럼 환경세를 도입하면 한계감축비용과 세율이 자동적으로 같아지게 되기 때문에 모든 공장에서 일률적으로 감축을 행하는 것보다도 효율적으로 감축을 행할 수가 있는 것이다.

환경세는 오염량에 배출부과금을 부여하는 방법이다. 오염량을 줄이는 만큼 환경세의 부담액이 감소하기에 오염을 억제하는 동기 부여가 된다.

환경세란 환경부하의 억제를 목적으로 과세표준이 환경에 부하를 주는 물질에 주어지는 세인데 온실가스 억제를 위해 화석연료에 과세하는 환경세를 별도로 탄소세라고 한다.

환경세에도 2종류가 있다. 첫째가 경제적 수법으로서의 환경세이다. 이는 과세 그 자체에 의한 감축효과를 활용한 수법으로 종래 주류였던 규제적 수법이 아니라 경제적 수법으로 환경문제를 해결하기 위해 도입되는 세를 통틀어 일컫는 말이다. 환경세에 의해 외부불경제가 경제 내부에 들어오는 것이 기대된다. 과세에 의한 외부불경제를 시장 내부에 적용시킬 것을 주장한 것은 피구(1920년)이며, 피구가 제창한 세제를 피구세라고도 부른다. 유럽의 세제 중립인 탄소세의 경우 재원 용도는 환경에 한하지 않아 경제적 수법으로서의 환경세에 해당한다. 둘째, 재원 용도를 환경대책으로 한 목적세이다. 환경재원으로서의 환경세, 산림환경세, 산업폐기물세, 수원환경보전세 등 지방환경세가 도입되고 있지만 이들은 경제적 수법으로서의 면이 아니라 재원 용도를 환경대책으로 한 목적세로서의 측면이 있다. 이들 지방환경세는 지방분권 일괄법에 의해 신설된 법정외 목적세를 활용해 만들어지고 있다.

따라서 탄소세의 특징은 상품 소비에 대해 부과하는 간접세라는 점과 저소득층의 소득에서 연료비가 차지하는 비중이 높아지는 역진세라는 점 그리고 제품 생산에 따른 사회적 비용이 비용에 내부화되는 피구세라는 점을 꼽을 수 있다.

지구온난화 대책으로서 가장 본질적인 수법으로 환경세는 유럽의 각국에서 도입이 확대되고 있다. 스웨덴 네덜란드 독일 영국 등에서는 이미 도입돼 있으며, 이들 나라는 이미 온실가스 배출량 감축을 실현하고 있기에 도입을 검토중인 나라에서도 높은 효과가 기대되고 있다. 이들 국가에서는 화석연료에 과세하는 것이 일반적이지만 1990년대부터 다양한 환경세를 실시하고 있는 스웨덴에서는 재생가능에너지에 대한 감면 환급 등을 행하고 있다. 또 직접적으로 온실가스에 과세하는 방법이 아니라도 휘발유 경유 등의 자동차연료나 원유, 석탄 등 특정의 상품(화석연료)에 물품세(개별소비세)로 과세함으로써 사실상 환경세로서 기능하고 있는 것도 있다. 게다가 거둬진 세금을 특정재원으로 해 지구온난화대책에 사용하는 방법도 있지만,[27] 재정의 유연성을 줄이거나 공평 중립 및 재원 안정 등 세금의 요건에 맞지 않다는 문제도 있기에 가령 독일에서는 환경세(탄소세) 도입시에 세수의 9할을 고용에 관한 인건비 억제에 충당[28]함으로써 세제 중립을 배려하면서 고용 환경개선, 실업률 억제를 실현하는 연구가 이뤄지고 있다.

영국에서는 세(Tax)가 아니라 환경부하 과징금(Climate Change Levy)로 자리매김해 일반재원으로 편입시키는 것이 연구되고 있다. 한편 미국에서는 환경세 도입에 대한 검토는 거의 되지 않고 휘발유세도 싸다.

유럽에서는 1990년대에 탄소세가 도입됐다. 세율은 휘발유 ℓ당 우리돈 50~150원 정도이다. 세수는 연금 등의 일반 목적에 사용되고 있

27) 일본의 환경성이 이 방식으로 탄소세 도입을 추진하고 있다.
28) 구체적으로는 사회보험료를 감축하는데 나머지 1할은 환경대책에 충당하고 있다.

다. 세수를 온난화대책에만 사용하면 기업측은 탄소세로 부담이 늘어나기 때문에 메리트가 없다. 따라서 탄소세의 세수를 연금의 재원으로 사용함으로써 기업이 지불하는 보험료를 억제하는 메리트를 기업에 주고 있다.

일본의 경우는 지난 1998년 환경성이 탄소세의 검토회를 설치했다. 2000년에 공표된 검토회의 보고서에 따르면 CO_2를 2% 감축하기 위해서는 휘발유 ℓ당 20~26엔(약 260~330원)의 탄소세가 필요하다는 것이다. 그러나 세수를 온난화대책에 사용하면 2엔의 탄소세라도 감축가능하다는 결론이었다. 이것을 받아들여 환경성은 2004년 12월에 휘발유 ℓ당 1.52엔의 탄소세를 제안했다. 1세대당 부담액은 연간 3000엔, 세수는 연간 4900억엔으로 예상됐다. 그러나 기업측은 탄소세의 도입에 강하게 반대했다. 그리고 온실가스의 억제효과가 불명한 것이나 기존의 휘발유세와 중복되는 점이 있다는 이유에서 2004년 12월 탄소세의 도입은 연기되게 됐다(栗山浩一, 2008).

실제로 일본에서 환경세를 도입해 CO_2배출감축을 도모할 경우의 시뮬레이션을 해본 결과, 2008년 일본 정보의 장기수급전망의 최대 도입사례(CO_2가 1990년 대비 13% 감축)에 걸맞는 CO_2 감축을 환경세를 통해 하고자 하면 2025년에 탄소t당 수만엔 이상의 비싼 세금이 필요하며, 그 세수는 종래 에너지세(연간 약 5.1조엔)를 웃도는 것으로 예측됐다. 이러한 세수를 소득세 감세로 돌릴 경우 실질GDP가 1년에 약 7조엔, 1% 저하해 경제적으로 큰 마이너스 영향이 생기는 것으로 전망됐다. 이는 일본과 같이 에너지효율이 이미 높은 나라에서는 CO_2 감축을 환경세만으로 실시하려고 하면 매우 높은 세율이 필요하게 돼

환경세 도입엔 비용부담이 커진다는 것을 충분히 고려해야 한다는 것이다(茅陽一 外, 2008)

우리나라의 경우도 고령화로 늘어나는 복지 재원 마련을 위해 정부가 중장기적으로 탄소세 도입이 필요하다고 밝히고 있다. YTN(2012.12.26)에 따르면 기획재정부 중장기전략위원회가 1년간 작업 끝에 적어도 30년 뒤를 내다본 중장기 정책 과제로 탄소세 도입의 필요성을 언급했다는 것이다. 중장기 보고서는 고령화로 재정소요 증가가 예상되지만 소득과세 증가를 통한 재원 마련은 성장잠재력에 부정적 영향을 미칠 가능성이 있다며 탄소세 신규 도입이 필요하다고 밝힌 것이라고 한다. 탄소세 같은 화석연료 조세는 성장 잠재력을 훼손하지 않고, 지구온난화 방지에 기여하며 안정적으로 재원을 확보할 수 있는 세 마리 토끼를 잡는 대안으로 기여할 것으로 기대된다는 것이다. 탄소세는 화석연료 사용에 따른 탄소배출량을 기준으로 부과하는 소비세의 일종으로 1990년대 북유럽에서 과세가 시작됐는데, 석유나 석탄, 일부 나라에서는 전기요금에 합산돼 부과된다는 것이다.

탄소세 도입에 대해 환경부 입장은 다소 조심스럽다고 볼 수 있다. 윤종수 환경부차관은 지앤이타임즈와의 신년 인터뷰(2013.1.2)에서 탄소세 도입의 결정이 그렇게 간단하지만은 않다고 밝혔다. 배출권 거래제는 총량 규제로 온실가스 감축목표 달성이 가능한 반면 탄소세는 모든 탄소배출 분야에 온실가스 감축 유도가 가능하지만 이런 이유 때문에 온실가스 감축 목표 달성의 확실성을 담보하기가 곤란할 수 있다는 것이다. 또한 역진세적인 특성을 고려해 조세감면, 소득보조 등 저소득층을 배려할 수 있는 수단이 필요하고 탄소세 도입 시 우리나라 제품의 국제경쟁력 약화가 불가피해 도입 시기 조절이 필요할 것으로 판단된다는 것이다. 신규 탄소세 도입은 국민의 조세저항을 유발할 수도 있기에 탄소세 도입 여부는 우선적으로 사회적 합의가 전제돼야 하며, 탄소세가 도입될 경우 에너지 취약계층을 어떻게 배려할 것인지, 조세저항을 줄일 수 있는 방안, 기업경쟁력 약화 방지 방안 등이 종합적으로 고려돼야 할 것으로 판단된다고 강조했다.

4.1.3. 토빈세

토빈세란 단기자금이 국경을 넘을 때 고율의 세금을 매기는 것으로 외환·채권·파생상품 등으로 막대한 수익을 올리고 있는 국제투기자본(핫머니)의 급격한 유출입으로 각국 통화가 급등락해 통화위기가 촉발되는 것을 막기 위한 규제방안이다.

노벨경제학상 수상자인 미국 예일대학교의 제임스 토빈 교수가 고정환율제를 표방했던 브레튼우즈체제가 붕괴함에 따라 환율안정을 위해 국경을 넘는 자본이동에 대해 과세를 하자는 취지로 1978년에 제창한 개념이다. 토빈세는 일반 무역거래와 장기 자본거래, 실물경제에는 전혀 지장을 주지 않으면서 투기성 자본에만 제약을 가한다는 점이 특징이다. 또 각국의 중앙은행은 자국 실정에 맞게 독립적인 금리정책을 시행할 수 있어 국가재정수입도 늘어나는 효과가 있다. 1998년 프랑스에서 국제NGO '어택(ATTAC: 시민을 지원하기 위한 금융거래에 과세를 요구하는 조직)'이 탄생했다.

우리나라의 경우도 론스타가 외환은행 인수로 4조5천억원 이상의 차익을 챙기면서 세금을 한푼도 내지 않게 되자 국부유출 차단과 외국 투기자본 횡포 방지를 위한 토빈세 도입 목소리가 커지고 있다.

토빈세는 투기목적의 단기적인 거래를 억제하기 위해 국제통화거래에 저율의 과세를 하자고 하는 아이디어로 1994년 멕시코 통화위기 이래 주목을 받았다. 1990년대 말 아시아통화 위기 이후의 금융불안 등에서 단기자본 유입을 억제하는 방법으로 다시 주목을 받았다.

토빈세란 투기목적의 국제금융거래에 과세를 해 그 수입을 개도국의 원조에 충당하자고 하는 것이다. 그 세율은 한번의 투기적인 거래마다 거래액의 0.1%가 적당하다고 한다. 가령 0.1%의 세율이라도 연간 3900억 달러의 세금을 징수할 수가 있는데 이는 현재 공적개발원조(ODA)의 실제 7배 수준이라고 한다. 이를 통해 투기 자금의 폭주를 억제하고 또 그 세수를 개도국의 빈곤이나 환경파괴의 대책자금으로 충담함으로써 세계경제의 불균형을 시장할 수 있다는 발상에서 나온 것이다.

왜 이러한 토빈세를 실시해야 하는가 하는 것이 중요하다. 자유주의적 세계화는 국제적 차원에서의 자본이전의 전면적 자유로 나타나는 것으로 이것이 투기의 전 세계적인 확대를 가능하게 하고 있다. 기업이익의 증대는 성장에 공헌하는 대신 주식에 대한 투자를 증가시킨다. 대부분의 시민이나 ATTAC와 같은 단체가 항의하고 있는 것은 투기를 목적으로 하는 세계경제의 이같은 변화에 대해서이다. 이들은 토빈세를 투기의 주요형태의 하나, 즉 통화에 관한 투기형태에 대한 투쟁을 위한 단순명쾌한 수단이라고 보고 있다. 투기꾼은 통화의 붕괴를 이끌어내면서도 돈을 버는 것을 멈추지 않으며 결과적으로 수백만명의 사람들이 곤궁에 빠져 있음에도 그러하다는 것이다. 투기가 야기시키는 사회적 손해를 회복하기 위해 투기이익의 일부를 환수해 자유주의 노선의 지지자의 오만함에 타격을 주는 것, 이것이야말로 토빈세가 여론을 환기시키는 이유인 것이다.

그 원리는 단순하다. 통화에 대한 통상의 투기는 가령 이익을 얻기 위해 어느 통화를 팔고 그 뒤 그것을 싼 가격으로 도로 사는 것이다. 1일 통화매매액을 증가시킴으로써 투기가는 가능한 한 큰 이익을 실현할 수가 있다. 그러나 토빈세가 실시되면 통화를 매매할 때 투기가가 예상되는 이익에 대응하는 세금을 지불해야 한다(ドミニク·プリオン, 2000).

토빈세는 단기자본뿐아니라 장기자본에도 적용된다. 그러나 세율을 극히 낮게 해 장기자본에 미치는 악영향을 적게 하고 단기적인 자금(단기적으로 매매가 필요)에는 큰 부하를 줄 수 있다. 결국 연 1회밖에 거래를 하지 않는 투자가에 비해 빈번하게 거래를 계속하는 투자자쪽이 보다 많은 세금을 지불하지 않으면 안 된다. 헤지펀드의 행동으로 대표되는 외환차익을 구하는 외환거래에서는 하루중에도 수차례 통화매매가 이뤄지기에 저율의 과세라고 해도 그 효과를 발휘한다. 또 외환거래액에 의한 과세는 높은 레버리지에 의해 자산을 운용하는 경우 큰 장애가 된다. 이러한 것에 의해 금융시장의 효율성이나 안정성을 촉진하는 중장기적인 거래와 투기적인 단기거래를 구별해, 억제할 수가 있다. 이런 까닭에 단기자본 이동을 억제할 수가 있는 것이다.

특히 국제외환거래가 거액이기 때문에 낮은 세율이라도 큰 세수를 기대할 수 있다. 과세율 0.1%, 연간 과세 베이스를 260조 달러로[29] 시산하면 세수는 약 연간 2600억 달러가 된다. 과세의 영향으로 전 외환 거래 규모가 축소되고, 연간 과세 베이스가 10분의 1인 26조 달러가 됐다고 해도 세수는 약 연간 260억 달러가 될 수 있다. 이 세수가 국제적 금융감시기관의 운용자금이나 개도국에 대한 지원 등 국제금융의 안정화를 위해 사용될 수 있다는 것이다.

폴 엡스타인· 댄 퍼버(2012)도 토빈세 실시를 적극 지지하고 있다. 이들은 기후변화 대응을 위한 기금으로 총량제한 배출권거래제는 기껏해야 매년 수십억 달러 정도의 수입만 들어올 것이라며 가장 공정하고 성과가 높은 방식이 금융거래에 세금을 매기는 토빈세라는 것이다. 통화거래에 사용되는 달러당 2.5페니의 세금만 징수해도 매일 총 2조 달러 이상의 세수를 확보하는 한편, 핫머니 시장을 진정시킬 수 있으며 매년 세계 환경사업에 필요한 5천억 달러의 재원을 확보할 수 있다는 것이다. 무엇보다 토빈세는 경제적으로 어려움을 겪고 있는 나라가 아닌, 부유한 금융투기꾼들의 돈을 받아서 조성하는 것이기 때문에 국가별 차별이 없다는 것이다.

토빈세는 효과적인 수단이라고 생각되는 한편, 문제점도 지적되고 있다. 첫째, 거래나 시장 모두 글로벌화해 세계 공통의 과세가 가능한가 하는 것이다. 헤지펀드와 같은 거액자금은 큰 이익을 노리고 있어 가벼운 과세로 억지력이 가동할 것인가 하는 것이다. 소액의 시장참여자가 감소해 시장의 두께가 없어지면 거꾸로 시장 변동이 커지게 될 가능성이 있다는 의문도 나와 실현은 어려울 것으로 보인다는 것이다. 둘째, 세수는 다액이 되지만 환경문제에 대한 대책비용, 개도국에 대한

29) 전 세계 외환시장에서 거래는 1일 1조 달러로 추정되고 있다.

지원이나 국제금융의 안정화, 금융감시기관의 운용자금 등 세계 규모로 일어나고 있는 문제에 대한 자금으로 용도는 넓지만 특히 이 방식의 채택에 관해 모든 나라가 도입하지 않는 한 이 세제가 돼 있지 않은 나라로 옮김으로써 조세가 회피될 수 있다는 점도 문제점으로 지적되고 있다. 이밖에도 현대의 복잡화한 외환거래를 모두 관리, 과세해가는 것은 어렵고, 관리비용이 막대하게 든다거나, 저율의 거래세로는 외환율의 변동이 큰 경우 투기가에게 외환투기를 막을 방법이 없다고 하는 등의 반론도 있다. 또한 이렇게 좋은 아이디어지만 동시에 그 세금의 징수와 분배를 누가 맡을 것인가 하는 점에서 거대한 장벽이 있다. 유엔이 맡는다고 해도 쉽지 않은 일이라고 보고 있다.

4.1.4. 탄소배출권거래제와 탄소금융

(1) 탄소배출권거래제

이러한 시장경제의 메카니즘의 이용으로 또 하나 주목되는 것이 '배출권거래'제도이다. 배출권을 매매하는 것이 어떠한 이점이 있을까. 그것은 가령 운수업과 같이 화석연료를 많이 사용하는 것이 이익을 내는 산업과 IT산업과 같이 비교적 화석연료를 많이 사용하지 않아도 이익을 내는 산업이 있는 것과 관계가 있다. 이럴 때 전자의 산업은 배출권을 후자로부터 매입해 화석연료를 할당보다 많이 사용해 생산을 해 큰 이익을 낳고 그 이익의 증가분으로 배출권을 구입한 비용을 충당하는 쪽이 이익이 크다. 또 후자의 산업은 배출권을 양보한 분, 생산을 억제하지 않으면 안 되지만 그것은 상대적으로 소량의 생산감축에 그친다.

따라서 배출권을 팔아 얻은 수입이 그 판매이익의 감소를 충당해 여분이 있고 역시 이익은 높아진다. 합계해 보면 양측 산업에 균등하게 감축을 부과하는 것보다 사회 전체로서 얻는 이익은 큰 것이다. 이러한 배출권의 금전거래는 시장경제를 통해 생산의 효율화와 배출량 감축을 동시에 '자동적으로' 이룰 수 있게 되는 것이다. 이는 또한 시장경제 제도의 취지에도 부합하는 것이다.

배출권거래제는 과연 온실가스 감축에 기여하는가? 배출권거래제가 과연 온실가스 감축에 도움이 되는가에 대한 논란이 많은데, 엘러만(A.D.Ellerman) 등이 발간한 '탄소에 가격매기기(Pricing Carbon)'와 여타 연구에 따르면, EU의 온실가스 배출은 EU 배출권거래시장(EU-ETS) 도입에 힘입어 경제성장과 유가상승에도 불구하고 1990년 대비 1기(2005~2007년)에는 2~5%(1억2천만~3억t), 2008~2009년에는 13.47%가 감축된 것으로 분석됐다. 이 중 2008년에는 3%가 감축된 것으로 분석되며, 2009년에만 11.6%가 감축된 것으로 추정되나 이는 경기침체에 기인한 것으로 분석된다. 특히 EU는 2008년에 경제가 0.7% 성장했음에도 불구하고 온실가스 배출량이 2.0% 감소함으로써, 경제가 성장하면 온실가스 배출도 증가한다는 기존의 상식을 뒤집고 경제가 성장함에도 온실가스의 배출은 감소하는 저탄소 산업구조로 변화하고 있다고 평가받고 있다(박천규 외, 2012)

배출권거래제는 배출허가증을 시장에서 매매하는 방법이다. 오염을 줄이면 남은 배출량을 시장에 매각해 이익을 얻을 수가 있기에 오염을 억제하는 동기부여가 된다. 배출권거래는 배출가능한 양을 정한 배출허가증을 정부가 발행해 각 공장이 배출허가증을 시장에서 매매할 수 있는 시스템이다. 대표적인 것이 EU의 배출권거래시장(EU-ETS)이다. 배출권거래에서는 공장은 배출허가증을 매매함으로써 자기의 오염 배출량을 자율적으로 결정할 수가 있다. 이 때문에 배출권거래는 환경세와 마찬가지로 감축비용을 최소화해 효율적으로 감축을 행할 수가 있는 이점이 있다. 배출권거래에서는 정부가 발행한 배출허가증에 의해 배출량의 상한이 결정되기 때문에 시장 전체의 총배출량을 정부가 조절할 수 있는 이점도 있다.

가령 CO_2의 배출권거래와 한계감축비용의 관계를 <그림 2-4>로 나타낼 수 있다. 그림에서 감축비용이 낮은 A사와 감축비용이 높은 B사가 있다고 하고 양쪽 모두 4만t의 CO_2를 배출한다고 치자. 여기에 배출권거래제를 도입해 정부는 각각의 기업에 2만t의 배출허가증을 준다고 하자. 이 경우 '감축비용이 낮은 A사'는 3만t을 감축했기에 남은 배출량 1만t을 시장에 매각함으로써 이익을 얻을 수 있다. 한편 '감축비용이 높은 B사'는 스스로는 1만t밖에 감축할 수 없었기에 시장에서 1만t의 배출허가증을 구입함으로써 비용을 절약할 수 있다. 이처럼 배출량거래를 도입하면 감축비용이 낮은 기업에서 우선적으로 감축되기에 비용을 최소화할 수 있다. 게다가 시장 전체의 총배출량은 정부가 발행한 배출허가증의 총량으로 억제할 수가 있다.

한계감축비용곡선은 배출량을 1t 감축할 때 비용이 어느 정도 늘어나는가를 보여주는 것으로 그림처럼 좌상향 곡선으로 돼 있다. 어느 쪽도 처음에는 4만t의 CO_2를 배출하고 있다고 가정한다. 여기서 배출권거래시장을 도입해 각사에 2만t의 배출허가증이 주어진다. 배출허가증의 시장가격은 배출허가증의 매매에 따라 결정되지만 여기서는 t당

5만원이라고 가정한다. 감축비용이 낮은 A사는 자기가 소유하고 있는 허가증인 2만t까지 감축했다고 하자(점 B). 이 때 다시 1t을 감축하면 감축비용은 2만원 늘어난다. 감축한 배출량은 5만원에 매각할 수가 있다. 결국 한계감축비용보다도 배출허가증의 시장가격이 높을 때는 자기가 감축해 남은 여분을 매각함으로써 이익을 얻을 수가 있다. A사는 한계감축비용과 시장가격이 똑같은 점 C까지 감축해 남은 1만t을 시장에 매각한다. 또한 감축비용이 높은 B사가 자신이 소유하고 있는 허가증인 2만t까지 감축했다고 하자(점 F). 여기서 배출량을 1t만 시장에서 5만원에 구입해 배출량을 1t만 늘이면 감축비용은 20만원만큼 감소한다. 결국 한계감축비용보다도 배출허가증의 시장가격이 낮을 때는 자신이 감축하지 않고 시장에서 허가증을 구입함으로써 감축비용을 절약할 수 있다. B사는 한계감축비용과 시장가격이 똑같은 점 E까지 감축해 부족한 1만t을 시장에서 구입하게 된다. 이렇게 해서 각 기업은 한계감축비용과 배출허가증 가격이 같아질 때까지 감축한다. 배출권거래를 도입하면 한계감축비용이 자동적으로 같아지기 때문에 비용을 최소화해 효율적으로 행할 수가 있다.

온실가스 배출을 감축하는 데는 대규모 설비투자가 필요하고 대책비용이 많이 든다. 이러한 A, B사의 거래관계를 국제관계에 적용을 하면 교토메커니즘으로 확대될 수 있다. 2001년 공표된 IPCC의 제3차 평가보고서에서는 일본의 감축비용은 EU의 1.6배, 미국의 1.9배가 된다고 했다. 온난화대책이 늦은 러시아나 개도국에 비해 감축비용이 상대적으로 훨씬 많이 들어가고 있다는 것이다. 따라서 일본 국내에서 감축하는 것보다 다른 나라에서 감축하는 것이 비용이 적게 들게 된다

(栗山浩一, 2008).

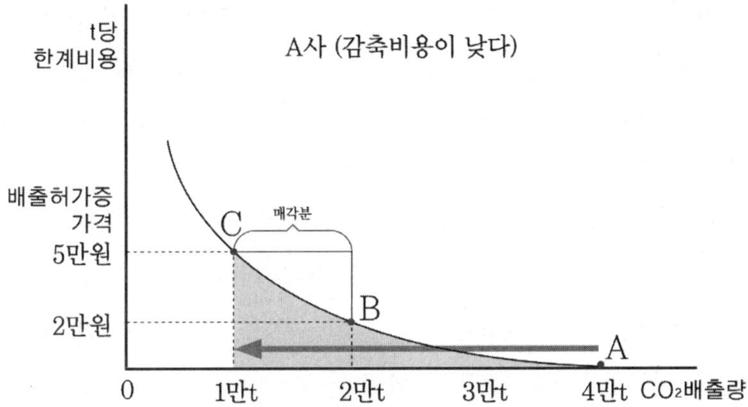

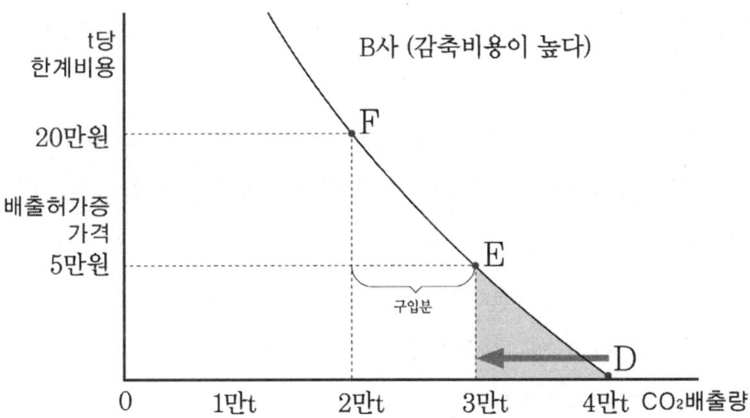

<그림 2-4> 배출권거래와 한계감축비용곡선

(2) **탄소금융**

탄소배출권을 사고 파는 '탄소시장'이 급속히 커지고 있다. 세계 이산화탄소시장의 거래 규모는 2005년 108억 달러에서 2009년 1263억 달러로 3년 만에 12배로 성장했다. 우리나라는 온실가스 감축 의무국이 아니지만 유엔이 인정하는 온실가스 감축사업인 청정개발체제(CDM)사업에 따라 개도국이 자체적으로 또는 선진국과 함께 온실가스를 줄이면 그 실적만큼 CER(Certified Emission Reduction)이란 탄소배출권을 받는다. 이를 위해선 유엔이 정한 엄격한 조건을 충족해야 하는데 현재 국내에선 80여 건의 CDM사업을 추진 중이며, 그중 30여 건은 이미 유엔에 등록을 마쳤다(중앙일보, 2010.6.30).

한국수자원공사는 2010년 6월 수력발전으로 얻은 7129t의 탄소배출권을 ㈜한국탄소금융(KCF)에 팔았다. 한국탄소금융은 국내에서 유일하게 탄소배출권 거래와 투자를 하는 민간기업으로 이 거래로 오간 돈은 1억7000만원에 불과했지만 국내 기업끼리 탄소배출권을 사고파는 첫 사례로 기록된다. 한국탄소금융은 2009년 10월 민간기업 투자로 설립됐다. 다만 회사 설립의 배경에는 지식경제부의 정책적 판단이 작용했다. 자본금은 모두 50억원인데, 한국투자신탁운용의 탄소펀드에서 20억원(지분율 40%), 후성·휴켐스·KT&G에서 각 10억원(20%)씩 냈다. 이 회사는 탄소시장에서 마치 증권사가 주식시장에서 하는 일과 비슷한 일을 하고 있다. 증권사가 고객을 대신해 주식을 사고팔고, 직접 투자도 하듯이 탄소배출권을 거래하는 것이다.

국내에서 하는 CDM사업으로는 주로 태양광이나 수력·조력·풍력 같은 발전사업이 많다. 친환경 방식으로 전기를 생산하면 석탄이나 석유를 태우는 화력발전에 비해 온실가스가 대폭 줄어들기 때문이다. 사업 규모는 대체로 작은 편이다. 연간 100만t이 넘는 대형 프로젝트는

4건밖에 없고, 나머지 대부분은 수천~수만t 규모라고 한다. 과거에는 사업 구상 단계부터 외국 기업과 연계돼 있었고, 배출권 판매도 대개 외국 기업을 통했으나 한국탄소금융이 2009년 10월 출범한 뒤에는 사정이 달라졌다고 한다. 2009년 10~12월 석 달간 이 회사의 배출권 거래 실적은 70만t이었고, 2010년에는 전체로는 200만t 정도로 전망했다.

한국탄소금융은 CDM사업에서 나오는 배출권을 프랑스에 있는 '블루넥스트'란 탄소배출권 거래소에 판다. 배출권도 주식처럼 선물·옵션 같은 파생상품과 현물로 나뉘는데, 블루넥스트는 현물 배출권의 세계 시장 점유율이 90%가 넘는다. 한국탄소금융은 이 거래소의 회원사로 교토의정서에서 개발도상국으로 분류한 나라 중에는 이 회사가 유일하다고 한다. 배출권 가격은 경기에 민감한데 경기가 나빠 공장을 조금 돌리면 온실가스가 줄고 이로 인해 배출권의 수요가 적어져 가격이 하락한다는 것이다. 경기가 좋아지면 물론 반대가 된다. 2010년초에는 배출권가격이 한때 t당 7유로 선까지 떨어졌지만 그해 4월 이후에는 t당 12유로 전후에서 움직이고 있다는 것이다(중앙일보, 2010.6.30).

우리나라에서도 2015년부터 탄소배출거래권 시장이 열린다는 것이다. 현재 탄소배출권 시장이 활성화된 곳은 유럽뿐인 만큼 한국의 시장 개설은 전 세계적으로도 빠르다는 평가다. 녹색기후기금(GCF) 사무국 유치를 계기로 관심이 고조됐지만 새로운 형태의 시장 개설에 대한 대비는 이제 시작 단계인데 탄소배출권거래제를 도입하면 국내 제조 상품의 원가가 올라 기업 경쟁력이 떨어진다는 반대 목소리도 있다고 한다. '온실가스 배출권의 할당 및 거래에 관한 법률'은 지난 2010년 처음 입법 예고되고 나서 2012년 5월 국회 본회의를 통과했고 12월

15일에는 시행령이 제정됐다. 정부는 2020년까지 탄소배출량을 현재 전망치(813백만t)보다 30% 감축하는 것을 목표로 하고 있다. 2005년 수준인 570만t으로 되돌리겠다는 것이다. 현재 한국 탄소배출권 시장을 담당할 거래소 선정을 두고 한국거래소(부산)와 전력거래소(광주·전남)가 유치를 위해 경합하고 있다는 것이다.

탄소시장이 활성화되면 관련 파생상품이나 펀드시장도 활기를 띨 수 있다고 보고 있다. 그러나 국내 증시의 반응은 아직 걸음마 단계라고 한다. 동양자산운용이 출시한 공모펀드인 '동양탄소배출권특별자산신탁'과 한국투자탁운용이 설정한 '사모펀드' 정도가 탄소배출권과 관련한 유일한 상품이라 할 수 있다. 동양자산운용의 탄소펀드는 2009년 출시 당시 업계 최초로 유럽 탄소선물거래시장에 투자하는 펀드로 주목받았지만 유럽 경제위기의 직격탄을 맞아 성적이 초라한 상태다. 설정액 자체가 45억원으로 소규모이고 최근 3년 수익률은 -60.80%다. 그나마 최근 유럽위기가 완화되는 양상을 띠면서 2012년 10월 22일 기준 1주 수익률이 2.74%를 나타냈다는 것이다. 증시 전문가들은 유럽 탄소시장이 회복세를 보이고 한국에서도 시장이 개설되면 관련 상품 개발 또한 기지개를 켤 것으로 내다봤다. 탄소배출권을 기초로 선물·옵션 상품, 펀드 등이 만들어지면 탄소시장이 더욱 활성화돼 시너지효과가 날 것이라는 분석이다(연합뉴스, 2012.10.24).

한국은행 부산본부의 지역경제 조사연구자료집 '탄소배출권시장의 현황 및 사사점(2010.6)'에 따르면 국내 탄소배출권거래제도의 성공적인 정착을 위해서는 다음과 같은 정책적 노력이 필요하다고 제안한다.

첫째, 관련 인프라 구축과 함께 이러한 제도에 대한 정부 및 기업의 조기학습이 긴요하며, 정부는 합리적인 배출권 할당을 위한 효율적인 온실가스 배출 검증체계를 구축하는 한편 기업들도 온실가스 인벤토리 구축, 실시간 데이터 수집체계 등을 갖추어 온실가스 감축에 따른 경영여건 변화에 대비해야 한다. 둘째, 신규 CDM사업 발굴, 해외 CDM사업 확대 및 금융지원 등을 통해 국내 CDM사업의 역량을 제고해야 한다. 셋째, 온실가스 감축의무 부과가 국내산업에 미칠 부정적인 영향을 완화하기 위해 일부 산업에 대한 한시적인 배출권 무상할당 등을 고려하는 한편 제도의 본격적인 도입에 앞서 다양한 시범사업과 연구를 통해 우리나라 실정에 맞는 방식을 채택할 수 있도록 노력해야 한다. 넷째, 배출권거래제도는 온실가스 감축을 위한 여러 수단중 하나이므로 탄소세 등 다른 수단과 함께 강구해 효율적인 규제방안을 모색해야 한다는 것이다. 다섯째, 대상기업의 부담 완화를 위해 배출권의 예치 및 제한적 차입을 허용하고 배출권 할당시 원단위 방식의 부분적 도입 등도 고려해야 한다는 것이다.

4.2. 지구온난화 방지를 위한 인센티브

4.2.1. 보조금

보조금에는 실적보조금과 간접보조금 두 가지가 있다. 실적보조금이란 배출부과금과는 정반대이다. 배출부과금제도에서는 오염원인자가 오염물질을 배출할 때 단위당 일정액을 지불하는 데 반해서 이 실적보조금제도에서는 오염원인자가 오염물질의 배출을 한 단위씩 줄일 때마다 일정액을 장려금으로 받는다. 환경정책과 관련해 경제학에서 말하는 보조금이란 주로 이런 실적보조금이다. 간접보조금이란 주로 오염방지시설이나 환경보전시설이나 환경보전기술개발 등에 대한 정부의 금전적 보조나 융자 또는 세제상의 혜택 등을 말한다(이정전, 2004).

단기적으로 실적보조금은 배출부과금과 동일한 오염억제효과를 발생시키지만 장기적으로는 실적보조금제도는 오히려 환경오염을 확산시킬 우려도 있다고 한다. 왜냐하면 실적보조금은 공해업체의 이윤을 높여 주기 때문에 이 높은 이윤이 신규 공해업체를 유혹해서 장기적으로는 공해업체의 수를 증가시켜 환경오염을 오히려 부추길 우려도 있다는 것이다. 또한 실적보조금을 포함해 일반적으로 보조금제도의 가장 큰 현실적 문제는 보조금의 재원을 어떻게 마련하느냐에 있다. 그러나 폐기물의 재활용분야에 있어서는 종래의 규제정책에 비해 보조금제도와 같이 상을 주는 정책은 필요하다고 보고 있다.

폐기물재활용은 개인적으로는 경제성이 없지만 사회적으로는 경제성이 높다는 것이다. 폐기물재활용은 첫째, 자연자원을 절약하게 하고, 둘째, 쓰레기 수거 운반 매립에 소요되는 비용을 절약시켜주고, 셋째, 쓰레기가 노출되거나 처리과정에서 발생할 2차 환경오염을 감소시켜 준다는 것이다. 그런데 이정전(2004)은 이러한 세 가지 사회적 기여에 대해 재활용이 받는 대가는 첫 번째 기여에 국한되고 나머지는 일종의 공공재적 성격을 띠고 있어 사회적 인정을 받지 못하고 있다는 것이다. 또한 폐기물재활용이 갖는 구조적인 문제점은 시장의 불안정이라는 것이다. 재활용상품의 시장은 대체로 2차적인 시장이고 재활용 제품에 대한 수요는 비정기적이고 기복이 커 가격변동 역시 크다는 것이다. 게다가 자연자원 생산에 종사하는 업체들은 대체로 대기업 또는 독과점업체들인 경우가 많은 데 반해, 재활용업계에는 수많은 영세업체들이 난립해 있는 경우가 대부분이고, 이로 인해 대기업 특히 독과점업체들이 가격을 조작할 수 있는 위치에 있다는 것이다. 이에 재활용율을 높이기 위해서는 재활용에 소요되는 비용에서 쓰레기수거료에 상응하는 만큼을 경감시켜주거나 재활용된 제품의 가격에 쓰레기수거료에 상응하는 만큼을 얹어줘야 한다는 것이다. 이 때 재활용에 소요되는 비용이란 폐기물을 다시 쓸 수 있게 가공처리하는 비용뿐만 아니라 재활용을 위해서 쓰인 쓰레기의 수거비용과 쓰레기에서 재활용될 쓰레기를 분리하는 데 소요되는 비용까지 포함한 비용이라는 것이다.

권오상(2000)은 보조금제도는 오염문제 해결에 있어 수혜자부담원칙이나 피해자부담원칙에 가까운 정책이라 할 수 있는데, 크게 오염저감시설에 대한 보조정책과 저감량에 대한 보조정책으로 나누고 있다. 저감시설에 대한 보조정책은 오염물질 발생량을 줄이는 데 필요한 시설을 오염자가 설치할 경우 그 비용의 일부를 정부가 보조해주는 정책이다. 예를 들어 축산폐수를 줄이기 위해서는 폐수 정화시설을 설치할 필요가 있다. 그러나 영세한 축산농가가 고가의 정화시설을 설치하는 것은 힘들기 때문에 정부가 정화시설에 대해 각종 보조나 저리 융자를 해주는 경우가 그것이다. 저감시설에 대한 보조금제도는 오염자의 수익성을 저해하지 않으면서도 오염피해를 줄일 수 있기 때문에 산업에 대한 보호와 환경오염 완화를 동시에 추구하기 위해 자주 사용되는 정책이다. 축산농가가 폐수 배출량을 줄이기 위해서는 정화시설을 설치해 분뇨를 정화한 후 방류할 수도 있고, 축산분뇨를 처리해 비료로 만들 수도 있으며, 기타 생산관행을 바꿀 수도 있다. 그러나 저감시설에 대한 보조는 상품세를 통해 배출량을 규제하고자 하는 정책과 마찬가지로 비교적 경직된 제도이다. 저감시설에 대한 보조정책은 오염자가 취할 수 있는 다양한 저감 노력 가운데 단지 한 가지 방법에 대해서만 지원을 하므로 오염자가 취할 수 있는 선택의 폭을 제한하게 된다는 것이다.

또한 저감시설에 대한 보조가 가지는 경직성을 완화시키면서 동시에 오염자를 보호하는 정책으로서 저감량에 대한 보조정책을 들 수가 있다. 이 제도는 정부가 오염자가 자유롭게 배출할 수 있는 오염물질의 상한을 부여한다. 만약 오염자가 정부가 부여한 상한보다도 더 적은 양의 오염물질만을 배출한다면, 이 차이에 대해 단위당 특정 금액만큼의 보조금을 정부가 오염자에게 지불하며, 이를 저감보조금(emission subsidy)라고 한다.

이처럼 동일한 수준의 배출부과금과 저감보조금은 완전히 동일한 배출량 수준을 달성하는데 이 때 발생하는 유일한 차이는 보조금을 줄 경우에는 오염자의 소득이 늘어나지만 부과금을 징수할 경우는 오염자의 소득이 하락한다는 것이다. 특정 산업이 항상 하나의 오염자로만 구성되어 있거나 다수의 오염자가 존재하더라도 이 산업에서 생산행위를 하는 기업의 수가 더 이상 변하지 않을 경우에는 배출부과금과 저감보조금의 대칭성이 유지된다. 그러나 보다 장기적으로 보면, 저감보조금을 기업에 줄 경우에는 배출부과금을 징수할 경우에 비해 기업의 이윤이 늘어나게 되고, 이 산업에 속하는 기업의 이윤이 상대적으로 늘어날 경우 새로운 기업이 이 산업에 진입하게 된다. 따라서 저감보조금을 줄 경우에는 부과금제도를 시행할 경우에 비해 장기적으로 산업 전체의 생산량이 늘어나고, 이 산업에서 배출하는 오염량 역시 더 많아지게 된다는 것이다(권오상, 2000).

환경세와 보조금과는 차이가 뭘까. 보조금제도를 채택하는 경우 생산량을 줄인 경우 감축량에 대해 보조금을 주기 때문에 수입의 증가를 생각할 수 있다. 환경세의 경우는 생산량에 대응해 과세가 되기에 비용이 증가한다. 결국 보조금의 경우 환경세와 비교해 기업의 총비용이 적어지게 된다. 그러나 동시에 생산량을 보다 감축함으로써 비용이 적어진다는 점에서는 마찬가지이다. 결국 두 정책의 차이점은 보조금의 지급에 의해 고정비용이 경감될 수 있기에 생기는 비용 삭감뿐이다. 환경세를 도입한 경우에는 기업의 비용을 인상하게 되기에 기업의 이윤을 지금보다 줄이고 마이너스의 이윤이 되는 기업을 산업에서 퇴출시키게 된다. 여기서 환경세 부담이 무겁게 돼 마이너스의 이윤이 되는 기업은 환경보전형의 생산방법을 갖지 않은 기업이다. 환경부담이 큰 생산방법을 보유하고 있는 기업이라도 플러스 이윤이 확보되기 때문에 살아남는다. 환경세는 산업구조를 환경저부하형으로 유도하는 효과를 가지지만 보조금은 환경고부하형으로 유도하는 효과도 갖는다. 결국 환경대책을 실시하는 경우, 장기적인 관점에서 판단하면 보조금을 사용하지 않고 환경세를 실시하는 것이 바람직하다는 것이다.

4.2.2. 탄소포인트제

탄소포인트제란 가정, 상가에서 전기, 상수도, 도시가스 등의 사용량 절감에 따른 온실가스 감축률에 따라 포인트를 발급하고 이에 상응하는 인센티브를 제공하는 전 국민 온실가스 감축 실천프로그램이다. IPCC 4차 평가 보고서(2007)에 의하면 건물, 가정과 상업 부문의 온실가스 감축 잠재량이 가장 큰 것으로 분석됐다.

이에 따라 환경부는 그간 산업부문에 치중해온 온실가스 감축정책을 가정 및 상업 시설에 까지 확대하여 실시하고자 2009년부터 탄소포인트제도를 도입했다. 탄소포인트제는 지자체가 가정, 상업 부분의 관리를 통해 국가 기후변화 온실가스 대응에 주체적인 역할을 할 수 있는 제도이기에 지자체뿐만 아니라 국민 개개인의 적극적인 참여를 필요로 하고 있다. 참여조건은 참여자의 거주시설에 전기 등의 사용량을 확인할 수 있도록 고유번호가 있는 계량기가 부착되어 있어야 하며, 그러하지 않은 경우 다른 객관적인 방법으로 참여자의 전기 등 사용량 확인이 가능하여야 한다. 참여방법은 운영프로그램(http://cpoint.or.kr)에 접속해 온라인으로 직접 등록하거나, 탄소포인트제 참여 신청서를 작성한 후 우편, 팩스 및 전자우편 등으로 해당 지방자치단체에 신청할 수 있다. 이 경우 세대당 1개의 아이디를 부여한다. 이 때 일반참여자(만 14세 이상), 일반참여자(만 14세 미만), 단체회원(상업시설, 공공기관, 학교), 국내거주외국인 등 회원유형을 선택해 절차에 따라 가입하면 된다. 또한 개인정보변경 시엔 거주지 이전 등 개인정보 변경 시 운영프로그램에 접속하여 온라인으로 변경하거나 변경 신청서를 작성한 후 우편, 팩스 및 전자우편 등으로 지방자치단체의 장에게 변경신청 해야 한다. 참여자가 개인정보를 변경하지 아니한 경우 인센티브를 지급하지 않을 수 있다고 한다.

포인트 산정은 참여시점으로부터 과거 2년간 월별 평균 사용량 대비 금월 사용량 확인하는데 전기 등 지방자치단체가 시행하는 개별 항목별(전기, 상수도, 도시가스 등) 온실가스 감축률에 따라 해당 포인트를 부여하고 포인트당 2원 이내의 인센티브 지급한다. 인센티브는 연 2회 지급하는데 상반기 인센티브는 당해연도 11~12월, 하반기 인센티브는 다음연도 5~6월에 지급한다.

인센티브의 종류는 그린카드를 발급받은 경우는 첫째, 전기, 상수도, 도시가스 사용량 10% 이상 절감시 연간 최대 7만원 상당의 포인트가 지급된다. 둘째, 에너지 절감, 대중교통 이용, 그린카드 가맹점 이용, 녹색매장 친환경제품 구매 시 등에 포인트가 적립된다. 셋째, 그린카드는 국립공원 할인, 휴양림 입장권 면제, 제휴 가맹점에서 현금처럼 사용된다. 그린카드 발급을 받지 않은 경우 현금, 기부, 교통카드, 상품권, 종량제 봉투, 공공시설 이용 바우처, 상장, 기념패, 캐시백 포인트, 지방세 납부 등 다양한 형태의 보상을 받을 수 있다.

경기도 수원시는 탄소포인트제 운영으로 2011년 하반기 동안 지구온난화현상의 주범인 이산화탄소를 5,288t 감축했고, 참여 시민에게 인센티브로 모두 7250만원을 지급했다고 한다. 인센티브는 가입자의 전기사용 등 절감에 따라 매 반기 별로 지급되며, 5월 30일 기준으로 2만2000여 명의 수원시민들이 참여하고 있다. 특히 인센티브 지급대상자 중 492명은 불우이웃돕기 성금으로 650만원을 기탁했고 이는 관내 저소득층 가정에 지급될 예정이라는 것이다(서울경제신문, 2012.7.9).

창원시는 기후변화 원인물질인 온실가스 감축을 위해 시행중인 '탄소포인트제도'에 대한 2011년 성과를 평가한 결과, 온실가스는 5,331t을 감축하고, 전기·수도사용량을 5% 이상 절감한 4만1909가구(상·하반기 포함)에 총 3억7800만원의 인센티브를 지급했다고 2012년 6월 28일 밝혔다. 2011년 한 해 동안 탄소포인트제에 참여한 4만6991가구의 전기·수도사용 절감량은 각각 1189만3000kWh, 86만7000t이며, 그중 전기·수도 중 5% 이상 절감한 4만1482가구(상·하반기 합산)에 대해 감축률에 따라 반기별로 전기는 1~2만원, 수도 2500~5000원 등 절감 가구당 평균 9000원을 지급했다. 창원시는 2012년 상반기에만 1만7000가구가 신규가입해 현재 6만6000가구가 참여하고 있고 밝히고 있다. 앞으로 탄소포인트가 보다 더 많은 인센티브를 갖게 되면 온실가스를 줄이는데 유효한 방안이 될 수도 있을 것이다.

창원시는 또한 녹색소비와 녹색생활을 통해 쓰면 쓸수록 에코머니가 쌓이는 '그린카드제도'를 운영하기로 했다. 그린카드는 전기, 수도 등을 줄이는 녹색생활을 실천하거나 녹색제품 구입 또는 대중교통을 이용할 경우 정부, 지자체, 참여기업 등에서 인센티브를 지급하는 카드이다. 이 카드는 경남, NH농협, 우리, 하나SK, IBK기업, 대구, 부산, KB국민은행 영업점과 전용 홈페이지(www.green card.or.kr)에서 가입 신청해 발급 받을 수 있으며 연회비는 무료이다. 카드 이용에 따른 혜택은 ①그린카드제 참여 유통점이나 가맹점에서 녹색제품 등 구입시 그린카드로 결재할 경우, 제품가액의 1~5%가 포인트로 적립 ②대중교통인 시내버스와 지하철을 이용할 경우, 이용금액의 최대 20%까지 적립 ③KTX와 고속버스는 이용금액의 5%가 각각 적립된다. 이밖에 국립공원, 휴양림, 지자체 공공시설 이용시에도 무료입장 또는 할인이 가능하다는 것이다(연합뉴스, 2011. 8.12).

5. 저탄소도시와 저탄소경제

5.1. 도시어메니티의 경제학

5.1.1. 도시어메니티의 가치와 효용

어메니티(amenity)라는 말은 '환경보전, 종합쾌적성, 청결, 친절, 인격성, 좋은 인간관계, 공생' 등 번역어만 무려 80여 가지가 된다. 어메니티란 요약컨대 '인간이 살아가는데 필요한 종합적인 쾌적함'이라고 할 수 있는데 지속가능발전 개념에서 경제발전, 지역공동체 발전, 생태발전 등 3개 과정의 최적 균형을 찾는 지표가 바로 어메니티라고 볼 수 있다.

영국의 대표적인 도시계획가 윌리엄 홀포드(William Holford)경은 어메니티를 '있어야 할 것이 있어야 할 곳에 있는 것'이라고 정의했다. '어메니티란 단순히 하나의 성질을 말하는 것이 아니라 복수의 가치를 지닌 총체적인 카탈로그이다. 그것은 예술가가 눈으로 보고 건축가가 디자인하는 아름다움, 역사가 생겨난 쾌적하고 친근한 풍경을 포함해 일정한 상황 하에서는 효용, 즉 있어야 할 것(가령 주거, 따뜻함, 빛, 깨끗한 공기, 집안의 서비스 등)이 있어야 할 곳에 있는 것(The right thing in the right place.) 혹은 전체로서의 쾌적한 상태를 말한다. 어메니티는 19세기 산업혁명 하, 영국의 대도시에 집중적으로 모여 살던 노동자들의 열악한 환경으로 인한 사망자와 환자 발생을 방지하기 위해 공중위생측면에서 대두했다고 하는 것이 다수설이다. 라틴어의 아마레 amare<사랑하다 love>→아모에니타스 amoenitas<쾌적한, 기쁜 pleasant>→영어의 amenity<쾌적함, 기쁨 pleasantness>로 됐기에 어메니티는 사랑과 생명을 두 축으로 한다(酒井憲一, 1998).

일본의 경우 1977년 OECD의 대일(對日) 환경보고서에서 '일본은 그 동안 반공해와의 싸움에서는 이겼다고 볼 수 있으나 어메니티와의 싸움에서는 결코 이겼다고 볼 수 없다'는 지적에 충격을 받아 일본 정부와 시민단체를 중심으로 시작된 것이 어메니티운동이다. 일본 지방자치단체 차원에서는 한 때 '어메니티 타운플랜' 등으로 구체화됐다. 우리나라에서도 1980년대 후반부터 어메니티 개념이 도입돼 '부산어메니티플랜' '수원어메니티플랜' '서천어메니티플랜' 등이 세워지고, '농촌어메니티'운동도 활발히 진행되고 있다. 이렇듯 지역 만들기는 물론 지속가능한 사회 만들기에서 종합 쾌적성을 의미하는 '어메니티' 사상이 바탕이 되지 않으면 안 되는 것이다. 어메니티의 분야로는 ①생명·안전 ②건축·주거 ③마을 만들기 ④지구환경 ⑤역사·문화 ⑥경관 ⑦복지 등 다양하다. '백억인의 어메니티'의 저자이자 어메니티 평론가 사카이 겐이치(酒井憲一)는 "어메니티는 이른바 근대가 내팽개쳐버렸던 진(眞) 선(善) 미(美) 애(愛)를 다시 주워 담는 노력이자 이를 구체적으로 생활에서 실천하고자 하는 가치지향의 실천운동"이라고 말한다. 지금까지 우리가 익숙했던 '이용가치'에서 이제는 '존재가치'를 존중하는 시대로 나아가야 한다는 것이다(김해창, 1999).

아오야마 요시타카(青山吉隆) 외는 '도시어메니티의 경제학(2003)'에서 '공간의 아름다움, 쾌적함, 편리함, 안전함, 매력 등 도시공간의 생활의 질에 미치는 가치'를 도시어메니티라고 정의하고 있다. 여기서 도시공간이란 행정상 시에 한정하지 않고 구, 정(町)(우리나라로 치면 동(洞)과 유사), 지구, 가로 등 어느 정도 큰 인공적 공간을 말하는데 어디까지나 사람들과의 생활에 있어서의 환경을 의미한다는 것이다. 특히 어메니티는 아름다움만이 아니라 보다 넓고 정온함, 청정함, 문화성, 역사성 등 생활의 질을 쾌적하게 하는 많은 공간의 제 조건을 포함한다고 해석할 수 있다.

도시어메티니는 어느 공간에 존재하는 다종다양한 도시 요소의 양과 질의 배치에 대해, 어떤 도시활동을 할 때 대다수 사람들이 주관적으로 느끼는 공통의 가치를 말한다. 아오야마 요시타카 외(2003)는 도시어메니티의 기능을 몇 가지로 세분화하고 있다. 특히 도시계획의 관점에서는 주(住)환경, 직(職)환경, 유(遊)환경으로서의 공간어메니티가 중요한데 이들 공간의 기능에서 본 어메니티를 '공간어메니티'라고 하면 적어도 주환경어메니티, 직환경어메니티, 유환경어메니티의 3종류가 있다는 것이다. 주환경어메니티는 사는 공간으로서의 쾌적함과 매력을 나타내는 종합적인 개념이고 편리성, 안전, 안심, 경관, 정온함, 활발함, 복지, 자연, 역사문화 등에 의해 구성된다. 직환경어메니티는 일할 공간으로서의 쾌적함과 매력을 나타내는 종합적 개념이다. 가령 편리성, 효율성, 접근용이성, 지역성 등에 의해 구성된다. 유환경어메니티는 주민이나 방문자가 휴식하고 즐기기 위한 공간으로서의 매력이며 편리성, 번화함, 지역성, 경관, 안전, 안심, 정온함 등에 의해 구성된다. 이러한 공간어메니티를 구성하는 역사 문화, 자연환경, 편리성, 효율성, 지역성, 번화함, 경관, 안전, 안심, 정온함 등이 어메니티기능이라 할 수 있다는 것이다. 또한 공간어메니티의 기능을 구성하는 요소는 크게 2종류로 분류된다. 하나는 공간내부에 존재하는 요소로 건물, 공원이나 연못, 하천이라고 하는 인공 혹은 자연의 유형자원과, 커뮤니티, 전통, 문화라고 하는 무형자원이다. 다른 하나는 편리성, 안전성과 같이 그 공간을 포함하는 보다 넓은 공간내부에 있어 위치의 요소에 의해 구성된다. 위치의 요소를 결정하는 것은 광역공간내의 하천, 수로, 산, 바다 등의 자연지형과 도로망, 철도망, 버스노선망, 상하수도망, 에너지망, 정보망 등의 도시기반이 되는 네트워크이다. 아오야마 요시타카는 도시어메니티를 구성하는 어메니티기능과 그것을 구성하는 어메니티요소를 종합해 어메니티의 계층구조로 표현했는데 이는 <그림 2-5>와 같다.

도시어메티니의 가치를 향유하는 사람은 크게 나눠보면 그 도시에 사는 주민, 그 도시에서 일하는 사람, 그 도시를 방문하는 사람, 그 도시에 관심이 있는 사람, 나아가 미래세대를 포함해서 모두가 도시어메니티의 수익자이다. 또한 하나의 도시공간은 주공간, 직공간, 유공간 등 용도별로 다른 여러 가지의 가치를 갖고 있다.

아오야마 요시타카는 도시어메니티의 가치를 이용형태에 의해 분류했다. 이용형태에 따르면 도시어메니티의 가치는 우선 이용가치와 비이용가치로 대별된다. 전자는 그 도시어메니티를 본인이 이용함으로써 발생하는 가치이며, 후자는 그 도시어메니티를 본인이 이용하지 않아도 발생하는 가치를 의미한다. 다시 전자는 직접적 이용가치, 간접적 이용가치 및 옵션가치로 분류할 수가 있다. 한편 후자는 유산가치, 대위(代位)가치 및 존재가치로 분류할 수가 있다는 것이다.

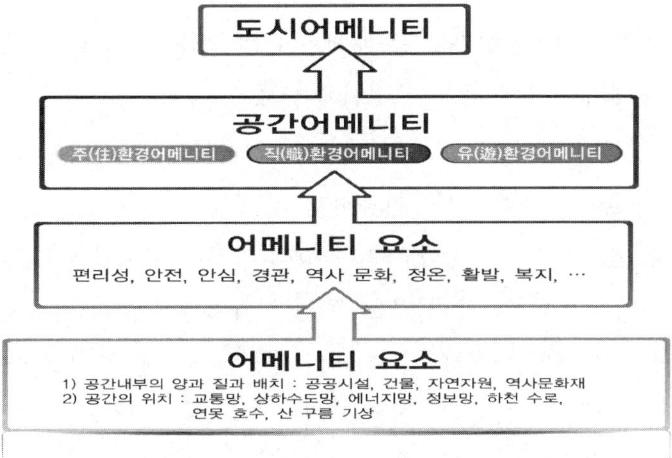

<그림 2-5> 도시어메니티의 계층구조

출처: 青山吉隆·中川大·松中亮治, 都市アメニティの経済学, 学芸出版社, 2003. p.21.

첫째, 직접적 이용가치이다. 도시어메니티의 직접적 이용가치란 도시어메니티를 어떤 형태로 직접적으로 이용함으로써 얻을 수 있는 가치를 말한다. 가령 출퇴근, 통학 또는 쇼핑을 위한 쾌적한 도로교통, 녹음 풍부한 공원에서의 산책, 물품을 갖춘 풍부한 백화점에서의 쇼핑, 레스토랑에서의 식사, 역사적 문화재의 방문 감상 등 대상이 되는 도시어메니티를 직접이용함으로써 얻을 수 있는, 살기좋음, 쾌적성, 만족감이 도시어메니티의 직접이용가치라는 것이다. 직접적 이용가치를 얻는 것은 주민만이 아니다. 그 도시에 일하러 오는 사람, 관광객 등은 언제라도 거기서 도시어메니티에 직접 접촉해 가치를 향수하고 있다는 것이다.

둘째, 간접적 이용가치이다. 간접적 이용가치는 도시어메니티와 관련되는 영상이나 문헌자료 등 매체를 통해 얻을 수 있는 가치를 말한다. 인터넷의 보급에 의해 그 도시에 살고 있는 사람들 또는 그 도시를 방문한 사람들만이 아니라, 전 세계 사람들이 도시어메니티의 간접적 이용가치를 향수하는 것이 가능하게 되고 있다는 것이다.

셋째, 옵션가치이다. 옵션가치란 장래 자신이 도시어메니티를 이용할 가능성을 확보함으로써 얻을 수 있는 가치를 말한다. 정년 후엔 가까운 공원을 매일 산책하고 싶다거나 지금은 자가용을 타고 다니지만 퇴직 후엔 대중교통기관을 이용할 지도 모른다고 생각하고 있는 모든 사람들은 현시점에서 그들의 도시어메니티를 이용하지 않아도 각각 역사적 문화재, 공원, 대중교통기관이라고 한 도시어메니티에 대해 옵션가치를 갖고 있다고 할 수 있다는 것이다.

넷째, 유산가치이다. 비이용가치에 속하는 유산가치는 자신의 아이들이나 손자 등의 미래세대 사람들이 도시어메티니를 이용할 가능성에서 발생하는 가치를 말한다.

다섯째, 대위가치이다. 비이용가치에 속하는 대위가치란 현재, 자신 이외의 타인이 도시어메니티를 이용할 가능성에서 발생하는 가치를 말한다. 아름다운 도시경관을 자신의 자손이나 미래세대들을 위해 그대로 남겨놓고 싶다, 또는 자신은 이용하지 않아도 근처의 아이들의 놀이터이기에 아동공원은 남겨놓아야 한다고 생각하는 사람은 각각 도시경관 및 아동공원이라는 도시어메니티에 대해 이타적인 관점에서 유산가치 및 대위가치를 갖고 있는 것이 된다. 이들 유산가치 및 대위가치는 현재 또는 장래의 이용가능성을 전제로 발생하는 가치이며, 옵션가치와 유사하지만 자신이 이용하는지 안하는지 하는 관점에서 명확히 구별할 수 있다는 것이다.

여섯째, 존재가치이다. 비이용가치인 존재가치는 도시어메니티를 전혀 이용하지 않고서도 도시어메니티가 있어야 하는 장소에 있어야 할 모습으로 존재하고 있음으로써 받는 가치를 말한다. 가령 도시에 남은 자연환경이나 역사적 유산이나 중요문화재, 또는 도시의 얼굴과 같은 공원이나 건조물 등 자신이 직접적으로나 간접적으로나 이용하지 않아도 또 장래에 걸쳐 누군가가 이용하지 않아도 단지 거기에 있어야 할 모습으로 존재함으로써 얻어지는 가치가 도시어메니티의 존재가치이라는 것이다.

이러한 분류는 시장이 존재하지 않는 환경재의 경제적 가치를 평가하기 위해 환경경제학의 분야에서 사용되고 있다. 그러나 환경경제학의 분야에 있어서도 그 분류법은 확립돼 있는 것이 아니라 각 연구자가 각각의 정의를 행하고 있는 것이 현실이다.

이러한 도시어메니티의 가치는 그 가치의 수익자와 공간의 이용형태간의 매트릭스로 나타낼 수 있다는 것이다. <표 2-2>은 수익자와 도시어메니티의 가치를 조합한 것이다.

<표 2-2> 수익자와 도시어메니티가치 매트릭스

	시민	종사자	방문자	기타	미래세대
직접적 이용가치	○	○	○		
간접적 이용가치	○	○	○	○	
옵션가치	○	○	○	○	
유산가치					○
대위가치	○	○	○	○	
존재가치	○	○	○	○	○

출처: 青山吉隆·中川大·松中亮治, 都市アメニティの経済学, 学芸出版社, 2003. p.43.

결국 지구온난화가 심각해지면 도시생활의 총체적 삶의 질인 도시어메티니의 가치와 효용이 저하된다는 것이며, 도시어메티니의 가치와 효용은 현세대뿐만 아니라 미래세대에까지 미치고 있음을 나타내고 있다.

5.1.2. 한일 저탄소 모델도시 비교[30)]

(1) 일본의 환경모델도시

일본의 환경모델도시는 2008년 1월 18일 제169회 국회에서 행해진 후쿠다 총리의 시정방침 연설을 받아 그해 1월 29일 지역활성화 통합본부회의에서 승인된 '도시와 삶의 발전 플랜' 가운데 구체적인 노력으

30) 김해창, 한국과 일본의 저탄소 지향 환경모델도시의 비교 분석, 에코시티논문집 제34권 제2호(통권 제68호), 2010. 8. pp.55-67 내용을 요약 발췌한 것이다.

로 거론된 것이다. 일본 내각관방 지역활성화통합사무국은 향후 일본이 지향해야 할 저탄소사회의 자세를 구체적으로 알기 쉽게 보이기 위하여 온실가스의 대폭적인 감축 등 높은 목표를 내걸고 선구적으로 노력하고 있는 도시를 '환경모델도시(Eco-model Cities for the Low Carbon Society)'로 선정해, 관계부처가 연대하여 그 실현을 지원하기로 하고 있다. 2008년 7월 22일에 82건의 응모 가운데 환경모델도시 6개 지자체(요코하마시, 기타큐슈시, 도야마시, 오비히로시, 시모카와정, 미나마타시)가 선정됐고, 2009년 1월 22일에는 환경모델후보도시 7개 지자체(교토시, 사카이시, 이다시, 미야코지마시, 유스하라정, 도쿄 지요다구)가 환경모델도시로 추가 선정되었다.[31]

환경모델도시의 선정기준은 크게 5가지 관점이다. 첫째, 온실가스의 대폭적인 감축을 목표로 하고 있을 것(온실가스의 대폭적 감축). 즉 2050년에 50%이상을 감축하는 장기적인 목표를 지향하고 2020년까지 30% 이상 에너지효율의 개선을 지향하는 도시일 것이 그것이다. 둘째, 선도성·모델성에서 뛰어날 것(선도성·모델성). 즉 통합적 접근을 통해 유례가 없는 새로운 노력으로 국내외 다른 도시·지역의 모범이나 참고가 될 만한 노력을 하는 도시일 것이 그것이다. 셋째, 지역에 적응한 노력일 것(지역적응성). 즉 도시·지역의 고유한 조건이나 특색을 정확하게 파악하여 그 특징을 살린 독자적인 아이디어가 들어가 있는가 하는 것이다. 넷째, 노력에 따른 실천을 통하여 실현가능성이 높을 것(실현가능성). 즉 목표달성과의 관계에서 합리성이 있을 것, 지역주민, 지역기업, 대학, NPO 등 폭넓은 관계자의 참여가 이뤄질 것이 그것이다.

31) 자세한 사항은 일본 내각관방 홈페이지(http://www.kantei.go.kr)를 참고하기 바란다.

다섯째, 도시·지역의 새로운 활력의 창출 등에 힘입어, 노력이 지속적으로 전개될 것(지속성). 즉 새로운 마을 만들기의 개념의 제시 등을 통하여 도시·지역의 장기적인 활력의 창출이 기대되며 장래의 마을 만들기를 담당할 세대에 대한 환경교육을 실시하고 있는 도시일 것이 선정기준이다.

선정도시는 도시를 규모별로 정리한 뒤에 노력 분야, 지역 등의 균형을 고려하여 모델도시 선정을 통한 파급효과를 최대화한 것이다. 대도시 수준의 노력을 보면 도시구조 전체의 관점에서 교통시스템의 변혁(로드 프라이싱, 청정에너지자동차나 LRT·BRT의 도입), 에너지 이용 구조의 변혁(에너지의 면적 이용, 하수도·쓰레기·배열 등 미이용(未利用)에너지의 활용), 거주 구조의 변혁(에코하우스, 열펌프), 자연환경을 살린 도시 기반 만들기(옥상·벽면녹화·바람길) 등의 추진을 들고 있다.[32] 지방중심도시 수준을 보면 주변교외부와 연대를 하면서 압축도시의 실현(도시기능이 집적돼 걸어 다니며 살아갈 수 있는 마을 만들기), 공공교통체계의 정비(LRT 등 대중교통시스템의 효율적 활용을 통한 교통수요의 조정) 등의 추진을 들고 있다. 소규모 시정촌 수준에서 보면 풍요로운 자연환경 활용의 관점에서 자연·재생에너지의 활용(태양광, 풍력, 바이오매스 등의 이용), 지역자원의 활용(삼림자원, 녹지를 탄소상쇄 대책으로 활용, 지산지소) 등의 추진을 들고 있다.[33]

---

32) Road Pricing은 도로사용과 관련된 직접세로 연료세, 면허세, 주차세, 통행세, 혼잡세 등 교통수요관리 차원에서 특정시간, 특정도로, 특정차량을 대상으로 세금을 부과하는 제도를 말한다. LRT는 Light Rail Transportation의 약자로 경전철을 말하며 BRT는 Bus Rapid Transit의 약자로 간선급행버스체계를 말한다.

33) 地産地消 즉 지역에서 나는 것을 지역에서 소비하는 것을 말한다.

일본의 환경모델도시 13개 지자체는 유형별로 분류되고 있는데 <표 2-2>와 같다. 환경모델도시 중 대도시형은 기타큐슈시, 교토시, 사카이시, 요코하마시 등 4곳, 지방중심도시로는 이다시, 오비히로시, 도야마시, 도요타시 등 4곳, 소규모도시는 시모카와정, 미나마타시, 미야코지마시, 유스하라정 등 4곳, 도쿄특별구로 지요다구 1곳이 그것이다.

<표 2-3> 일본 환경모델도시의 유형

환경모델도시 유형	도시
대도시형	기타큐슈(北九州)시, 교토(京都)시, 사카이(堺)시, 요코하마(横浜)시
지방중심도시형	이다(飯田)시, 오비히로(帯広)시, 도야마(豊山)시, 도요타(豊田)시
소도시형	시모카와(下川)정, 미나마타(水俣)시, 미야코지마(宮古島)시, 유스하라(檮原)정
도쿄특별구	지요다(千代田)구

먼저 대도시형의 사례를 살펴보면 다음과 같다. 기타큐슈시는 인구 약 99만명, 총면적 488㎢으로 공업도시로서 심각했던 공해를 극복한 실적을 갖고 있다. 온실가스를 2005년 대비 2030년에 30%, 2050년에 50~60% 감축과 아시아지역에 대한 지원을 통하여 150% 감축하기로 목표를 잡고 있고 세계, 아시아를 대표하는 환경모델도시를 지향하고 있다. 기타큐슈시가 중점을 두고 있는 저탄소정책은 에너지대책·폐기물대책, 마을 만들기, 운수교통대책, 시민참여의 체계화이다.

교토시는 인구 약 147만명, 총면적 828㎢으로 교토의정서의 탄생지이다. 면적의 4분의 3을 산림이 차지하고 연간 약 5천만명이 방문하는 관광도시이기도 하다. 온실가스를 1990년 대비 2030년에 40%, 2050년에 60% 감축한다는 것이 목표이다. 대표적인 저탄소정책으로는 보행자 주역의 마을만들기, 건물의 저탄소화, 목재의 지산지소, 생활양식의 변혁으로 '탄소제로도시'에 도전하고 있다.

사카이시는 인구 약 83만5천명, 총면적 150㎢으로 2005년 기준으로 시 전체의 온실가스 배출량의 약 6할을 산업부문이 차지하고 있다. 2005년 대비 온실가스를 2030년에 15%, 2050년에 60% 감축하는 것이 목표이다. 대표적인 저탄소정책으로는 저탄소형 산업구조로의 전환, 저탄소형 도시교통 도입 등 도시구조의 변혁, 환경문화의 창조를 통하여 저탄소도시 '쿨시티(cool city) 사카이'의 실현을 지향하고 있다.

요코하마시는 인구 약 365만명, 총면적 437㎢으로 리사이클대책에 있어 '시민력(市民力)'의 실적(쓰레기배출량의 30% 감축을 목표연도보다 2년 앞서 달성)을 중시하고 있다. 온실가스를 2004년 대비 2025년에 30%/인 이상, 2050년에 60%/인 이상 감축하는 것이 목표이다. 지혜의 공유, 선택지의 확대, 시민력 발휘로 대도시형 탄소제로 생활의 실현을 지향하고 있다. 저탄소정책으로는 탄소제로의 생활, '시민력'을 살린 재생가능에너지 이용, 교통대책, 농산촌과의 연대를 중시하고 있다.

지방중심도시형의 사례를 살펴보면 다음과 같다. 이다시는 인구 약 10만6천명, 총면적 658㎢으로 1996년에 '환경문화도시'를 지향하는 도시상을 내걸어 지역 전체가 다양한 환경문제에 노력하고 있다. 2030년까지 특히 배출이 현저한 민생부문(가정부문)에서 온실가스 배출량을

40~50% 감축하여 2050년까지 지역 전체의 온실가스 배출량 70% 감축을 목표로 삼고 있다. '햇님'과 '숲'의 에너지를 최대한 활용, 에너지 역산역소(域産域消)를 통한 저탄소로 활력있는 환경문화도시 창조를 강조하고 있다. 저탄소 주요 정책으로는 '타운에코 에너지시스템'의 전개, 환경관점에서 목재 이용과 산림관리의 추진, 이동수단의 저탄소화, 산업계와의 연대, 저탄소사회를 향한 지역 전체의 의식변혁이다.

오비히로시는 인구 약 17만명, 총면적 619㎢으로 밭농사나 낙농 중심의 대규모 농업경영을 전개하는 도치기지방의 중심도시이다. 온실가스 배출량을 2030년에 30%, 2050년에 50% 감축을 목표로 하고 있으며, 농업을 중심으로 한 '전원환경모델도시'를 지향하고 있다. 저탄소 정책으로는 저탄소형의 농축산업의 추진, 시민참여의 숲가꾸기, 재생가능에너지 등의 활용, 에코타운의 조성, 전시민운동의 전개를 들 수 있다.

도야마시는 인구 약 42만명, 총면적 1,242㎢으로 전국에서도 자전거 의존도가 아주 높은 도시이다. LRT를 중심으로 한 대중교통 네트워크의 확충, 대중교통을 축으로 한 압축도시의 실현 등을 통하여 온실가스를 2005년 대비 2030년에 30%, 2050년에 50% 감축하는 것을 목표로 하고 있다. 저탄소정책으로는 재생가능에너지 등의 활용, 시민참여의 체계화, 교통체계의 정비, 압축도시의 실현이다.

도요타시는 인구 약 42만명, 총면적 918㎢으로 '자동차도시'로서 산업·운수부문의 배출 비율이 높다. 제조품 출하액에서 전국 1위이다. 사람과 환경과 기술이 융합하는 '하이브리드 시티(hybrid city) 도요타'를 콘셉트로 활력있는 저탄소사회를 지향하고 있다. 교통, 산업, 삼림의 3가지 분야를 기둥으로 도시를 국내외에 정보 발신하는 심벌로 삼고 민생을 각 분야의 디딤목으로 자리매김하고자 한다. 각 분야의 노력을 통해 온실가스를 1990년 대비 2030년에 30%, 2050년에 50% 감축을 목표로 하고 있다. 저탄소정책으로 환경기술개발·보급을 위한 장(場)을 제공하고 환경기술의 활용 등을 통한 교통대책의 촉진, 중소공장에서의 대책 촉진, 산림의 건전화, 시민참여 시스템의 추진을 들 수 있다.

소도시형의 사례는 다음과 같다. 시모카와정은 인구 약 4천명, 총면적 644㎢으로, 정 면적의 90%가 산림이다. 온실가스배출량을 1990년 대비 2030년에 32%, 2050년에 66% 감축, 흡수량을 2030년에 3.8배, 2050년에 4.5배로 늘이는 것이 목표이다. '북(北)의 삼림 공생 저탄소 모델사회'의 창조를 지향하는 시모카와정은 저탄소정책으로 지역자원의 효과적 활용, 주택의 저탄소화, 시민의 활력의 도입을 들고 있다.

미나마타시는 인구 약 2만9천명, 총면적 163㎢로 온실가스를 2005년 대비 2020년에 33%, 2050년에 50% 감축하는 것을 목표로 내세우고 있다. 에코타운에서 시외지역의 감축에도 공헌하고 있으며, 미나마타병의 교훈을 환경실천활동과 환경기술에 접맥하여 경제 활성화를 촉진하고자 노력하고 있다. 저탄소정책으로는 지역 전체의 다양한 활동을 추진, 자원순환의 노력, 재생가능에너지의 활용, 환경학습도시 만들기를 들 수 있다.

미야코지마시는 인구 약 5만5천명, 총면적 205㎢으로 융기산호초에서 만들어진 섬으로 사방이 아름다운 바다로 둘러싸인 연간 40만명의 관광객이 찾는 관광도시이다. 온실가스를 2005년 대비 2030년에 30~

40%, 2050년에 70~80% 감축하는 것을 목표로 내세우고 있다. 저탄소정책으로는 지역자원인 사탕수수를 최대한 활용하여 자급자족의 에너지공급시스템의 구축, 청정에너지를 통한 운수부문의 CO_2 배출 제로화, 태양과 시민의 에너지를 활용한 노력을 들고 있다.

유스하라정은 인구 약 5천명, 총면적 237㎢으로 민관협동에 의한 목질(木質)바이오매스 지역순환모델사업의 실시를 중시하고 있다. 온실가스 배출량을 1990년 대비 2030년에 50%, 2050년에 70% 감축, 흡수량을 2030년에 3.5배, 2050년에 4.3배 증가시키는 것이 목표이다. 지역자원 이용을 통한 전력자급률 100% 초과를 지향하고 있다. 저탄소정책으로는 목질 바이오매스 지역순환모델사업 프로젝트, CO_2 산림흡수 프로젝트, CO_2 감축 프로젝트, 사람·시스템 만들기 프로젝트를 실시하고 있다.

끝으로 도쿄특별구의 사례로 도쿄 지요다구를 들 수 있다. 지요다구는 인구 약 4만6천명(주간인구 약 85만명), 총면적 약 12㎢으로 지구온난화대책조례(2008년 1월 1일 시행)를 통하여 2020년까지 구내의 이산화탄소 배출량을 1990년 대비 25% 감축하는 것을 중기목표로 제시하고 있다. 경제와 행정의 중추로 실현하는 저탄소도심(都心), 다양한 인재와의 파트너십을 통한 환경과 경제의 양립을 지향하고 있다. 저탄소정책으로는 고수준의 건물 에너지 대책, 마을 만들기의 기회와 장을 살린 면적(面的) 대책, 지역연대을 통한 '마을 만들기' '사람 만들기'를 내세우고 있다.

이처럼 일본의 환경모델도시는 저탄소도시를 지향하여 지구온난화에 대응하는 구체적인 전략을 도시 만들기 또는 도시재생사업에 적용하고 있음을 알 수 있다. 일본 환경모델도시의 온실가스 감축목표를 정리하면 <표 2-4>와 같다.

<표 2-4> 일본 환경모델도시의 온실가스 감축목표

도시명	인구 (만명)	면적 (㎢)	감축목표 (%)	목표년도	기준년도	비고
기타큐슈시	99	488	30	2030	2005	시민참여의 체계화 (2050년 60% 감축)
교토시	147	828	40	2030	1990	탄소제로도시 도전 (2050년 60% 감축)
사카이시	84	150	15	2030	2005	cool city 지향 (2050년 60% 감축)
요코하마시	365	437	30	2025	2004	탄소제로의 생활 (2050년 60% 감축)
이다시	11	658	70	2050	불명	타운에코 에너지시스템의 전개
오비히로시	17	619	30	2030	불명	전원환경모델도시 지향
도야마시	42	1,242	30	2030	2005	압축도시의 실현 (2050년 50% 감축)
도요타시	42	918	30	2030	2005	hybrid city지향 (2050년 50% 감축)
시모가와정	0.4	644	32	2030	1990	산림공생 저탄소모델사회 지향(2030년 흡수량 3.8배 증가)
미나마타시	3	163	33	2020	2005	환경학습도시 조성 (2050년 50% 감축)
미야코지마시	6	205	30~40	2030	2005	청정에너지로 운수부문 배출 제로화
유스하라정	0.5	237	50	2030	1990	지역자원이용 전력자급률 100% 초과지향 (2030년 흡수량 3.5배)
도쿄지요다구	5	12	25	2020	1990	마을 만들기 중시

(2) 우리나라의 저탄소 및 기후변화대응도시[34)]

전 세계 환경지자체의 네트워크인 ICLEI(자치단체국제환경협의회)는 '저탄소도시란 온실가스의 발생을 최대한 감축 또는 흡수하기 위하여 에너지, 교통, 자원순환, 공원녹지 등 도시계획의 핵심요소를 굿거버넌스를 통하여 체계적이고 효율적으로 개선을 추구하는 도시'라고 정의하고 있다. 2010년 8월말 현재 ICLEI 회원 지자체 69개국 1048개 지자체를 분석한 결과 ① 온실가스 배출 목록의 작성 ② 배출량 감축 목표의 설정 ③ 지역실행계획의 개발 ④ 정책·조치의 실행 ⑤ 결과 모니터링이라는 5단계의 평가기준을 충족하는, 기후변화대응 수준이 높은 저탄소도시는 149개 지자체가 나왔다(김해창, 2010).

ICLEI에 가입한 우리나라의 지자체는 2010년 8월말 현재 모두 34개 지자체에 이른다.[35)] 그러나 기후변화대응 관련 정보를 발신하고 있는 도시는 부산광역시, 대구광역시, 대전광역시, 광주광역시, 서울특별시, 수원시로 모두 6곳에 불과하다. 이 가운데 5단계를 충족시키는 저탄소도시로 불릴 수 있는 지자체는 단 한 곳도 없다. 이들 지자체의 저탄소 환경실천 정도를 단계별로 확인하여 정리하면 <표 2-5>와 같다.

<표 2-5>에서 국내 지자체 가운데서 객관적인 실천 수준이 높은 지자체는 배출량 감축 목표의 설정, 지역실행계획의 개발, 정책·조치의

---

34) 김해창, 세계 도시의 기후변화 대응 수준의 비교 분석-ICLEI 회원 지자체를 중심으로, 지방정부연구 제14권 제3호(2010 가을), pp.373-390. 내용 중 ICLEI 관련 부분을 일부 발췌한 것이다.

35) ICLEI 홈페이지에 알파벳 순으로 소개된 도시는 안산시, 부천시, 부산광역시, 창원시, 충남도, 대구광역시, 담양군, 강원도, 가평군, 금산군, 구미시, 과천시, 광주광역시, 경기도, 경남도, 하동군, 홍성군, 화성시, 인천광역시, 제주시, 제주자치도, 정선군, 전주시, 남양주시, 성남시, 서울특별시, 송파구, 순천시, 수원시, 울산광역시, 원주시, 양평군, 여수시, 용인시이다.

실행이라는 2·3·4단계를 충족하고 있는 광주광역시이며 부산광역시나 대구광역시의 경우 배출량 감축 목표의 설정이라는 2단계만 실천하고 있는 수준이다. 서울시가 배출량 감축 목표의 설정, 지역실행계획의 개발이라는 2·3단계만을 충족시키고 있다. 수원시의 경우 회원 지자체로 가입돼 있으나 5단계 중 한 단계도 충족시키지 못하고 있는 실정이다. 더욱이 이러한 ICLEI의 5단계 기준은 가장 중요한 것이 1단계인 온실가스 배출 목록의 작성을 토대로 2단계인 배출량 감축 목표의 설정, 3단계인 지역실행계획의 개발, 4단계인 정책·조치의 실행, 5단계인 결과 모니터링으로 순차적으로 이뤄지는 것이 바람직한데 우리나라의 지자체의 경우 이러한 체계성이 부족하다고 할 수 있다. 이렇게 볼 때 우리나라 지자체의 기후변화대응 수준은 세계 수준과 비교할 때 매우 낮으며 저탄소도시로 부를 수 있는 도시의 사례는 현재 없다고 볼 수 있다.

<표 2-5> ICLEI에 가입한 우리나라 회원 지자체의 기후환경대응 수준

도시명	인구(만명)	면적(㎢)	감축목표(%)	목표 년도	기준 년도	ICLEI 5단계 기준 충족 수준
부산광역시	360	766	10	2015	불명	2단계
대구광역시	251	884	11	2011	2000	2단계(2020년 20% 감축)
대전광역시	150	540	없음	없음	없음	1·3단계
광주광역시	142	501	불명	불명	불명	2·3·4단계(2020년 재생에너지 2% 대체)
서울특별시	1042	605	40	2030	1990	2·3단계
수원시	109	121	없음	없음	없음	해당사항 없음

한편 우리나라는 2009년 3월말 현재 저탄소 녹색 시범도시 1곳과

기후변화 대응 시범도시 9곳 등 모두 10개 지자체가 저탄소 및 기후변화 대응 시범도시로 지정되어 있다. 2007년부터 세계적인 저탄소도시 조성의 흐름에 힘입어 기후변화대응도시를 조성하기 전 단계로서 기후변화 대응 시범도시를 지정했고, 2009년 7월에는 강릉시를 저탄소 녹색도시 개념에 따라 그 전 단계인 저탄소 녹색 시범도시를 지정했다. 제주도의 경우 2015년까지 절대량 기준 2005년 대비 5% 감축을 목표로 하고 있다. 테마사업으로 기후변화 영향예측 평가적응 프로그램을 마련하여 추진하고 있다. 과천시는 2012년까지 절대량 기준 2005년 대비 10% 감축을 목표로 하고 있으며, 개인배출권할당제를 추진하고 있다. 창원시는 2015년까지 GRDP(지역총생산)당 온실가스 배출량을 2004년 대비 35% 감축하는 것을 목표로 내세우고 있으며, 녹색교통 중심도시 조성을 지향하고 있다. 부산시는 2015년까지 BAU(business as usual: 배출전망치) 대비 10% 감축을 목표로 하고 있고 공공기관 배출권거래제를 추진하고 있다. 광주시는 2015년까지 BAU 대비 7% 감축을 목표로 하고 있고, 탄소은행제를 추진하고 있다. 울산시는 2012년까지 2005년 배출수준을 유지하는 것을 목표로 내세우고 있으며, 공익형 탄소펀드 조성을 추진하고 있다. 여수시는 2012년까지 BAU 대비 5% 감축을 목표로 하고 있으며, 기후보호 국제시범도시 조성을 추진하고 있다. 원주시는 2012년까지 BAU 대비 5% 감축을 목표로 하고 있으며 탄소중립형 도시 조성을 추진하고 있다. 천안시는 2013년까지 BAU 대비 5% 감축을 목표로 하고 있고, 탄소포인트제로 3만호 참여사업 및 배출권거래제 시범실시를 추진하고 있다. 또한 환경부와 국토해양부는 2009년 7월 강릉시 경포지역을 '저탄소 녹색시범도시'로 국내 최초로 지정했다. 강릉시는 2012년까지 녹색성장표본도시의 조성을 위한 종합계획을 수립·추진하고 저탄소녹색도시 시범사업 및 경포습지복원사업, 태양광 등 신재생에너지보급 확대사업을 추진할 계획이다. 국내 저탄소 및 기후변화 대응 시범도시의 감축목표를 정리하면 <표 2-6>과 같다.

<표 2-6> 국내 저탄소 및 기후변화 대응 시범도시의 감축목표

도시명	인구 (만명)	면적 (㎢)	감축목표 (%)	목표년도	기준년도	비고
제주특별자치도	57	1,849	5	2015	2005	기후변화 영향 예측평가적응프로그램 마련
과천시	7	35	10	2012	2005	개인배출권할당제 추진
창원시	51	293	35	2015	2004	*GRDP(지역내총생산)당 배출량임
부산광역시	360	766	10	2015	BAU	공공기관 배출권거래제
광주광역시	142	501	7	2015	BAU	탄소은행제 추진
울산광역시	113	1,057	0	2012	2005	공익형탄소펀드 조성
여수시	29	502	10	2012	BAU	기후보호 국제시범도시 조성
원주시	24	865	5	2012	BAU	탄소중립형 도시 조성
천안시	33	636	5	2012	BAU	배출권거래제 시범실시 추진
강릉시	22	1,040	불명	불명	불명	2012년까지 순환형자전거도로 구축, 신재생에너지 도입, 빗물재이용사업 등 추진

<표 2-6>에서 볼 때 우리나라의 저탄소 및 기후변화 대응 시범도시의 감축목표와 관련한 기준년도가 2004년 또는 2005년으로 ICLEI의 저탄소도시가 일반적으로 잡고 있는 기준년도 1990년 또는 1996년에 비해 10년 이상의 차이를 보이고 있음을 알 수 있다. 더욱이 BAU를 기준으로 삼고 있어 전체적으로 목표 설정이 매우 유동적임을 보여주고 있다. 또한 목표연도도 ICLEI의 저탄소도시들이 잡고 있는 10~20년 정도의 기간보다 절반 수준인 7~10년 정도로 훨씬 짧게 잡고 있음을 알 수 있다. 감축목표 또한 6~10% 수준으로 ICLEI 저탄소도시의 20~30%에 비해 크게 낮은 것으로 나타났다.

(3) **정책적 시사점**

저탄소도시란 역사적·사회적으로 그 동안 도시의 생태계를 고려하여 계획된 생태도시, 녹색도시, 환경도시 등 유사 개념과 맥락을 함께 하되 지구온난화문제로 인한 기후변화에 대응하기 위하여 이산화탄소로 대표되는 온실가스를 저감 혹은 흡수하기 위한 도시계획 및 실천을 강조하는 전략적 개념으로 볼 수 있다.

일본의 저탄소 지향 환경모델도시 13개 도시, 그리고 우리나라의 기후변화 대응 및 저탄소 녹색 시범도시 10개 도시를 전체적으로 비교분석해본 결과 저탄소도시의 공통적인 핵심 요소를 다음과 같이 도출했다.

첫째, 이들 저탄소도시에서는 에너지 절약을 중시하고 있다. 둘째, 이들 저탄소도시에서는 쓰레기 줄이기 및 재활용률이 높다는 것이다. 셋째, 이들 저탄소도시에서는 신재생·대안에너지 도입률이 높다는 사실이다. 넷째, 이들 저탄소도시에서는 대중교통시스템이 잘 갖춰져 있고 대중교통의 이용률이 높다는 것이다. 다섯째, 이들 저탄소도시에서는 녹지공원률이 높다는 것이다. 여섯째, 이들 저탄소도시에서는 환경에 대한 인식 수준이 높다는 것이다. 환경에 대한 인식 수준은 지표화하기 어렵지만 저탄소도시의 핵심요소로 환경교육의 중요성이 강조되고 있음을 알 수 있다.

기후변화대응에 관한 일본과 우리나라의 모델도시 정책을 비교해 볼 때 차이점 및 시사점은 다음과 같다.

첫째, 우리나라의 시범도시의 경우 일본과는 달리 전국적인 공모 형태가 아니라 환경부와 지자체간의 협약(MOU) 체결 형태로 명확한 선정기준이 없다. 따라서 일본의 환경모델도시처럼 대응 수준을 객관적으로 파악할 수 있는 시스템이 제대로 마련되어 있지 않다고 볼 수 있다. 따라서 지자체에게 균등한 참여의 기회를 제공하지 못하고 있으며 붐 조성을 위한 지원책이 부족하다고 볼 수 있다.

둘째, 우리나라의 경우 이들 시범도시 대부분이 기후변화 대응에 따른 목표치가 구체적으로 제시되어 있지 않은 경우가 많다. 이는 기후변화 대응에서 가장 기본적인 정책 단계조차 수립되어 있지 않다는 것을 의미한다. 우리나라의 시범도시는 내세우고 있는 온실가스 감축 목표치가 일본의 모델도시에 비해 목표치가 낮거나 목표치 설정이 되어 있지 않은 경우가 많다는 점이다.

셋째, 우리나라의 시범도시는 이러한 목표치 제시에 따른 실질적인 실행계획이 부족한 경우가 대부분이다. 어떤 면에서는 선언적인 면에 그치는 경우가 많다는 점이다.

넷째, 실행에 있어서 행정과 시민간의 굿거버넌스의 마인드가 상당히 부족하다는 점을 들 수 있다. 시범도시 추진의 사업들 대부분이 행정 주도의 사업으로 시범도시로서 시민차원에서의 확산으로 이어지기 어려운 구조를 가지고 있다고 볼 수 있다.

다섯째, 실행에 따른 피이드백이 부족하다. 이는 정책 추진에 있어 전체적 연계성이 부족하기에 당연한 결과일 수도 있다. 이런 점에서 우리나라의 경우 어디까지나 시범도시 수준을 벗어나지 못하고 있다고 할 수 있다. 이제부터라도 글로벌 스탠더드에 준하는 저탄소도시 조성에 대한 마스터플랜의 수립과 굿거버넌스를 통한 실천이 절실하다.

5.2. 지구온난화 방지비용 논란

5.2.1. 스턴과 노드하우스의 할인율 논쟁

지구온난화로 인한 경제적 손실은 얼마나 될까. 영국정부 기후변화 개발 경제 담당 정부특별고문인 니콜라스 스턴(Nicolas Stern) 박사가 정리한 '스턴 리뷰(Stern Review)'에 따르면 이러한 온난화에 따른 각 지역 각 분야에 미치는 영향에 의해 그 경제적 손실은 전 세계 GDP의 5~20%에 이를 가능성이 있다고 한다. 그러나 한편 온난화의 정도를 최소화하려는 노력에 필요한 것은 2050년까지 평균해서 연간 GDP의 1% 정도의 비용이 필요하다고 예측했다. IPCC 제4차 통합보고서(2007년 11월)에서는 '금후 20~30년의 노력과 투자가 장기적 위험성의 저감이나 회피, 지연의 상태를 결정한다'고 주장했다. 지구상의 평균기온의 상승을 2.0~2.8℃ 이내로 억제하기 위해서는 온실가스 배출 감축을 위한 비용이 2030년까지 세계 GDP의 3%, 2050년까지 최대 5.5%가 될 것이라고 시산했다(김해창, 2009).

'스턴 리뷰'는 기후변화에 대처하는 가장 중요한 요소들로 ①탄소배출권 거래 ②기술협력 ③산림파괴의 중지 ④선진국들의 공적개발원조(ODA) 지원증대를 통한 개도국들의 기후변화 적응노력 지원 등을 열거했다. 공적개발원조란 OECD 회원국인 선진국들이 자발적으로 각자 국내총생산의 0.7%를 개도국들에게 지원, 사업을 시행하는 것을 말한다(문하영, 2007).

그러면 지구온난화를 막기 위해 얼마나 많은 비용이 필요할까? 이는 또한 미래세대를 배려하기 위해 우리는 얼마까지 비용을 부담할 수 있을까 하는 문제와도 직결된다.

이에 대해서는 스턴과 예일대 교수인 노드하우스(William Nordhous)가 낸 결론은 완전 정반대이다. 그 차이는 미래세대의 손에 쥐게 되는 것에 대해 지금 어느 정도의 금액을 지불해야 하는가를 계산할 때의 할인율의 차이에서 기인한다. 1조 달러의 것을 장래 받는 것에 대해 경제학자가 지금 어느 정도의 가격을 부여할 것인가는 할인율과 이 1조 달러 상당의 것을 어느 정도 앞서 받느냐에 의해 결정된다. 일반적으로 경제학에서는 현재 손에 쥐고 있는 재화보다 장래 손에 쥐게 될 재화의 가치를 낮게 평가하지만 그것은 어느 정도일까.

할인율이란 현재소비와 미래소비의 트레이드오프(Trade-off)관계를 나타낸다. 피셔의 무차별곡선과 예산제약선이 접하는 현재소비와 미래소비의 최적 교환비율을 '할인율=이자율'로 나타낼 수가 있다. 지구온난화문제에 대한 정책의 의사결정은 장기간에 걸친 영향을 고려할 필요가 있다. 장래의 불확실성의 존재가 주는 정책에 대한 영향은 매우 중요하기 때문이다. 지속가능한 발전을 지향하는 정책을 고려할 때 장래의 불확실성을 어떻게 생각할 것인가 하는 것은 그에 대한 대책이 장기간에 걸쳐 영향을 미치기에 중요한 문제이다. 가령 지구온난화대책에 관한 장래의 비용과 편익의 추정이 매우 어려운 것은 장래에 이용할 수 있는 기술의 불확실성, 어떠한 자원이 어떻게 이용될 수 있는가 하는 문제, 대상이 되는 지역에 어느 정도 사람이 사는가 하는 인구이동의 예측의 어려움 등 정책에 관한 불확실성이 크기 때문이다.

스턴의 할인율은 1.4%로 미래세대의 행복의 가치를 비교적 크게 보고 있다. 1조 달러 상당의 것을 100년 후에 받을 때의 가치는 2470억 달러로 평가된다. '세계는 총생산의 1%(5000억 달러)를 지금부터 온실가스 감축에 노력하는데 투자할 필요가 있다고 스턴은 주장한다. 이에 반해 노드하우스는 할인율을 6%로 보고 있는데 미래세대의 행복의 가치는 스턴의 할인율을 사용한 경우보다 훨씬 낮게 보고 있다. 1조 달러 상당의 것을 100년 뒤에 받을 때의 가치는 현재 가격으로 쳐 25억 달러 밖에 되지 않는다는 것이다. 노드하우스의 견해는 온실가스를 대폭 감축하기 위한 현세대의 부담을 어렵게 만들고 있다(John Broome, 2008)

스턴과 노드하우스의 할인율의 비교는 <그림 2-6>으로 나타낼 수 있다.

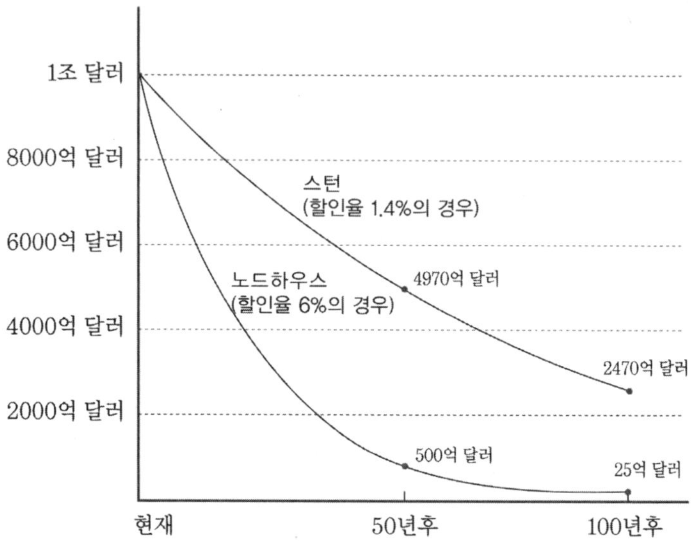

<그림 2-6> 스턴과 노드하우스의 할인율 비교

출처: John Broome, 'The Ethics of Climate Change', SCIENTIFIC AMERICAN June 2008. p.128.

현재를 취할 것인가 미래를 취할 것인가. 결국 온난화대책은 윤리문제로 귀결되고 있다. 기후변화의 원인과 결과를 명확히 하는 데 과학은 도움이 된다. 그러나 어떻게 해야 할 것인가는 결국 윤리적인 문제인 것이다. 기후변화가 전 세계를 파멸적 상황으로 초래한다고 하는데 실제 일어날 가능성에 대해 우리들은 어떻게 대처해야 할 것인가. 기후변화에 기인하는 연간 사망자는 15만명을 웃돈다고 세계보건기구(WHO)는 추정하고 있다. 우리들은 일상생활에서 온실가스를 배출하고 있다. 다른 사람에게 피해를 주면 그에 상응하는 배상을 해야 하는 것이 인지상정이다. 그런데 가까운 장래에 이익을 보지만 수십~수백 년에 걸쳐 후손들에게 피해를 주는 온실가스를 배출하는 현재의 산업 사회가 설령 편익이 비용을 웃돈다고 하더라도 지속적으로 추구해야 한다고 볼 수는 없다. 그러나 이러한 세대간의 윤리는 피해를 입게 될 미래세대는 발언권이 없다는 사실이다.

그러면 누가 온난화대책을 행해야 하는가. 이에 대해 브룸(John Broome, 2008)은 이렇게 풀어나간다. '다음세대는 지구의 기후변화에 의한 대부분의 악영향에 고통받게 될 것이다. 한편 세계경제가 성장하면 다음세대는 우리들보다 더 풍요롭게 된다. 현재 세대는 경제학자의 전문적 조언을 받아 미래에 나타날 피해가 생길 가능성을 적극적으로 최소화할 것인가 아니면 우리들보다 풍요로운 자손들에게 자력으로 뭔가를 하게 해야 할 것인가를 결단해야 한다. 이 때 경제학자는 제언에 있어 윤리적인 선택을 피할 수 없다. 지구온난화에 의해 파멸적 상황이 될 가능성이 조금이라도 있다면 윤리적인 논의를 필요로 하는 특별한 문제가 생긴다.'

브룸은 '우선주의'와 '공리주의'에서는 부자와 극빈자에게 똑같은 편익을 배분할 때도 사회적 가치에 관해 의견을 달리한다는 것이다. 우선주의는 극빈자가 행복의 향상을 누리는 쪽이 보다 큰 사회적 가치가 생긴다고 생각하는 반면 공리주의는 편익이 어떻게 분배되든 사회적 가치는 동등하다고 생각한다. 그러나 상대적으로 부자들에게 갈 재화의 가치를 낮게 보는 것에는 순수하게 또다른 윤리적인 이유가 있는지도 모른다는 것이다. 우선주의 입장에선 부자들에게 주어지는 편익(여기서는 개인 행복의 향상)의 가치는 극빈자들에게 주어진 똑같은 편익보다 낮게 평가된다. 결국 우선주의는 혜택을 받지 못한 사람을 우선하는 것이다. 한편 공리주의 입장에서 편익은 그 향유자가 누구라도 똑같은 가치를 가진다. 사회는 인간 전체의 행복을 최대화하는 것만을 지향해야지 행복이 전체 인구에게 어떻게 배분되는지 하는 것과는 관계가 없다는 것이다.

5.2.2. 지구온난화 방지를 위한 '마이너스 할인율'

지구온난화대책은 인프라에 투자하는 것과 비슷하다고 볼 수 있다. 지구온난화방지를 위한 투자가 미래세대를 위해 도움이 되는 것은 좋은 일이지만 그 중 현재의 소비를 포기해야 하는 것이기도 하다. 현재세대가 지구온난화 방지에 투자하는 비용은 거기에 맞는 편익을 얻을 수 있을 것인가 하는 것도 매우 중요한 문제이다. 흔히 인프라 투자의 적절성을 판정하기 위해선 장래 발생할 비용과 편익을 오늘날의 가치(현재가치)로 할인하는 것이 바로 비용편익분석에서의 사회적 할인율의 사고방식이다.

가령 민간기업의 투자에 관한 의사결정문제를 출발점으로 생각해보면 이자율(r)이 10%인 경우 기업이 지금 은행에서 1달러를 예금하면 1년 뒤에는 1.1달러를 받는다. 기업에 있어 오늘 1달러 받는 것과 1년 뒤 1.1달러 받는 것은 '등가'이다. 그 1.1달러를 재투자하면 그 1년 뒤에는 1.21달러가 될 수 있다. 결국 장래에 걸쳐 수입과 지출을 가져오는 계획을 평가하는 데는 그 수입과 지출을 현재의 수입과 지출과 동등하게 할 필요가 있다. 이것이 할인이다. 1년 후 지불은 1/(1+r)을, 2

년 후의 지불은 2승을 곱한 수에 할인을 하면 된다. 이자율 10%라면 2년 후에 받을 100달러의 현재가치는 82.64달러가 된다. 이처럼 기업이 사업평가에 있어 사용하는 할인율은 이자율이다. 인프라투자 등에서는 경제성장률에 가까운 장기 최상의 이자율을 적용해왔다. 앞서 노드하우스의 할인율도 이러한 입장에서 나온 것으로 볼 수 있다.

그런데 지구 전체가 지구온난화 방지에 노력하는 경우도 장래의 편익을 플러스의 비율로 할인해야 할 것인가. 이에 대해 우에다 가즈히로(植田和弘, 2008)는 온난화에 필요한 관점은 '마이너스 할인율'이라는 점을 강조하면서 영국 케임브리지대학 경제학 교수 다스굽타(Partha Dasgupta)의 이론을 소개하고 있다.

다스굽타는 '경제학'이란 저서에서 일반적으로 장래의 편익을 플러스 율로 할인하는 것을 정당화하는 이유를 2가지 들었다. 하나는 '만약 지구공동체 사회가 어느 편익을 지금 누리지 않은 채 참고 있을 수 없다면 그 편익을 장래에 받아도 마찬가지 편익을 오늘날 받는 것보다 가치는 작아진다. 이 인내가 강하지 않다는 것이 장래의 비용과 편익을 플러스의 율로 할인하는 이유가 된다'고 한다. 또 '정의와 평등을 배려하면 1인당 소비를 세대간 평준화하는 것이 요청된다. 따라서 장래 세대가 우리들보다도 풍요롭게 된다면 다른 조건을 똑같이 하면 그들이 앞으로 1달러 더 소비하는 것의 가치는 우리들이 앞으로 1달러 더 소비하는 것의 가치보다도 낮다고 해야 할 것'이고, 1인당 소비가 상승해간다고 하는 것이 장래의 비용과 편익을 플러스의 비율로 할인하는 두 번째 이유라고 했다는 것이다.

그러나 다스굽타는 이 2가지 논리에 대해 반박에 나섰다. '지구공동체 사회가 인내심이 강하지 않다고 하는 것을 윤리적으로 옹호하는 것은 불가능하다'는 것이다. 왜냐하면 미래세대를 부당하게 차별하는 정책을 그들이 단지 오늘날 존재하지 않는다는 이유로 선택하게 됐기 때문이라고 하는 철학자의 주장을 받아들이면 첫 번째 이유는 성립하지 않는다는 것이 다스굽타의 주장이다. 두 번째 이유로 '1인당 소비가 증가하는 것이 지구공동체 사회가 장래 소비의 편익을 플러스의 비율로 할인하는 이유가 된다면 1인당 소비가 만약 감소한다면 장래 소비의 편익을 마이너스 비율로 할인하는 이유가 돼야 할 것'이라고 지적한다. 그리고 지역간, 소득계층간에 적절하게 얽혀있는 지구 전체의 1인당 소비는 이상기후의 빈발이나 열대지방의 가뭄 등에 의해 앞으로 저하할 가능성이 매우 높다고 한다. 만일 마이너스 율을 적용하면 현재에서 본 면 장래의 편익의 가치는 감소하는 것이 아니라 증가한다. 앞으로 50년간, 지구 전체의 1인당 소비가 연간 0.5%씩 늘어나다 그 다음 100년에는 1년당 1%씩 줄어든다는 시나리오에는 지구공동체 사회는 장래 소비의 편익을 금후 50년간은 1년당 1.5%, 그다음 100년간은 1년당 마이너스 3%의 할인[36]을 전제로 150년 후에 추가적으로 1달러 소비하는 것은 오늘날 추가적으로 9달러 소비하는 것과 마찬가지 가치를 갖는 것이 된다는 것이다.

이 시산 결과에 따르면 지구공동체 사회는 150년 뒤 장래에 있어 앞으로 1달러 분의 소비에 의해 편익도 바뀌어 오늘날의 추가적 소비 9달러 분을 포기해도 좋다고 생각하게 될 것이다. 이것은 장래의 기후

36) 여기에 나오는 모든 율(率)도 장래 소비의 편익을 할인하기에 사회가 사용해야 할 율은 1인당 소비의 변화율의 약 3배가 된다는 실증연구에 따른 것이라고 한다.

변화에 관한 경제모델의 '상식'을 뒤엎는다. 특히 기업의 의사결정에 사용되고 있는 할인율이 플러스라고 해도 지구공동체 사회가 전체의 비용과 편익을 할인하기 위해 사용하는 할인율에는 마이너스를 사용하게 돼 양자간에 분열이 생긴다. 이것이 온실가스의 배출을 억제해 양자의 비율을 줄여가야 하는 근거가 된다는 것이다.

우에다 가즈히로는 '이 할인율을 둘러싼 논의는 쉽게는 결론 낼 수 없다. 지구온난화방지는 50년, 100년, 150년이라는 장기간에 걸친 문제이며 종래 환경경제학의 상식만으로는 답이 보이지 않는다.'며 '지구온난화 방지라고 하는 인류사적 과제는 윤리와 경제학의 관계를 새로 묻고 환경경제학이라고 하는 학문도 다시 정리하게 될 것이다.'라고 강조했다.

5.3. 기업의 저탄소 대응전략

5.3.1. 저탄소혁명

'저탄소혁명-온난화 위기를 넘어서'(SCIENTIFIC AMERICAN, 2008)는 저탄소혁명을 지향하는 시도들을 정리해놓았다. 여기는 미래의 전기 수소 슈퍼케이블, CO_2지중저류, 배출권거래제, 하이브리드차의 진화, 에탄올연료의 활로, 수소사회를 실현하기 위한 제안 등을 다양하게 소개하고 있다.

저탄소사회란 주요한 온실가스의 하나인 이산화탄소의 배출이 현재보다 대폭 적어지도록 하는 사회이다. '탈탄소'의 현실은 쉽지 않지만 아직도 기술의 실용화까지 가기에는 먼 것도 많고 사회시스템에 관한 과제도 많이 있다. 하루빨리 다양한 기술의 가능성을 추구해 산업사회 구조의 변혁에 도전해갈 필요가 있다.

저탄소혁명에서 가장 초점이 맞춰지는 것이 자동차의 혁신이다. 그 중 '휘발유차로부터의 탈피'를 중시하고 있다. '디젤차를 클린하게'라는 구호에서 알 수 있듯이 디젤차의 혁신이 소개되고 있다. 디젤차는 수소나 질소화합물을 배출해 대기오염의 원흉이 돼 있지만 신형 엔진이나 배기장치, 유황분이 적은 연료를 조합하면 하이브리드차와 맞먹는 환경성능을 실현할 수 있다는 것이다. 청정연료와 신형 배기처리시스템을 활용하면 디젤차가 하이브리드차와 동등한 환경성능을 실현할 수 있게 된다. 클린 디젤차 실현의 열쇠를 쥐고 있는 것은 배기처리시스템을 악화시키는 유황성분을 대폭 감축한 초저유황디젤연료로 최근 일본이나 미국에서도 입수할 수 있게 됐다. 디젤차의 배기에서부터 매연과 질소산화물의 대부분을 수집할 수 있는 새로운 배기처리시스템이 신형차에 등장하기 시작했다. 클린 디젤차가 가능하게 된 것은 엔진이나 연료배기시스템을 개량한 기술자의 노력의 결과라는 것이다. 신형 디젤은 장래 연료전지차가 실용화되기 전까지의 갭을 메우는 데 역할을 할 것으로 전망된다. 초저유황디젤연료는 일본에서는 2004년부터 시장에 나돌게 됐고 구미제국에서는 2005년부터 순차적으로 도입되고 있다. 연료에 포함되는 유황성분의 농도규제는 일본과 유럽에서는 10ppm 이하로 정해져 있어 미국의 15ppm 이하보다 엄격하다.

또한 하이브리드차의 확산을 들 수 있다. 전기모터와 종래의 휘발유 엔진을 조합해 연비성능을 높이고 있는 하이브리드방식의 승용차나

트럭은 아직은 적지만 꾸준히 증가하고 있다. 현재의 하이브리드차는 가격이 수천 달러나 비싸, 그것을 연료비의 절약분으로 회수하는데는 2~3년이 걸린다. 그러나 앞으로 배터리 성능 향상과 대량생산에 따라 가격은 대폭 낮아질 것이다. 배터리성능이 향상되면 야간 할인전기요금으로 충전을 할 수 있는 '충전식 하이브리드차'의 상품화도 촉진될 것으로 전망되고 있다. 더욱이 회생 브레이크의 성능이 향상되면 남은 전력을 파는 것도 가능하게 될 지도 모른다는 것이다. 포드의 디젤 전기하이브리드 시험차량 '리프레시'는 휘발유 전기방식보다 연비가 뛰어나다. 디젤연료 1갤런으로 최대 65마일(1ℓ로는 약 27㎞ 주행)을 달려, 헤드라이트와 테루등에 태양전지패널을 붙여 보조전력을 얻고 있다.

그리고 저탄소혁명시대에는 전기와 수소를 동시에 움직이는 초전도 케이블의 개발이 추진되고 있다. 이것을 대륙 규모로 확대한 '슈퍼그리드'는 종래 전력망의 개념을 바꾼 새로운 에너지공급라인이 될 것으로 전망된다. 북미와 유럽에서 발생한 2003년의 대정전으로 전력망이 안고 있는 문제가 드러났다. 원전이나 풍력 및 수력 등의 발전소는 원격지에 있어 도시에 효율적으로 전력을 공급하기 위해서는 전기저항 제로의 초전도케이블과 그 케이블의 냉각에 사용하는 액체수소의 인프라를 조합한 '슈퍼케이블'이 필요하다. 슈퍼케이블을 사용한 에너지공급 네트워크 '슈퍼그리드'는 전력과 동시에 수소를 공장이나 연료전지차용 수소주유소에 공급할 수 있다. 수소는 미래에는 난방이나 급탕기 연료로 가정에 공급될 가능성도 있다고 전망되고 있다.

또 하나는 태양에너지의 보급 확대이다. 미국은 2050년 태양에너지로 수입석유 의존에 종지부를 찍고, 온실가스 배출량을 획기적으로 감축시킬 계획을 구상중이다. 석탄·석유·천연가스·화력발전소 및 원자력발전소로부터 태양발전소로 대전환을 도모함으로써 2050년에는 미국의 전력수요의 69%, 총에너지 35%를 충족하게 될 것으로 전망된다. 그렇게 하기 위해서는 미국 남서부에 광대한 태양전지를 설치할 필요가 있다. 남은 낮시간의 에너지를 지하에 압축공기로 비축해 야간에도 사용가능하다. 동시에 대규모 집광형 태양열발전소를 건설해 새로운 직류송전선으로 전 국토에 솔라전력 공급이 가능하다는 것이다. 이러한 인프라를 정비해 비용면에서 2011~2050년에 4200억 달러의 보조금이 필요하다고 보고 있다.

또 하나는 CO_2격리·저류기술(CCS: Carbon Doxide Capture and Storage)이다. 석탄화력발전소에서 배출되는 CO_2를 회수해 땅속 깊은 지층에 주입해 장기적으로 저류할 CO_2농도의 상승을 대폭 완화할 수 있을 것이다. 대규모 CO_2회수 저류계획을 실현시키기 위해서는 저비용으로 CO_2를 회수해 저류하는 기술과, 누설을 방지하기 위해 주입실험을 거듭하는 것이 중요하다. 천연가스정제나 수소제조 플랜트에서는 저비용으로 CO_2를 회수할 수 있고 이것을 오래된 유전으로 보내 원유의 회수수단으로 사용하면 CO_2에 경제적인 가치가 생긴다. 이러한 시험으로 기술 향상과 동시에 CO_2회수 저류의 실시에 관한 법 정비도 필요하다.

21세기 후반에는 신에너지원으로 핵융합로, 수소를 방출하는 유전자변환미생물을 키우는 연못, 초고도 풍력발전장치, 거대한 태양전지 패널을 갖춘 인공위성, 파력·조력 발전기 등의 등장이 전망되고 있다. 여기서 생산된 전력은 세계 규모의 초전도송전망으로 공급될 것이다.

이들 신에너지원을 개괄적으로 살펴보자.

첫째, 핵융합이다. 물리학자들은 핵융합이 폐기물이 적고 무진장의 에너지원으로 추천하지만 정치가들은 엄청난 비용에 대체로 비관적인 견해를 갖고 있다.

둘째, 초고도 풍력발전이다. 이는 아주 높은 상공에 강풍이 불고 있기에 헬리콥터식으로 1만m 이상 상승해 거기서 발전모드로 전환한다. 4가지 회전날개를 컴퓨터로 제어해 기체의 위치와 고도를 확보한다. 현재 세계의 풍력발전능력은 약 5800만kW지만 2014년까지 3배로 늘어날 것으로 전망된다.

셋째, 우주태양광발전이다. 태양광이 늘 넘치는 궤도상에 태양전지 패널을 쏴 올리면 확실히 가능하지만 난점도 있다. 정지궤도에 거대한 집광기를 배치하면 지상의 밤낮이나 날씨에 좌우되지 않고 태양광발전이 가능하다는 것이다.

넷째, 나노테크 태양전지이다. 잠재능력을 발휘하지 않은 기술이란 점에서 태양광발전으로 연결될 때 큰 효과를 얻을 것으로 기대된다. 나노솔라사는 샌프란시스코 근교에 연간 2억개의 태양전지공장을 건설중이다. 발전능력 W당 태양전지의 목표 비용을 15센트까지 낮추는 것이다.

다섯째, 파력과 조력이다. 해양은 거대한 에너지원이지만 아직은 미이용 상태이다. 그런데 미국 북아일랜드 1,000kW, 스페인 칸타브리아주 1,250kW, 영데븐주 1만kW 등지에서 몇몇 기업들이 이를 추진하고 있다.

여섯째, 변형미생물이다. 유전자공학을 이용해 에너지를 생산하는 인공생명체가 가능할 지도 모른다. 최근에는 신세틱 제노믹스라는 회사를 설립해 '특별맞춤세포'의 상품화에 노력하고 있다. 이 분야는 엄청난 가능성을 갖고 있는데 앞으로 10년 이내에 석유화학산업을 대체할 정도라고 기대하고 있다.

5.3.2. 그린산업과 저탄소경제

지금까지 전기자동차의 대량생산은 몇 번인가 시도됐지만 기술과 고비용의 벽에 막혀 실패해왔다. 그러나 실은 전기자동차의 대량생산을 가능하게 하는 전지기술, 특히 리튬이온전지의 개발과 개선이 대폭 진전돼 아직은 고가이지만 대량생산을 가능하게 하는 조건이 어느 정도 갖춰지고 있다. 또 유럽을 중심으로 풍력이나 태양광, 그리고 바이오매스 등 재생가능에너지 이용이 세계적으로 확대해 그것을 지지하는 관련산업이 급속히 성장하고 있다. 이것은 재생가능에너지의 고정가격매수제도로 촉진된 움직임이지만 재생가능에너지가 이러한 산업으로서 성립할 수 있다는 것 그리고 그것이 의외로 넓은 산업관련 분야로 확대되고 있다는 사실이다.

김현진(2010)은 저탄소경제로의 이행과정에서 무엇보다 주목을 끌고 있는 기술은 녹색기술이며 향후 녹색기술의 구체적인 방향으로 크게 ①화석연료를 대체할 수 있는 수소·연료전지, 태양광, 바이오 연료 등 청정에너지에 대한 기술개발 ②화석연료를 포기하는 것이 아니라 기존의 화석연료를 깨끗한 에너지로 탈바꿈시키는 청정기술 ③기존의 산업분야에서 에너지 효율을 높일 수 있는 기술, 즉 산업의 그린화 기술을 들고 있다.

첫째, 청정에너지에 대한 기술개발의 경우 EU가 1차 에너지 중 재생에너지 비율을 1997년 6%에서 2010년까지 12%로 증가시킨다는 목표를 설정했고, 스웨덴이 2020년까지 '석유로부터의 독립'을 선언, 발전연료의 3분의 1을 재생에너지로 대체하고 수송 부문은 바이오연료로 대체하겠다는 계획을 들 수 있다는 것이다.

둘째, 기존의 화석연료를 깨끗한 에너지로 탈바꿈시키는 청정기술의 경우 대표적인 것이 청정 석탄이라는 것이다. 미국은 석탄의 부활을 위해 가스화복합발전(IGCC: Integrated Gasification Combine Cycle)과 석탄을 액화시키는 석탄액화기술(CTL: Coal to Liquid) 상용화를 위한 적극적인 연구개발을 추진중이라는 것이다.

셋째, 산업의 그린화 기술은 공장, 도로, 상업용 건물 등을 유전이나 가스전으로 바꾸게 하는 효과를 가져다 줄 정도의 에너지효율 개선을 위한 기술개발을 말한다는 것이다.

영국정부의 '비즈니스·기업·규제개혁성'의 위탁연구 성과에 따르면 2007~2008년의 '저탄소·환경관련 재화·서비스(LCEGS: Low Carbon and Environmental Goods & Service)부문'의 글로벌한 시장가치는 3조460억 파운드(약 6천조 원)에 이르고 세계 평균으로 연 4%의 성장을 이루고 있다고 한다. 특히 여기서 말하는 '저탄소·환경관련 재화·서비스부문'에는 ①대기오염 및 폐기물 등 전통적인 환경보전에 관한 '환경보전부문' ②재생가능에너지의 생산 및 관련 재화서비스 공급에 관한 '재생가능에너지부문' ③대체적 화석연료, 추가적인 에너지원, 원자력, 탄소격리·저류기술(CCS), 탄소금융, 에너지관리, 건설기술 영역을 포함한 '신흥저탄소부문'의 3가지 영역이 포함된다. 이 조사가 대상으로 하는 2007~2008년 영국에서는 '저탄소·환경관련 재화·서비스부문'의 시장규모가 1065억 파운드(약 178조 6천억 원)에 이르고, GDP의 약 7%, 고용자수로 약 3%를 차지하고 있다고 한다. 이는 그간 주변 산업영역으로 보아온 환경·에너지분야가 국민경제상 이미 상당히 중요한 지위를 차지하고 있다는 것을 의미한다. 더욱이 이 분야는 근년 세계 금융위기에도 불구하고 2020년까지 평균 연 5%의 성장을 할 것으로 예상되고 고용자수도 약 1.5배로 확대될 것으로 전망되고 있다(諸富徹·淺岡美惠, 2003).

이러한 저탄소경제화에 대한 세계적 흐름이 기업의 운명에 미치는 영향은 지대하다. 기업의 저탄소경제로의 이행을 지원하고 있는 영국의 비영리기업 '카본 트러스트(Carbon Trust)'는 이 점에서 흥미있는 조사보고서를 공표했다. 보고서에 따르면 기후변화와 그 대책이 가져주는 큰 환경변화에 대해 충분히 준비를 해온 기업과 그렇지 않은 기업이 승자와 패자로 나뉠 가능성이 있다는 것이다. 저탄소경제화에 잘 대응해 그것이 요구하는 재화 및 서비스를 공급할 수 있도록 사업내용을 전환함으로써 성공한 업종이 최대 얻은 수익을 신장할 가능성이 있는지를 보여주는 것이 현재 수익에 대한 '기대최대수익액'의 비율이다. 이것을 보면 물론 업종에 따라 다르지만 건설 주택산업은 최대 80%, 가전산업은 60%, 일렉트로닉스산업도 35%의 수익신장 가능성이 있는 것으로 나타났다. 반면 저탄소경제화로 가는 대응에 실패하거나 또는 충분한 준비가 되지 않은 채 저탄소경제를 받아들인 경우, 그 기업이 얼마만큼의 손실을 입을 것인지를 보여주는 것이 '기대최대손실액'

의 현재수익에 대한 비율이다. 이 기대최대손실액의 현재수익에 대한 비율이 알루미늄산업과 가전산업은 현재수익에 비해 65%, 석유 및 가스산업은 35%의 손실을 입는 위험성이 있는 것으로 보고되고 있다(Carbon Trust, 2008).

이처럼 기후변화에 대해 기업이 충분히 대응을 하고 있는지 여부가 수익에 미치는 영향과 진폭은 매우 크고 그 기업이나 산업에 있어 결정적인 것을 알 수 있다. 따라서 기후변화문제는 향후 경영전략상 가장 중요한 요인이 된다는 사실을 인식할 필요가 있다.

키트 베튼(Kit Battern)과 브래컨 헨드릭스(Bracken Hendricks)(2008)는 '저탄소경제를 향한 10단계'를 소개했다. 그것은 ①전면적인 온실가스 배출권거래 프로그램 시행 ②석유와 가스산업에 소요되는 세금 혜택 비용과 보조금의 중단 ③차량 경제성의 향상 ④대체 저탄소 연료의 생산과 가용성의 증대 ⑤저탄소 수송시설에 대한 투자 ⑥에너지의 발전, 송전, 소비효율의 향상 ⑦재생가능전력의 생산 증대 ⑧석탄 연소에서 배출되는 탄소의 격리저장시스템 사용 ⑨백악관 국가에너지 위원회의 설립과 연방정부의 저탄소경제 리더 역할 ⑩국제 지구온난화정책의 발전을 향한 노력이 그것이다.

한편 게리 가드너·토머스 프루(2008)는 '지속가능경제의 씨 뿌리기'라는 글에서 '개념적 경제개혁'으로 7가지를 들었다. 그것은 ①경제 규모를 조정하라 ②성장에서 발전으로 전환하라 ③가격이 생태적 진실을 말하게 하라 ④자연의 기여를 고려하라 ⑤예방원칙을 적용하라 ⑥공유재 관리에 활력을 불어넣어라 ⑦여성의 가치를 평가하라는 것이다(월드워치연구소, 2008).

첫째, 경제 규모를 조정하라는 것은 결국 자연이 지탱할 수 있는 규모 이상으로 성장하려는 경제는 파멸을 맞이하게 되므로 경제의 규모에는 한계가 있을 수 밖에 없으며, 경제의 물리적 성장은 영원할 수 없다는 것을 인식해야 한다는 것이다.

둘째, 성장에서 발전으로 전환하라는 것은 경제성장이 더는 사람들을 행복하게 만들지 못할 때 무의한 것이 되고 자기파괴적이게 되며, 부탄왕국의 '국가행복지수(NHI)'와 같이 GDP 증가대신 그 나라의 환경과 문화적 전통을 지키면서 교육수준을 높이고 빈곤을 감소하는데 노력을 해야 한다는 것이다.

셋째, 가격이 생태적 진실을 말하게 하라는 것은 지속가능경제를 구축하기 위해선 탄소배출로 생기는 비용이 휘발유나 전기 가격 등에 정확하게 반영돼야 하며 환경세나 도심 진입 자동차에 대한 혼잡 통행료의 실시 등 제도의 개선이 필요하다는 것이다.

넷째, 자연의 기여를 고려하라는 것은 지구 생태계가 필수적인 경제의 토대를 마련하는데 제공하는 수많은 서비스에 가격을 부과하는 시스템을 도입하라는 것이다. 코스타리카 지주들이 산림과 생물다양성을 보전하는 대가를 연료세나 기업에 매각하는 '환경크레디트'로 받는 것이나 호주 빅토리아주의 토지소유자가 생물다양성을 지키고, 기타 환경적 편익을 달성하는 데 정부로부터 대가를 받을 수 있는 시스템과 같은 것들을 확대 시행할 필요가 있다는 것이다.

다섯째, 예방 원칙을 적용하라는 것은 새로운 상품과 기술이 돌이킬 수 없는 결과나 지속성 있는 유해 폐기물, 혹은 더 큰 규모의 영향을 초래할 것 같다면 위해성 여부를 심각히 조사해 볼 필요가 있으며, 이를 위해 연대 보증과 같은 손실 경감 및 희생보상이 가능한 메커니즘을 마련할 필요가 있다는 것이다.

여섯째, 공유재 관리에 활력을 불어넣어라는 것은 대기, 바다, 산림 등과 같은 자원의 사적 혹은 정부 소유에 대한 대안으로 지속가능한 한도 내에서 이들 공유재에 대한 접근을 관리하고 접근이 허용된 이들에게 요금을 부과하는 '트러스트(Trust)'와 같은 공유재 관리체제를 도입할 필요가 있다는 것이다.

일곱째, 여성의 가치를 평가하라는 것은 여성에게 경제적 기회와 성적 평등을 보장하면 경제에 큰 활력을 제공할 수 있으며, 자원봉사활동이나 무급노동 등 여성이 수행하는 불균형적인 역할에 대해서도 더 많은 지원이 있어야 한다는 것이다.

이처럼 '저탄소혁명', 또는 '탄소경제혁명'의 시대에는 우리들이 지구의 자원에 대한 인식을 새롭게 해 재생가능자원 또는 재생불가능자원으로 구분해 수요 공급을 적절하게 조절하는 지속가능한 생산-유통-소비의 구조를 갖춰야 한다. 이와 동시에 우리들의 인식을 자원약탈형 경제에서 세대간 윤리를 고려한 지속가능한 경제로의 전환, GDP로 대표되는 성장지상주의적 대량생산 소비주의적 생활에서 삶의 질, 공동체의 회복을 중시하는 가치지향적 삶으로 나아가는 인식의 전환이 무엇보다 요구된다고 하겠다. 또한 이러한 과정에 사회인식과 기술 및 제도의 부단한 소통 및 피이드백이 필요하다고 하겠다.

참고문헌

가지이 아쓰시, 이동희역, 고사성어로 배우는 경제학, 모티브북, 2008.

거우홍양, 허유영 역, '저탄소의 음모', 라이온북스, 2011.

권오상, 환경경제학, 박영사, 2000.

권오철, 경제학원론, 박영사, 1993.

기상청 기후국 기후정책과, 기후변화 2007: 종합보고서, 기상청, 2008.

김성훈·권광식, 자원·환경경제학, 한국방송통신대학교출판부, 2003.

김승우·김홍균·유상희·이호생·임종수·정태용·한택환·홍종호, 환경경제학–이론과 실제, 박영사, 2000.

김해창, 어메니티 눈으로 본 일본, 열음사, 1999.

김해창, 일본 저탄소사회로 달린다, 이후, 2009.

김현진, 녹색경영, 민음사, 2010.

김형국, 녹색성장 바로알기, 나남, 2011.

더글러스 러미스, 김종철 역, 경제성장이 안되면 우리는 풍요롭지 못할 것인가, 녹색평론사, 2002.

라즈 파텔, 제현주 역, 경제학의 배신, 북돋움, 2011.

문하영, 기후변화의 경제학, 매일경제신문사, 2007.

미야모토 겐이치, '지속가능한 사회를 향하여', 안성호·김선태 등, 미래도시와 환경, 도서출판 다운샘, 2004.

박천규·정도현·김병훈·이영주·박형건, 탄소 사고팔 준비가 되었나요?, 도요새, 2012.

부산광역시, 부산광역시 기후변화대응 종합계획, 부산광역시, 2010.

브루노 프라이·알로이스 스터처, 김민주·정나영 역, 행복을 말하다, 예문, 2008.

송병락, 한국경제론(제3판), 박영사, 1992.

슈마허, 김정우 역, 작은 것이 아름답다, 대원사, 1987.

스펜서 위어트, 김준수 역, 지구온난화를 둘러싼 대논쟁, 동녘사이언스, 2012.

아마티아 센, 원용찬 역, 센코노믹스-인간의 행복에 말을 거는 경제학, 갈라파고스, 2008.

오호성, 환경경제학, 법문사, 1997.

요하네스 발라허, 박정미 역, 경제학이 깔고 앉은 행복, 대림북스, 2011.

우자와 히로후미, 김준호 역, 지구온난화를 생각한다, 도서출판 소화, 1996.

월드워치연구소, 탄소경제의 혁명(2008 지구환경보고서), 도요새, 2008.

유동운, 환경경제학, 비봉출판사, 1992.

이상헌, '저탄소 녹색성장의 특징과 문제점', 환경과 생명, 2008년 겨울호(통권 제58호), 2008.

이윤재, 사회적기업 경제, 탑북스, 2010.

이정전, 경제학을 리콜하라, 김영사, 2011.

이정전, 녹색경제학, 한길사, 1997.

이정전, 시장은 정의로운가, 김영사, 2012

이정전, 우리는 행복한가-경제학자 이정전의 행복방정식, 한길사, 2008.

이정전, 환경경제학, 박영사, 2004.

이준구, 36.5℃ 인간의 경제학, 랜덤하우스, 2009.

장 지글러, 유영미 역, 왜 세계의 절반은 굶주리는가?, 갈라파고스, 2007.

(재)희망제작소, 위기의 시대, 지구촌이 선택한 '녹색경제', International Seminar on Global Crisis and Green Economy 자료집, May 7, 2009.

제레미 리프킨, 엔트로피-21세기의 새로운 문명관, 범우사, 1998.

최재천·최상용, 기후변화교과서, 도요새, 2011.

커먼 웰스, 이무열 역, 21세기북스, 2009.

페터 슈피겔, 홍이정 역, 휴머노믹스, 2009.

폴 엡스타인· 댄 퍼버, 황성원 역, 기후가 사람을 공격한다, 푸른숲, 2012.

하랄드 빌렌브록, 배인섭 역, 행복경제학, 미래의 창, 2007.

한국은행 부산본부 기획홍보팀, 지역경제 조사연구자료 '탄소배출권시장의 현황 및 사사점', 2010.6. 한국은행 부산본부.

한스 푸트노키· 보도 힐거즈, 김하락 역, 경제학 클래식 카페, 한스미디어, 2009.

고지마 히로유키, 김경원 옮김, 확률의 경제학, 살림Biz, 2004. p.118).

エコビジネスネットワーク, 新·地球環境ビジネス2008-2009 市場構造と市場ニーズ, 産学社, 2008.
加藤尚武, 環境と倫理, 有斐閣アルマ, 2001.
宮本憲一, 地域経済論, 有斐閣, 1989.
宮本憲一, 環境経済学, 岩波書店, 1989.
藤野純一外, 低炭素社会に向けた12の方策, 日刊工業新聞社, 2009
茅陽一·秋元圭吾·秋田豊, 低炭素エコノミ-: 温暖化対策目標と国民負担, 日本経済新聞出版社, 2008.
三橋規宏, 環境再生と日本経済, 岩波書店, 2004.
西岡秀三, 日本低炭素社会のシナリオ-二酸化炭素70%削減の道筋, 日刊工業新聞社, 2008.
小島寛之, エコロジストのための経済学, 東洋経済新報社, 2006.
水谷洋一 外, 地域発! Stop温暖化Handbook-戦略的政策形成のすすめ, 昭和堂, 2007.
植田和弘, 環境経済学, 岩波書店, 1996.
栗山浩一, 環境経済学の基本と仕組みがよ~くわかる本, 秀和システム, 2008.
日経サイエンス社編集部, 低炭素革命, 日経サイエンス社, 2008
日本スマ-トエナジ-, 排出権取引の基本と仕組みがよ~くわかる本, 秀和システム, 2008.
日本総合研究所, 地球温暖化で伸びるビジネス, 東洋経済新報社, 2008.

諸富徹, 環境, 岩波書店, 2003.
諸富徹·浅岡美恵, 低炭素経済への道, 岩波書店, 2003.
青山吉隆·中川大·松中亮治, 都市アメニティの経済学, 学芸出版社, 2003.
環境経済·政策学会, 環境経済·政策学の基礎知識, 有斐閣, 2006.
丸田頼一, 環境都市事典, 朝倉書店, 2005.

Bjorn Lomborg, How to Spend to Make the World a Better Place, Cambridge, 2006.
David Throsby, Economics and Culture, Cambridge University Press, 2001.
Eban S. Goodstein, Economics and the Environment, John Wiley & Sons, Inc., 2005.
Edgar G. Hertwich, Glen P. Peters, "Carbon Footprint of Nations: A Global, Trade-Linked Analysis.", Environmental Science and Technology. 2009.
IPCC, Climate Change 2007: Synthesis Report, IPCC, 2007
IPCC, Climate Change: The Physical Science Basis-Summary for Policy Makers
John Broome, 'The Ethics of Climate Change', SCIENTIFIC AMERICAN June 2008.
John Houghton, Global Warming(4th edition), Cambridge University Press, 2009.

K.William Kapp, The Social Costs of Private Enterprise, Harvard University Press, 1950.

N.Gregory Mankiw, Macroeconomics(5th ed), Worth Publishers, 2003.

Naess & Sessions, "Basic Principles of Deep Ecology", Ecophilosophy 6: 3-7., 1984.

Patrick Curry, Ecological Ethics: An Introduction, Polity, 2006.

Paul A. Samuelson and William D. Nordhous, Economics(12th ed.), McGraw Hill, 1985.

Peter Berck, Gloria Helfand, The Economics of the Environment, Peason Education, Inc., 2011.

Register, R., Ecocity Berkeley: Building Cities For a Healthy Future, Berkeley: North Atlantic Books, 1987.

Rice, J. L., 2009, "Making Carbon Count: Global Climate Change and Local Climate Governance in the United States,", Ph. D., The University of Arizona.

Roger LeRoy Miller, Daniel K. Benjamin, Douglas C. North, The Economics of Public Issues, Haper Collins Publishers, 1993.

Roseland, "Demensions of the Eco-city", Cities, 14(4): 197-202, 1997.

Satterthwaite, D., "Sustainable Cities or Cities that Contribute to Sustainable Development", Urban Studies, 34(10): 1667-

1691, 1997.

The Club of Rome, Limits to Growth, 1972.

UK Government, Stern Review on the economics of climate change (http://www.hm-tresury.uk/independent_reviews/stern_review_economics_climate_change/stern_review_report.cfm)

WECD(World Commision on Environment and Development), Our Common Future, Oxford University Press, 1987.

ドミニク·プリオン, ATTAC Une economie au service de l'homme, Mille et une nuits, 2000.8.

http://economy.hankooki.com

http://www.asiae.co.kr

http://www.bunshun.co.jp

http://www.clubofrome.org

http://www.gnetimes.co.kr

http://www.hani.co.kr

http://www.hm-treasury.gov

http://www.ipcc.ch

http://www.ja.wikipedia.org

http://www.joongang.joinsmsn.com

http://www.kantei.go.jp

http://www.konetic.or.kr

http://www.kookje.co.kr

http://www.lgeri.org

http://www.me.go.kr

http://www.newswire.co.kr

http://www.nso.go.kr

http://www.unfccc.int

http://www.yonnapnews.co.kr

http://www.ytn.co.kr

찾아보기